사도행전 대문자 비평본

박 형 대

Acts Uncial Critical Edition

by Hyung Dae Park

사도행전 대문자 비평본

등록번호 / 제 7-258호(1998. 4. 23)

2017년 5월 25일 1판 1쇄 인쇄
2017년 5월 30일 1판 1쇄 발행

저 자 : 박 형 대
발행인 : 조 경 혜
발행처 : 도서출판 그리심

도서출판 그리심

07030 서울시 동작구 사당로2길 72 인정 B동(B01호)
Tel 02-523-7589(출판), Fax 02-523-7590(출판)
• Home : grisim.biz • E-mail: grisimcho@hanmail.net

ISBN 978-89-5799-383-5 94230
ISBN 978-89-5799-382-8 (세트)

Uncial Critical Edition 5

Projected by
Hyung Dae Park

Published by
Grisim Publishing Company,
Seoul, Korea

2017

목 차

머 리 말

본래 헬라어 신약성경은 대문자로 쓰였고 숨표(기식)와 강세(악센트)뿐 아니라 구두점도 없었으나,[1] 초기 인쇄본부터 소문자로만 출판되고 있다. 더구나, 현재 사용되는 비평본(NA28판과 UBS5판)은 비평장치가 많고 복잡하여, 독자로 하여금 원문비평과정이 너무나 어렵다는 인상과 더불어, 추정된 원문을 구성하는 작업을 아무나 할 수 없다는 인상을 주기에 충분하다. 사실, 현대 비평본 형성에 중요한 역할을 한 웨스트코트와 호트는 '정서법과 관련된 차이를 제외하면 원문추정을 위해 고려해야 할 이문들은 신약성경 전체의 60분의 1정도밖에 되지 않는다.' 하고 말했는데도 말이다.[2]

또한 현재 사용되는 비평본들에는 지지되는 대표사본들만 소개될 뿐 원문추정 이유가 소개되지 않아 원문추정에 대한 실제적인 도움을 받기가 어렵다. 메쯔거 등 위원회의 『신약 그리스어 본문주석』이 있지만,[3] 따로 찾아봐야하는 어려움이 있을 뿐 아니라 모든 이문들을 다루고 있지 않아 불편하다. 한데, 현재 사용되는 비평본들과 바티칸 사본을 비교해보면 차이가 크지 않아, 그리 복잡하지 않은 기호 몇 개만으로도 비평장치를 구성할 수 있다는 것을 알 수 있다.

이에, 기존 연구를 존중하면서도 몇 가지 필요를 충족시키고자, 바티칸 사본을 기초 본문으로 한 고문서본(diplomatic text) 형식의 대문자 비평본 출판을 구상하게 되었다. 바티칸 사본을 기초로 한 고문서본 형식의 비평본은 칠십인역 비평본에 이미 사용된 방법으로 낯선 것이 아니다.[4]

---

1) 소문자 사본의 등장(9세기)으로 성경본문에 다양한 변화가 이뤄졌다.

2) Brooke Foss Westcott and Fenton John Anthony Hort, *The New Testament in the Original Greek* (New York: Harper and Brothers, 1882), 2쪽: "we find that, setting aside differences of orthography, the words in our opinion still subject to doubt only make up about one sixtieth of the whole New Testament."

3) Bruce M. Metzger, A Textual Commentary on the Greek New Testament, a Companion Volume to the United Bible Societies' Greek New Testament (Fourth Revised Edition), 2nd ed. (Stuttgart: Deutsche Bibelgesellschaft: 1994); 장동수 역, 『신약 그리스어 본문 주석』 (서울: 대한성서공회 성경원문연구소, 2005).

4) Alan England Brooke and Norman McLean, Henry John Thackeray, ed., *The Old Testament in Greek: According to the Text of Codex Vaticanus, Supplemented From Other Uncial Manuscripts, with A Critical Apparatus Containing the Variants of the Chief Ancient Authorities for the Text of the Septuagint* I-IX (Cambridge: University Pres, 1906-1940).

1. 본서 대문자 비평본의 특징

(1) 본래 신약성경 원문에 가깝도록 대문자로 본문을 구성하였다.

(2) 소문자 본문에 익숙한 독자들도 잘 이해할 수 있도록 띄어쓰기와 구문배열을 하되, 원문에 가깝도록 구두점을 찍지 않았다. 띄어쓰기와 구문배열은 필자의 『사도행전 원문강독』(서울: 그리심, 2015)을 따랐다.[5)]

(3) 바티칸 사본에서 단축된 형태로 나타나는 '거룩한 이름들(nomina sacra)', 이를 테면, '하나님', '예수', '주'와 같은 단어들을 단축되지 않은 형태로 표현하였다.

(4) 바티칸 사본 내에 있는 수정 본문과 관련하여, 수정자의 필체가 원문의 필체와 같은 경우에는 필사자의 수정으로 간주하였다. 또한, 수정된 표현을 바티칸 사본의 표현으로 보고 본서 본문에 도입한 경우에는 해당된 글자 아래에 점을 찍었다. 예로, 1장 10절의 TΩ̣Ṇ OYPANON이 있다. 바티칸 사본을 보면 TOYPANON이 있고 T위에 OY가 추가된 것을 볼 수 있다. OY의 필체가 필사자의 것과 유사하다는 것과 TOYPANON이 적절한 표현이 아니라는 것을 고려할 때, 필사자가 잘못 쓴 것을 확인하고 직접 수정한 것으로 보는 것이 적절할 것이다.

(5) 바티칸 사본과 NA28판(UBS5판)이 같은 경우에는 이문을 언급하지 않고, 바티칸 사본과 NA28판(UBS5판)의 본문이 다른 경우에만 선택된 읽기와 이문을 난하주에 소개하고 관련 정보를 기재하였다.

(6) 난하주에는, 외적 기준과 관련된 자료인 '지지하는 사본'과 관련된 정보를 먼저 제시하고, 이어 내적 기준과 관련된 내용을 간단히 기술하였다. 지지하는 사본 자료는 Accordance에 있는 CNTTS의 비평장치를 참고하였다. 역본, 교부들의 글, 성구집과 같은 자료는 개정할 때 넣고자 한다.

5) 원문에 장절 구분이 없었기 때문에 본래 문장만 나누고 장절 구분은 하지 않으려 했으나, 독자들의 편의를 위해 장절을 삽입하였다.

2. 기호 설명

본서의 본문을 구성할 때 바티칸 사본과 NA28판(UBS5판)의 본문이 달라 둘 중 하나를 선택한 경우만 이문을 소개하였기 때문에, 기호는 '바티칸 사본의 읽기를 취한 경우' 에 쓰인 것과 'NA28판(UBS5판)의 읽기를 취한 경우' 에 쓰인 것으로 나뉜다.

(1) 바티칸 사본의 읽기를 본문으로 채택한 경우에는, 본래 π 다음에 오는 글자였으나 코이네 헬라어에서는 쓰이지 않은 '콥파' 라 불리는 헬라어 글자(ϙ)를 앞뒤에 붙였다. 이 글자가 풍선모양처럼 생겼기에, 기존 비평본과 다른 표현이 본문으로 채택되어 특별한 관심이 필요한 곳에 사용하였다. 예로, 2장 20절의 ϙHϙ는 기존 비평본과 달리 바티칸 사본에 있는 H를 원문으로 보고 채택했다는 의미이다. 난하주를 보면 채택된 읽기와 NA28판(UBS5판)의 읽기를 세미콜론(;)으로 구분하여 "ϙHϙ; 없음"과 같이 제시하였다. 이를 통해, NA28판(UBS5판)에는 H에 해당되는 단어가 '없다' 는 것을 알 수 있다.

(2) NA28판(UBS5판)의 읽기를 취한 경우에는, 취한 본문과 바티칸 사본의 읽기가 다른 정도에 따라 몇 가지로 구분하여 표현하였다.

첫째, 바티칸 사본에 없는 단어를 '추가' 한 경우에는 추가된 글자나 단어나 문장 앞뒤에 중간점(·)을 두었다. 이 경우, 동일한 단어에 글자가 추가된 경우가 대부분이나, 글자가 추가되면서 단어가 달라진 경우도 있다. 1장 1절의 ·O·는 바티칸 사본에는 없는 관사 O가 NA28판(UBS5판)의 읽기를 따라 삽입된 것을 의미한다. 이 경우, 난하주를 보면, 채택된 읽기와 관련된 ·O·만 있고 이문이 소개되지 않은 것을 볼 수 있다. 채택된 읽기가 추가된 표현이어서 이문에는 아무 글자도 없다는 것을 쉽게 알 수 있으므로, 이문에 해당되는 자리를 따로 만들지도, '없음' 과 같은 표현을 사용하지도 않은 것이다. 참고로, 바티칸 사본의 삽입을 원 기록자의 수정으로 보고 취할 때는 25장 19절처럼 ·Ẹ·와 같이 표기한다.

둘째, 바티칸 사본에 있는 단어를 뺀 경우에는 분음기호(¨)와 유사한 기호를 사용하였다. 점 두 개가 연속으로 있는 기호 한 개가 하나의 글자가 빠졌음을 의미한다. 예로, 1장 14절에 있는 ¨¨¨는 바티칸 사본에 있는 글자 세 개를 뺐다는 것을 가리킨다. 이 경우 난하주(¨¨¨; ΣYN)를 보면 바티칸 사본에 있는 ΣYN을 뺐다는 것을 알 수 있다. 참고로, 바티칸 사본에 있는 삭제 표시(글자 위의 점)를 원 기록자의 수정으로 보고 뺀 경우에는 ⁚로 표기하였다. 예로, 25장 15절의 ENEΦANI⁚⁚⁚ΣAN이 있다.

셋째, 바티칸 사본에 있는 단어의 철자나 어형만 바꾸고 단어 자체는 바꾸지 않은 경우에는 짧은 하이픈(-)을 단어 앞뒤에 붙였다. 예로, 1장 4절의 -EΠAΓΓEΛIAN-의 경우가 있는데, 난하주(-EΠAΓΓEΛIAN-; EΠAΓΓEΛEIAN)를 보면 NA28판(UBS5판)에는 '엡앙겔리안' (EΠAΓΓEΛIAN)으로, 바티칸 사본에는 '엡앙겔레이안' (EΠAΓΓEΛEIAN)으로 되어있다는 것을 알 수 있다.

넷째, 바티칸 사본에 있는 단어나 구나 절이 다른 경우에는 보다 긴 줄(–)을 관련된 표현 앞뒤에 붙였다. 동사의 접두어가 달라진 경우도 여기에 해당된다. 예로, 1장 7절의 –ΔE–가 있다. 이는 NA28판(UBS5판)에 있는 ΔE를 원문으로 보고 채택했다는 의미이다. 난하주(–ΔE–; ỌỴṆ)를 보면, 바티칸 사본에는 ΔE 대신 ỌỴṆ이 수정된 형태로 있다는 것을 알 수 있다.

다섯째, 바티칸 사본의 읽기와 순서가 달라진 경우에는 써컴플렉스(ˆ)와 유사한 기호를 연관된 표현 앞뒤에 붙였다. 예로, 3장 25절의 ˆΔIEΘETO O ΘEOΣˆ가 있다. 바티칸 사본에는 세 단어의 순서가 다르다는 의미이다. 난하주(ˆΔIEΘETO O ΘEOΣˆ; O ΘEOΣ ΔIEΘETO)를 보면, 바티칸 사본의 순서로는 첫 단어가 마지막에 온다는 것을 알 수 있다. 참고로, 관련된 단어가 두 개뿐일 경우에는 이문을 따로 표기하지 않았다. 단어가 두 개뿐이면 가능한 이문이 한 가지밖에 없기 때문이다.

3. 난하주 설명

(1) 채택된 읽기를 먼저 제시하고 세미콜론(;) 다음에 이문을 제시하였다. 대부분 문제를 한 가지씩만 다뤘지만, 매우 드물게 두 가지 문제를 한꺼번에 다루기도 하였다. 16장 28, 29절, 17장 1, 34절, 21장 40절을 보라.

(2) 채택된 원문과 이문을 제시한 다음에, 원문 혹은 이문을 지지하는 사본에 대한 정보를 제시하였다. 근거 사본을 제시할 때, 바티칸 사본 외에는 원 기록과 수정 기록을 구분하지 않았다. '원문지지' 라는 말은 제시된 자료가 채택된 읽기를 지지한다는 말이고, '이문지지' 는 제시된 자료가 두 번째로 제시된 다른 읽기를 지지한다는 말이다. '–만 이문(원문) 지지' 는 언급되지 않은 다른 사본이 이문(원문)을 지지할 여지가 없을 때 사용하고, '–가 이문(원문) 지지' 는 언급되지 않은

다른 사본이 이문(원문)을 지지할 여지가 있을 때 사용하였다. '각각 다수 사본지지'는 원문 및 이문을 지지하는 증거들이 둘 다 많다는 것을 의미한다. '이문을 지지하는 사본 없음'(예. 16:12)은 지지하는 사본이 없는 읽기를 기존 비평본이 취한 경우이다.

(3) 지지하는 사본에 대한 정보를 제시한 다음에, 채택된 원문과 이문 외에 다른 이문이 존재하는지 표현하였다. '다른 이문 존재'는 다른 이문이 하나 존재한다는, '다양한 이문 존재'는 두 개 이상 열 개 미만의 이문이 존재한다는, '매우 다양한 이문 존재'는 열 개 이상의 이문이 존재한다는 의미이다.

(4) 다른 이문에 대한 언급 다음에, 만일 '채택된 원문'과 '이문' 사이에 어떤 것이 원문인지 판단이 필요하다고 여겨지는 경우에는 '판단 필요'라는 표현을 추가하였다. 굳이 원문추정을 위한 추가적인 과정이 필요하지 않다고 여겨질 때는 '판단 필요'라는 표현을 추가하지 않았다.

(5) 마지막으로, 원문 추정과 관련된 문제가 어떤 것인 지를 기술하였다. 문제의 종류에 대해서는 다음 항목에서 자세히 설명하였다. 참고로, 본문의 문제 기술 과정에서 두 개의 약어가 사용되었다. 하나는 LSJ(Henry George Liddell and Robert Scott, revised and augmented by Henry Stuart Jones, *A Greek-English Lexicon*, 9th ed. [Oxford: Oxford University Press, 1940])이고, 다른 하나는 **Smyth**(Herbert Weir Smyth, revised by Gordon M. Messing, *Greek Grammar* [Cambridge: Harvard University Press, 1984])이다.

4. 난하주에 제시된 문제

(1) 가장 많이 등장하는 문제는 정서법 문제이다. '정서법'은 철자법, 정자법, 맞춤법 등으로 표현되기도 한다. 영어로는 orthography이다. 기존 비평본에 '이(I)'로 표기된 철자가 바티칸 사본에 '에이(EI)'로 표기된 경우가 가장 많다.

또한, 고전 헬라어(애틱 방언) 철자나 산문 형태를 따르는 경우는 '고전 헬라어 문체 문제'로, 필사 당시 철자를 사용한 경우는 '철자 문제'로 분류했다.

바티칸 사본의 필사자가 잘못 기록했다고 보이는 경우는 '오기(誤記)'로 칭했다.

(2) 정서법과 연관되지만 고유명사와 관련된 문제는 따로 구분하였다. '고유명사 음역 문제'는 인명이나 지명과 같은 고유명사를 음역할 때 음역표기방법에 따라 철자가 달라지는 것과 관련된다. 고유명사 유무의 경우는 '고유명사 문제'로 제시했다.

'예루살렘 지명 문제'는 고유명사 가운데에서도 독특한 문제에 속하기에 따로 표기하였다. 사도행전에서 히브리어 예루살렘은 '예루살렘'으로 음역되거나 헬라어 '히에로쏠뤼마'로 표현되었다.

(3) 원문비평 면에서 가장 중요한 경우는 단어가 없거나 다른 경우이다. 문장이 없는 경우는 '문장 문제'(예. 23:28)라고, 단어가 없거나 다른 경우는 '단어 문제'라고 적었다. 비슷한 의미를 가진 다른 단어가 사용된 경우의 예로는 11장 13절, 19장 34절, 23장 7절이 있다.

한편, 단어 문제 가운데, '하나님'이나 '주'와 같이 하나님과 연관된 호칭 문제는 '신명 문제'로, 동사 앞에 쓰인 접두어가 없거나 다른 경우는 '접두어 문제'로 표현하였다.

또한, 부정어의 형태가 달라지는 경우는 '부정어 형태 문제'로, 단수형과 복수형처럼 수가 달라지는 경우는 '수 문제'라 칭했다.

(4) 실수로 글자나 단어가 빠진 경우 가운데 '중자탈락(haplography) 문제'가 있다. 중자탈락이란 "서기관이 필사하는 과정에서 유사한 글자, 연속된 글자, 중복하여 써야 할 글자나 음절을 특별한 의도 없이 한 번만 기록하여 글자나 음절이 탈락하는 현상"(『문법용어사전』)을 가리킨다.[6] 중자탈락과 유사하지만 반대되는 경우로 '중복 오사(dittography)'가 있다. 이는 "서기관이 필사의 과정에서 글자나 낱말이나 구나 절을 우연히 거듭 베껴 쓴 경우"(『문법용어사전』)이다.

(5) 품사(part of speech)와 관련된 문제 가운데, 동사활용 문제는 '어형변화 문제'로, '명사, 대명사, 형용사 등의 곡용 문제'는 '어미변화 문제'로 표현했다. 어미변화 문제 가운데, 제2부정과거 1인칭 혹은 3인칭 복수 어미로 부정과거어미를 사용한 경우는 '제2부정과거 복수 어미 문제'로 분류했다.

---

6) 『문법용어사전』은 한국신학정보연구원에서 한국연구재단의 지원을 받아 제작한 데이터베이스를 가리킨다. 조만간 일반에 공개될 예정이다.

관사 유무와 관련된 것은 '관사 사용 문제' 로, 지시대명사대신 관사가 사용된 경우는 '지시대명사와 관사 사용 문제' 로 칭했다. 이외에 대명사 관련 문제로, '인칭대명사 문제', '부정대명사 유무 문제', '인칭대명사와 재귀대명사 사용 문제' 가 있다.

'부사 문제' 에는 상황을 묘사하는 부사(예. 16장 26절의 '즉시')의 유무 문제, 시간을 표현하는 부사 문제 등이 있다.

이외의 품사 문제로는 '전치사 반복 문제' 와, 접속사 유무 혹은 접속사의 차이와 관련된 '접속사 문제' 가 있다.

(6) 음운론(phonology)과 관련된 문제로는 '변칙자음 뉘 문제' 가 가장 많다. 이외에는 '전치사의 모음축약(contraction) 문제' 와 '전치사의 자음동화 문제' 가 있다.

(7) 구문론(syntax)과 관련된 문제로는 먼저 '시제 문제' 와 '법 문제' 가 있다. 법의 경우, 직설법이 분사로, 명령법이 부정사로 달라지는 경우가 있다.

인칭과 수를 문맥에 맞추려다 발생하는 '인칭과 수의 일치 문제', 단어의 순서가 달라서 생기는 '순서 문제' 도 구문론과 연관된다.

'강조표현 문제' 도 있다. 강조를 위해 인칭대명사, 부사, 접속사 등을 사용하거나, 보다 강조된 단어를 사용한 경우이다. '의미를 분명하게 해주는 전치사구 문제' 도 어떤 면에서는 강조표현과 연관된다.

분사의 주어와 관련하여, '독립속격분사구문의 주어의 유무 문제' 는 독립속격분사구문의 주어가 있거나 없는 경우이고(예. 24:2), '분사의 주어 문제' 는 분사의 주어를 어떤 것으로 보느냐에 따라 어형변화가 달라지는 경우이다(예. 23:20).

'오다', '가다' 와 같이 '이동을 의미하는 동사 생략 문제' 와, 생략되어도 의미가 통하는 '계사 역할을 하는 분사의 유무 문제' (예. 26:21)도 단어 문제라기보다는 구문론과 관련되었다고 볼 수 있다.

(8) 구약인용 문제

'칠십인역과 일치하지 않는 표현을 원문으로 추정한다.' 하는 원칙에도 불구하고 '마소라 사본과 칠십인역 표현과 관련된 단어 문제' 를 다각도로 접근하는 것이 필요하다.

5. 사도행전 관련 사본 목록:

'사본이름', '시기' (브루스와 UBS5판 혹은 알란트), '브루스의 본문유형',[7] '알란트의 본문유형' 의[8] 순이다.

(1) 파피루스(Papyri)[9]

P8, 4세기, 알렉산드리아 혹은 가이사랴, II

P29, 3/4세기, 서방, I

P33, 6/7세기, 알렉산드리아, II

P38, 3/4세기, 서방, IV

P41, 12/13세기 혹은 8세기, 서방, III

P45, 3세기, 알렉산드리아 혹은 가이사랴, I

P48, 3세기 혹은 3세기 후반, 서방, IV

P50, 4/5세기, 알렉산드리아, III

P53, 3세기, 혼합형, I

P56, 5/6세기, 알렉산드리아, II

P57, 4/5세기, 알렉산드리아, II

P58=P33

P74, 7세기, 주로 알렉산드리아, I

---

7) F. F. Bruce, *The Acts of the Apostles: Greek Text with Introduction and Commentary*, third revised and enlarged ed. (Leicester: Apollos, 1990), 69-77쪽에서 브루스는 사도행전 관련 자료를 (1) 비잔틴, (2) 알렉산드리아, (3) 서방, (4) 가이사랴 본문유형으로 분류한다.

8) Kurt Aland und Barbara Aland, *Der Text des Neuen Testaments: Einführung in die wissenschaftlichen Ausgaben sowie in Theorie und Praxis der modernen Textkritik* (Stuttgart: Deutsche Bibelgesellschaft, 1982), 167쪽과 Kurt Aland and Barbara Aland, *The Text of the New Testament: An Introduction to the Critical Editions and to the Theory and Practice of Modern Textual Criticism*, trans. Erroll F. Rhodes, 2nd ed (Grand Rapids: Eerdmans, 1989), 159, 335-336쪽에 따르면, 알란트는 본문유형을 다섯 가지로 분류한다.

I: 원문추정에 중요한 초기 사본. 예: P75, P45.
II: 원문추정에 중요하지만 비잔틴 본문유형의 영향을 받은 사본. 예. L(019), Θ(038).
III: 원문추정에 중요한 부분도 있지만, 비잔틴 본문유형의 영향도 있고, 아직 확인되지 않은 영향도 있는 사본. 예. W.
IV: 서방 본문유형에 속하는 사본.
V: 비잔틴 본문유형에 속하는 사본.

9) 이하 자료는 브루스의 책 77-79쪽, 알란트의 책 167-170(영어번역 159-162)쪽, UBS5판 서문 등에 기초하여 만들어졌다.

(2) 대문자 사본(Uncials)

ℵ(01), 4세기, 알렉산드리아, I
A(02), 5세기, 알렉산드리아, I
B(03), 4세기, 알렉산드리아, I
C(04), 5세기, 알렉산드리아, II
D(05), 5/6세기 혹은 5세기, 서방, IV
E(브루스는 07, UBS는 08), 6/7세기 혹은 6세기, 비잔틴, II
H(014), 9세기, 비잔틴, V
L(브루스는 019, UBS는 020), 9세기, 비잔틴, V
P(025), 9세기, 비잔틴, V
S(049), 9/10세기, 비잔틴, V
Y(044), 8세기 혹은 9/10세기, 비잔틴, III
066, 5세기 혹은 6세기, 구분 없음, III
0175, 5세기, 구분 없음, II

(3) 소문자 사본(Minuscules)

33, 9/10세기 혹은 9세기, 비잔틴 본문유형에 영향을 받은 알렉산드리아, I
36, 12세기, 서방, II
69, 15세기, 서방, V
81, 12세기 혹은 1044년, 알렉산드리아, II
88, 12세기, 서방, III
181, 11세기 혹은 10세기, 서방, III
383, 13세기, 서방, 다루지 않음
429, 14/15세기 혹은 14세기, 서방, III
431, 12세기 혹은 11세기, 서방, III
614, 13세기, 서방, III
915, 13세기, 서방, III
1149, 13세기, 서방, 다루지 않음
1175, 11세기 혹은 10세기, 알렉산드리아(서방 약간 포함), I(번역본)

1241, 12/13세기 혹은 12세기, 알렉산드리아 혹은 비잔틴, V
1518, 15세기, 서방, 다루지 않음
1611, 12세기, 서방, III
1739, 10세기, 서방, II
1898, 10세기, 서방, 다루지 않음
2147, 12세기 혹은 11세기, 서방, V
2298, 11/12세기 혹은 11세기, 서방, III

사도행전 대문자 비평본

ΠΡΑΞΕΙΣ ΑΠΟΣΤΟΛΩΝ

제Ⅱ부

α

1:1 ΤΟΝ ΜΕΝ ΠΡΩΤΟΝ ΛΟΓΟΝ
ΕΠΟΙΗΣΑΜΗΝ ΠΕΡΙ ΠΑΝΤΩΝ
Ω ΘΕΟΦΙΛΕ
ΩΝ ΗΡΞΑΤΟ ·Ο· ΙΗΣΟΥΣ ΠΟΙΕΙΝ ΤΕ ΚΑΙ ΔΙΔΑΣΚΕΙΝ
2 ΑΧΡΙ ΗΣ ΗΜΕΡΑΣ
ΕΝΤΕΙΛΑΜΕΝΟΣ ΤΟΙΣ ΑΠΟΣΤΟΛΟΙΣ ΔΙΑ ΠΝΕΥΜΑΤΟΣ ΑΓΙΟΥ
ΟΥΣ ΕΞΕΛΕΞΑΤΟ
ΑΝΕΛΗΜΦΘΗ

3 ΟΙΣ ΚΑΙ ΠΑΡΕΣΤΗΣΕΝ ΕΑΥΤΟΝ ΖΩΝΤΑ
ΜΕΤΑ ΤΟ ΠΑΘΕΙΝ ΑΥΤΟΝ
ΕΝ ΠΟΛΛΟΙΣ ΤΕΚΜΗΡΙΟΙΣ
ΔΙ ΗΜΕΡΩΝ ΤΕΣΣΕΡΑΚΟΝΤΑ
ΟΠΤΑΝΟΜΕΝΟΣ ΑΥΤΟΙΣ
ΚΑΙ ΛΕΓΩΝ ΤΑ ΠΕΡΙ ΤΗΣ ΒΑΣΙΛΕΙΑΣ ΤΟΥ ΘΕΟΥ

4 ΚΑΙ ΣΥΝΑΛΙΖΟΜΕΝΟΣ ΠΑΡΗΓΓΕΙΛΕΝ ΑΥΤΟΙΣ ΑΥΤΟΙΣ
ΑΠΟ ΙΕΡΟΣΟΛΥΜΩΝ ΜΗ ΧΩΡΙΖΕΣΘΑΙ
ΑΛΛΑ ΠΕΡΙΜΕΝΕΙΝ ΤΗΝ -ΕΠΑΓΓΕΛΙΑΝ- ΤΟΥ ΠΑΤΡΟΣ
ΗΝ ΗΚΟΥΣΑΤΕ ΜΟΥ
5 ΟΤΙ ΙΩΑΝ·Ν·ΗΣ ΜΕΝ ΕΒΑΠΤΙΣΕΝ ΥΔΑΤΙ
ΥΜΕΙΣ ΔΕ ΕΝ ΠΝΕΥΜΑΤΙ ΒΑΠΤΙΣΘΗΣΕΣΘΕ ΑΓΙΩ
ΟΥ ΜΕΤΑ ΠΟΛΛΑΣ ΤΑΥΤΑΣ ΗΜΕΡΑΣ

6 ΟΙ ΜΕΝ ΟΥΝ ΣΥΝΕΛΘΟΝΤΕΣ
ΗΡΩΤΩΝ ΑΥΤΟΝ ΛΕΓΟΝΤΕΣ
ΚΥΡΙΕ
ΕΙ ΕΝ ΤΩ ΞΡΟΝΩ ΤΟΥΤΩ
ΑΠΟΚΑΘΙΣΤΑΝΕΙΣ ΤΗΝ ΒΑΞΙΛΕΙΑΝ ΤΩ ΙΣΡΑΗΛ

7 ΕΙΠΕΝ –ΔΕ– ΠΡΟΣ ΑΥΤΟΥΣ
ΟΥΧ ΥΜΩΝ ΕΣΤΙΝ ΓΝΩΝΑΙ
ΧΡΟΝΟΥΣ Η ΚΑΙΡΟΥΣ
ΟΥΣ Ο ΠΑΤΗΡ ΕΘΕΤΟ ΕΝ ΤΗ ΙΔΙΑ ΕΞΟΥΣΙΑ

1장

·Ο· 03 05만 이문지지. 독자가 이미 알고 있는 대상을 지칭.

-ΕΠΑΓΓΕΛΙΑΝ-; ΕΠΑΓΓΕΛΕΙΑΝ 02 03 05 056 945만 이문지지. 이문 용례 희박. 비교. 2:39.

ΙΩΑΝ·Ν·ΗΣ 03 05만 이문지지. 이문 용례 희박, 대하 28:12; 1에스 8:38. 4:13 이후 용례 참조.

–ΔΕ–; Ο̣Υ̣Ν̣ 03만 이문지지, 다른 이문을 가진 04 08도 원문지지.

8 ΑΛΛΑ ΛΗΜΨΕΣΘΕ ΔΥΝΑΜΙΝ
    ΕΠΕΛΘΟΝΤΟΣ ΤΟΥ ΑΓΙΟΥ ΠΝΕΥΜΑΤΟΣ ΕΦ ΥΜΑΣ
ΚΑΙ ΕΣΕΣΘΕ ΜΟΥ ΜΑΡΤΥΡΕΣ
    ΕΝ ΤΕ ΙΕΡΟΥΣΑΛΗΜ
    ΚΑΙ ΕΝ ΠΑΣΗ ΤΗ ΙΟΥΔΑΙΑ ΚΑΙ ΣΑΜΑΡΕΙΑ
    ΚΑΙ ΕΩΣ ΕΣΧΑΤΟΥ ΤΗΣ ΓΗΣ

9 ΚΑΙ ΤΑΥΤΑ ΕΙΠΩΝ
ˆΒΛΕΠΟΝΤΩΝ ΑΥΤΩΝˆ
ΕΠΕΡΘΗ
ΚΑΙ ΝΕΦΕΛΗ ΥΠΕΛΑΒΕΝ ΑΥΤΟΝ
ΑΠΟ ΤΩΝ ΟΦΘΑΛΜΩΝ ΑΥΤΩΝ

10 ΚΑΙ ΩΣ ΑΤΕΝΙΖΟΝΤΕΣ ΗΣΑΝ ΕΙΣ ΤỌṆ ΟΥΡΑΝΟΝ
    ΠΟΡΕΥΟΜΕΝΟΥ ΑΥΤΟΥ
ΚΑΙ ΙΔΟΥ ΑΝΔΡΕΣ ΔΥΟ
ΠΑΡΕΙΣΤΗΚΕΙΣΑΝ ΑΥΤΟΙΣ
    ΕΝΕΣΘΕΣΕΣΙ ΛΕΥΚΑΙΣ

11 ΟΙ ΚΑΙ ΕΙΠΑΝ
    ΑΝΔΡΕΣ ΓΑΛΙΛΑΙΟΙ
    ΤΙ ΕΣΤΗΚΑΤΕ –ΕΜΒΛΕΠΟΝΤΕΣ– ΕΙΣ ΤΟΝ ΟΥΡΑΝΟΝ

ΟΥΤΟΣ Ο ΙΗΣΟΥΣ
Ο ΑΝΑΛΗΜΦΘΕΙΣ ΑΠ ΥΜΩΝ ΕΙΣ ΤΟΝ ΟΥΡΑΝΟΝ
ΟΥΤΩΣ ΕΛΕΥΣΕΤΑΙ
    ΟΝ ΤΡΟΠΟΝ ΕΘΕΑΣΑΣΘΕ
        ΑΥΤΟΝ ΠΟΡΥΟΜΕΝΟΝ ΕΙΣ ΤΟΝ ΟΥΡΑΝΟΝ

12 ΤΟΤΕ ΥΠΕΣΤΡΕΨΑΝ ΕΙΣ ΙΕΡΟΥΣΑΛΗΜ
    ΑΠΟ ΟΡΟΥΣ ΤΟΥ ΚΑΛΟΥΜΕΝΟΥ ΕΛΑΙΩΝΟΣ
        Ο ΕΣΤΙΝ ΕΓΓΥΣ ΙΕΡΟΥΣΑΛΗΜ
            ΣΑΒΒΑΤΟΥ ΕΧΟΝ ΟΔΟΝ

13 ΚΑΙ ΟΤΕ ΕΙΣΗΛΘΟΝ
ΕΙΣ ΤΟ ΥΠΕΡΩΟΝ ΑΝΕΒΗΣΑΝ
    ΟΥ ΗΣΑΝ ΚΑΤΑΜΕΝΟΝΤΕΣ
Ο ΤΕ ΠΕΤΡΟΣ ΚΑΙ ΙΩΑΝ·Ν·ΗΣ ΚΑΙ ΙΑΚΩΒΟΣ ΚΑΙ ΑΝΔΡΕΑΣ
ΦΙΛΙΠΠΟΣ ΚΑΙ ΘΩΜΑΣ
ΒΑΡΘΟΛΟΜΑΙΟΣ ΚΑΙ ΜΑΘΘΑΙΟΣ

ˆΒΛΕΠΟΝΤΩΝ ΑΥΤΩΝˆ 03만 이문지지. ΑΥΤΩΝ ΒΛΕΠΟΝΤΩΝ은 주어+동사 순서.
–ΕΜΒΛΕΠΟΝΤΕΣ–; ΒΛΕΠΟΝΤΕΣ 판단 필요. 1:9 ΒΛΕΠΟΝΤΩΝ의 영향 가능.
ΙΩΑΝ·Ν·ΗΣ 03 05만 이문지지. 이문 단어 용례 희박, 대하 28:12; 1에스 8:38.

ΙΑΚΩΒΟΣ ΑΛΦΑΙΟΥ ΚΑΙ ΣΙΜΩΝ Ο ΖΗΛΩΤΗΣ ΚΑΙ ΙΟΥΔΑΣ ΙΑΚΩΒΟΥ

14 ΟΥΤΟΙ ΠΑΝΤΕΣ ΗΣΑΝ ΠΡΟΣΚΑΡΤΕΡΟΥΝΤΕΣ
ΟΜΟΘΥΜΑΔΟΝ ΤΗ ΠΡΟΣΕΥΧΗ
ΣΥΝ ΓΥΝΑΙΞΙΝ ΚΑΙ ΜΑΡΙΑΜ ΤΗ ΜΗΤΡΙ ·ΤΟΥ· ΙΗΣΟΥ ΚΑΙ⋯ ΤΟΙΣ ΑΔΕΛΦΟΙΣ ΑΥΤΟΥ

15 ΚΑΙ ΕΝ ΤΑΙΣ ΗΜΕΡΑΙΣ ΤΑΥΤΑΙΣ
ΑΝΑΣΤΑΣ ΠΕΤΡΟΣ ΕΝ ΜΕΣΩ ΤΩΝ ΑΔΕΛΦΩΝ ΕΙΠΕΝ

ΗΝ ΤΕ ΟΧΛΟΣ ΟΝΑΜΑΤΩΝ ΕΠΙ ΤΟ ΑΥΤΟ
–ΩΣΕΙ– ΕΚΑΤΟΝ ΕΙΚΟΣΙ

16 ΑΝΔΡΕΣ ΑΔΕΛΦΟΙ
ΕΔΕΙ ΠΛΗΡΩΘΗΝΑΙ ΤΗΝ ΓΡΑΦΗΝ
ΗΝ ΠΡΟΕΙΠΕ·Ν· ΤΟ ΠΝΕΥΜΑ ΤΟ ΑΓΙΟΝ
ΔΙΑ ΣΤΟΜΑΤΟΣ -ΔΑΥΙΔ-
ΠΕΡΙ ΙΟΥΔΑ
ΤΟΥ ΓΕΝΟΜΕΝΟΥ ΟΔΗΓΟΥ ΤΟΙΣ ΣΥΛΛΑΒΟΥΣΙΝ ΙΗΣΟΥΝ

17 ΟΤΙ ΚΑΤΗΡΙΘΜΗΜΕΝΟΣ ΗΝ ΕΝ -ΗΜΙΝ-
ΚΑΙ ΕΛΑΧΕΝ ΤΟΝ ΚΛΗΡΟΝ ΤΗΣ ΔΙΑΚΟΝΙΑΣ ΤΑΥΤΗΣ

18 ΟΥΤΟΣ ΜΕΝ ΟΥΝ ΕΚΤΗΣΑΤΟ ΧΩΡΙΟΝ
ΕΚ ΜΙΣΘΟΥ ΤΗΣ ΑΔΙΚΙΑΣ
ΚΑΙ ΠΡΗΝΗΣ ΓΕΝΟΜΕΝΟΣ
ΕΛΑΚΗΣΕΝ ΜΕΣΟΣ
ΚΑΙ ΕΞΕΧΥΘΗ ΠΑΝΤΑ ΤΑ ΣΠΛΑΓΧΝΑ ΑΥΤΟΥ

19 ΚΑΙ ΓΝΩΣΤΟΝ ΕΓΕΝΕΤΟ
ΠΑΣΙ ΤΟΙΣ ΚΑΤΟΙΚΟΥΣΙΝ ΙΕΡΟΥΣΑΛΗΜ
ΩΣΤΕ ΚΛΗΘΗΝΑΙ ΤΟ ΧΩΡΙΟΝ ΕΚΕΙΝΟ
ΤΗ ΙΔΙΑ ΔΙΑΛΕΚΤΩ ΘΥΤΩΝ ΑΚΕΛΔΑΜΑΧ
ΤΟΥΤ ΕΣΤΙΝ ΧΩΡΙΟΝ ΑΙΜΑΤΟΣ

·ΤΟΥ· 03만 이문지지. ΜΗΤΡΙ ΙΗΣΟΥ를 하나의 개념으로 표현하는 것은 무리가 있음. 비교. 3:13의 아브라함의 하나님과 이삭의 하나님과 야곱의 하나님.

⋯; ΣΥΝ 각각 다수 사본지지, 판단 필요. 의미를 분명히게 하려고 전치사를 추가했을 수 있음.

–ΩΣΕΙ–; ΩΣ 각각 다수 사본지지, 판단 필요. 보다 일반적인 단어를 사용했을 수 있음.

ΠΡΟΕΙΠΕ·Ν· 각각 다수 사본지지, 판단 필요. 변칙자음 뉘 문제.

-ΔΑΥΙΔ-; ΔΑΥΕΙΔ 03 05가 이문을 지지하나 축약된 형태를 가진 사본들도 이문을 지지할 수 있음. 시내 사본의 마 1:6, 행 13:22, 히 4:7과 11:32 참조. 이문이 칠십인역과 다르나 히브리어 발음, 고유명사 음역, 바티칸 사본 및 시내 사본의 EI 발음을 고려하여 원문 채택.

-ΗΜΙΝ-; ΗΜΕΙΝ 03번만 이문지지. 정서법 문제.

20 ΓΕΓΡΑΠΤΑΙ ΓΑΡ ΕΝ ΒΙΒΛΩ ΨΑΛΜΩΝ
ΓΕΝΗΘΗΤΩ Η ΕΠΑΥΛΙΣ ΑΥΤΟΥ ΕΡΗΜΟΣ
ΚΑΙ ΜΗ ΕΣΤΩ ΚΑΤΟΙΚΩΝ ΕΝ ΑΥΤΗ
ΚΑΙ
ΤΗΝ ΕΠΙΣΚΟΠΗΝ ΑΥΤΟΥ ΛΑΒΕΤΩ ΕΤΕΡΟΣ

21 ΔΕΙ ΟΥΝ
ΤΩΝ ΣΥΝΕΛΘΟΝΤΩΝ ΗΜΙΝ ΑΝΔΡΩΝ
ΕΝ ΠΑΝΤΙ ΧΡΟΝΩ
Ω ΕΙΣΗΛΘΕΝ ΚΑΙ ΕΞΗΛΘΕΝ ΕΦ ΗΜΑΣ
Ο ΚΥΡΙΟΣ ΙΗΣΟΥΣ
22 ΑΡΞΑΜΕΝΟΣ ΑΠΟ ΤΟΥ ΒΑΠΤΙΣΜΑΤΟΣ ΙΩΑΝ̣ΝΟΥ
ΕΩΣ ΤΗΣ ΗΜΕΡΑΣ ΗΣ ΑΝΕΛΗΜΦΘΗ ΑΠ ΗΜΩΝ
ΜΑΡΤΥΡΑ ΤΗΣ ΑΝΑΣΤΑΣΕΩΣ ΑΥΤΟΥ ΣΥΝ ΗΜΙΝ
ΓΕΝΕΣΘΑΙ
ΕΝΑ ΤΟΥΤΩΝ

23 ΚΑΙ ΕΣΤΗΣΑΝ ΔΥΟ
ΙΩΣΗΦ ΤΟΝ ΚΑΛΟΥΜΕΝΟΝ ΒΑΡΣΑΒΒΑΝ
ΟΣ ΕΠΕΚΛΗΘΗ ΙΟΥΣΤΟΣ
ΚΑΙ ΜΑΘΘΙΑΝ

24 ΚΑΙ ΠΡΟΣΕΥΞΑΜΕΝΟΙ ΕΙΠΑΝ
ΣΥ ΚΥΡΙΕ ΚΑΡΔΙΟΓΝΩΣΤΑ ΠΑΝΤΩΝ
ΑΝΑΔΕΙΞΟΝ
ΟΝ ΕΞΕΛΕΞΩ ΕΚ ΤΟΥΤΩΝ ΤΩΝ ΔΥΟ ΕΝΑ
25 ΛΑΒΕΙΝ ΤΟΝ ΤΟΠΟΝ ΤΗΣ ΔΙΑΚΟΝΙΑΣ ΤΑΥΤΗΣ ΚΑΙ ΑΠΟΣΤΟΛΗΣ
ΑΦ ΗΣ ΠΑΡΕΒΗ ΙΟΥΔΑΣ
ΠΟΡΕΥΘΗΝΑΙ ΕΙΣ ΤΟΝ ΤΟΠΟΝ ΤΟΝ ΙΔΙΟΝ

26 ΚΑΙ ΕΔΩΚΑΝ ΚΛΗΡΟΥΣ ΑΥΤΟΙΣ
ΚΑΙ ΕΠΕΣΕΝ Ο ΚΛΗΡΟΣ ΕΠΙ ΜΑΘΘΙΑΝ
ΚΑΙ ΣΥΝΚΑΤΕΨΗΦΙΣΘΗ ΜΕΤΑ ΤΩΝ ΕΝΔΕΚΑ ΑΠΟΣΤΟΛΩΝ

β

2:1 ΚΑΙ ΕΝ ΤΩ -ΣΥΜΠΛΗΡΟΥΣΘΑΙ-
ΤΗΝ ΗΜΕΡΑΝ ΤΗΣ ΠΕΝΤΗΚΟΣΤΗΣ
ΗΣΑΝ ΠΑΝΤΕΣ ΟΜΟΥ ΕΠΙ ΤΟ ΑΥΤΟ

2장

-ΣΥΜΠΛΗΡΟΥΣΘΑΙ-; ΣΥΝΠΛΗΡΟΥΣΘΑΙ 02 03 04 08만 이문지지. 이문은 오기 혹은 후대 철자로 보임.

2 ΚΑΙ ΕΦΕΝΕΤΟ ΑΦΝΩ ΕΚ ΤΟΥ ΟΥΡΑΝΟΥ ΗΧΟΣ
ΩΣΠΕΡ ΦΕΡΟΜΕΝΗΣ ΠΝΟΗΣ ΒΙΑΙΑΣ
ΚΑΙ ΕΠΛΗΡΩΣΕΝ ΟΛΟΝ ΤΟΝ ΟΙΚΟΝ
ΟΥ ΗΣΑΝ ΚΑΘΗΜΕΝΟΙ

3 ΚΑΙ ΩΦΘΗΣΑΝ ΑΥΤΟΙΣ
ΔΙΑΜΕΡΙΖΟΜΕΝΑΙ ΓΛΩΣΣΑΙ ΩΣΕΙ ΠΥΡΟΣ
ΚΑΙ ΕΚΑΘΙΣΕΝ ΕΦ ΕΝΑ ΕΚΑΣΤΟΝ ΑΥΤΩΝ

4 ΚΑΙ ΕΠΛΗΣΘΗΣΑΝ ΠΑΝΤΕΣ ΠΝΕΥΜΑΤΟΣ ΑΓΙΟΥ
ΚΑΙ ΕΡΞΑΝΤΟ ΛΑΛΕΙΝ ΕΤΕΡΑΙΣ ΓΛΩΣΣΑΙΣ
ΚΑΘΩΣ ΤΟ ΠΝΕΥΜΑ ΕΔΙΔΟΥ ΑΠΟΦΘΕΓΓΕΣΘΑΙ ΑΥΤΟΙΣ

5 ΗΣΑΝ ΔΕ ΕΙΣΙΕΡΟΥΣΑΛΗΜ ΚΑΤΟΙΚΟΥΝΤΕΣ ΙΟΥΔΑΙΟΙ
ΑΝΔΡΕΣ ΕΥΛΑΒΕΙΣ
ΑΠΟ ΠΑΝΤΟΣ ΕΘΝΟΥΣ ΤΩΝ ΥΠΟ ΤΟΝ ΟΥΡΑΝΟΝ

6 ΓΕΝΟΜΕΝΗΣ ΔΕ ΤΗΣ ΦΩΝΗΣ ΤΑΥΤΗΣ
ΣΥΝΗΛΘΕ·Ν· ΤΟ ΠΛΗΘΟΣ
ΚΑΙ ΣΥΝΕΧΥΘΗ
ΟΤΙ -ΗΚΟΥΟΝ- ΕΙΣ ΕΚΑΣΤΟΣ ΤΗ ΙΔΙΑ ΔΙΑΛΕΚΤΩ
ΛΑΛΟΥΝΤΩΝ ΑΥΤΩΝ

7 ΕΞΙΣΤΑΝΤΟ ΔΕ ΚΑΙ ΕΘΑΥΜΑΖΟΝ ΛΕΓΟΝΤΕΣ
ΟΥΧ ΙΔΟΥ
ΑΠΑΝΤΕΣ ΟΥΤΟΙ ΕΙΣΙΝ ΟΙ ΛΑΛΟΥΝΤΕΣ
-ΓΑΛΙΛΑΙΟΙ-

8 ΚΑΙ ΠΩΣ ΗΜΕΙΣ ΑΚΟΥΟΜΕΝ ΕΚΑΣΤΟΣ
ΤΗ ΙΔΙΑ ΔΙΑΛΕΚΤΩ ΗΜΩΝ
ΕΝ Η ΕΓΕΝΝΗΘΗΜΕΝ

9 ΠΑΡΘΟΙ ΚΑΙ ΜΗΔΟΙ ΚΑΙ -ΕΛΑΜΙΤΑΙ-
ΚΑΙ ΟΙ ΚΑΤΟΙΚΟΥΝΤΕΣ
ΤΗΝ ΜΕΣΟΠΟΤΑΜΙΑΝ
ΙΟΥΔΑΙΑΝ ΤΕ ΚΑΙ ΚΑΠΠΑΔΟΚΙΑΝ
ΠΟΝΤΟΝ ΚΑΙ ΤΗΝ ΑΣΙΑΝ
10 ΦΡΥΓΙΑΝ ΤΕ ΚΑΙ ΠΑΜΦΥΛΙΑΝ
ΑΙΓΥΠΤΟΝ ΚΑΙ ΤΑ ΜΕΡΗ ΤΗΣ ΛΙΒΥΗΣ ΤΗΣ ΚΑΤΑ ΚΥΡΗΝΗΝ

ΣΥΝΗΛΘΕ·Ν· 각각 다수 사본지지, 판단 필요. 변칙자음 뉘 문제.
-ΗΚΟΥΟΝ-; ΗΚΟΥΣΕΝ 01 03 1646만 이문지지. 앞선 동사들과 시제 일치 시도 가능.
-ΓΑΛΙΛΑΙΟΙ-; ΓΑΛΕΙΛΑΙΟΙ 03 04 08만 이문지지. 정서법 문제.
-ΕΛΑΜΙΤΑΙ-; ΑΙΛΑΜΕΙΤΑΙ 03만 이문지지, 다양한 이문 존재. 고유명사 음역 문제.

ΚΑΙ ΟΙ ΕΠΙΔΗΜΟΥΝΤΕΣ ΡΩΜΑΙΟΙ
11 ΙΟΥΔΑΙΟΙ ΤΕ ΚΑΙ ΠΡΟΣΗΛΥΤΟΙ
ΚΡΗΤΕΣ ΚΑΙ ΑΡΑΒΕΣ
ΑΚΟΥΟΜΕΝ
ΛΑΛΟΥΝΤΩΝ ΑΥΤΩΝ ΤΑΙΣ ΗΜΕΤΕΡΑΙΣ ΓΛΩΣΣΑΙΣ
ΤΑ ΜΕΦΑΛΕΙΑ ΤΟΥ ΘΕΟΥ

12 ΕΞΙΣΤΑΝΤΟ ΔΕ ΠΑΝΤΕΣ ΚΑΙ -ΔΙΗΠΟΡΟΥΝ-
ΑΛΛΟΣ ΠΡΟΣ ΑΛΛΟΝ ΛΕΓΟΝΤΕΣ
ΤΙ ΘΕΛΕΙ ΤΟΥΤΟ ΕΙΝΑΙ

13 ΕΤΕΡΟΙ ΔΕ ΔΙΑΧΛΕΥΑΖΟΝΤΕΣ ΕΛΕΓΟΝ ΟΤΙ
ΓΛΕΥΚΟΥΣ ΜΕΜΕΣΤΩΜΕΝΟΙ ΕΙΣΙΝ

14 ΣΤΑΘΕΙΣ ΔΕ Ο ΠΕΤΡΟΣ
ΣΥΝ ΤΟΙΣ ΕΝΔΕΚΑ
ΕΠΗΡΕΝ ΤΗΝ ΦΩΝΗΝ ΑΥΤΟΥ
ΚΑΙ ΑΠΕΦΘΕΓΞΑΤΟ ΑΥΤΟΙΣ
ΑΝΔΡΕΣ ΙΟΥΔΑΙΟΙ
ΚΑΙ ΟΙ ΚΑΤΟΙΚΟΥΝΤΕΣ ΙΕΡΟΥΣΑΛΗΜ ΠΑΝΤΕΣ
ΤΟΥΤΟ ΥΜΙΝ ΓΝΩΣΤΟΝ ΕΣΤΩ
ΚΑΙ ΕΝΩΤΙΣΑΣΘΕ ΤΟ ΡΗΜΑΤΑ ΜΟΥ

15 ΟΥ ΓΑΡ
ΩΣ ΥΜΕΙΣ ΥΠΟΛΑΜΒΑΝΕΤΕ
ΟΥΤΟΙ ΜΕΘΥΟΥΣΙΝ

ΕΣΤΙΝ ΓΑΡ ΩΡΑ ΤΡΙΤΗ ΤΗΣ ΗΜΕΡΑΣ

16 ΑΛΛΑ ΤΟΥΤΟ ΕΣΤΙΝ
ΤΟ ΕΙΡΗΜΕΝΟΝ ΔΙΑ ΤΟΥ ΠΡΟΦΗΤΟΥ ΙΩΗΛ

17 ΚΑΙ ΕΣΤΑΙ –ΕΝ ΤΑΙΣ ΕΣΧΑΤΑΙΣ ΗΜΕΡΑΙΣ–
ΛΕΓΕΙ Ο ΘΕΟΣ
ΕΚΧΕΩ ΑΠΟ ΤΟΥ ΠΝΕΥΜΑΤΟΣ ΜΟΥ ΕΠΙ ΠΑΣΑΝ ΣΑΡΚΑ
ΚΑΙ ΠΡΟΦΗΤΕΥΣΟΥΣΙΝ ΟΙ ΥΙΟΙ ΨΜΩΝ ΚΑΙ ΑΙ ΘΥΦΑΤΕΡΕΣ ΥΜΩΝ
ΚΑΙ ΟΙ ΝΕΑΝΙΣΚΟΙ ΥΜΩΝ ΟΡΑΣΕΙΣ ΟΨΟΝΤΑΙ
ΚΑΙ ΟΙ ΠΡΕΣΒΥΤΕΡΟΙ ΥΜΩΝ ΕΝΥΠΝΙΟΙΣ ΕΝΥΠΝΙΑΣΘΗΣΟΝΤΑΙ

-ΔΙΗΠΟΡΟΥΝ-; ΔΙΗΠΟΡΟΥΝΤΟ 01 02 03만 이문지지. 감정표현의 의미를 살리기 위해 수동태 사용 가능.

–ΕΝ ΤΑΙΣ ΕΣΧΑΤΑΙΣ ΗΜΕΡΑΙΣ–; ΜΕΤΑ ΤΑΥΤΑ 03만 이문지지, 04는 두 가지 읽기가 함께 나타남. 칠십인역과 일치시키려 한 듯함.

18 ΚΑΙ ΓΕ ΕΠΙ ΤΟΥΣ ΔΟΥΛΟΥΣ ΜΟΥ ΚΑΙ ΕΠΙ ΤΑΣ ΔΟΥΛΑΣ ΜΟΥ
ΕΝ ΤΑΙΣ ΗΜΕΡΑΙΣ ΕΚΕΙΝΑΙΣ
ΕΚΧΕΩ ΑΠΟ ΤΟΥ ΠΝΕΥΜΑΤΟΣ ΜΟΥ
ΚΑΙ ΠΡΟΦΗΤΕΥΣΟΥΣΙΝ

19 ΚΑΙ ΔΩΣΩ
ΤΕΡΑΤΑ ΕΝ ΤΩ ΟΥΡΑΝΩ ΑΝΩ
ΚΑΙ ΣΗΜΕΙΑ ΕΠΙ ΤΗΣ ΓΗΣ ΚΑΤΩ
ΑΙΜΑ ΚΑΙ ΠΥΡ ΚΑΙ -ΑΤΜΙΔΑ- ΚΑΠΝΟΥ

20 Ο ΗΛΙΟΣ ΜΕΤΑΣΤΡΑΦΗΣΕΤΑΙ ΕΙΣ ΣΚΟΤΟΣ
ΚΑΙ Η ΣΕΛΗΝΗ ΕΙΣ ΑΙΜΑ
ΠΡΙΝ ♀Η♀ ΕΛΘΕΙΝ ΗΜΕΡΑΝ ΚΥΡΙΟΥ
ΤΗΝ ΜΕΓΑΛΗΝ ΚΑΙ ΕΠΙΦΑΝΗ

21 ΚΑΙ ΕΣΤΑΙ
ΠΑΣ ΟΣ –ΑΝ– ΕΠΙΚΑΛΕΣΗΤΑΙ ΤΟ ΟΝΟΜΑ ΚΥΡΙΟΥ
ΣΩΘΗΣΕΤΑΙ

22 ΑΝΔΡΕΣ -ΙΣΡΑΗΛΙΤΑΙ-
ΑΚΟΥΣΑΤΕ ΤΟΥΣ ΛΟΓΟΥΣ ΤΟΥΤΟΥΣ

ΙΗΣΟΥΝ ΤΟΝ ΝΑΖΩΡΑΙΟΝ
ΑΝΔΡΑ ΑΠΟΔΕΔΕΙΓΜΕΝΟΝ ΑΠΟ ΤΟΥ ΘΕΟΥ ΕΙΣ ΥΜΑΣ
ΔΥΝΑΜΕΣΙ ΚΑΙ ΤΕΡΑΣΙ ΚΑΙ ΣΗΜΕΙΟΙΣ
ΟΙΣ ΕΠΟΙΗΣΕΝ ΔΙ ΑΥΤΟΥ
Ο ΘΕΟΣ ΕΝ ΜΕΣΩ ΥΜΩΝ
ΚΑΘΩΣ ΑΥΤΟΙ ΟΙΔΑΤΕ
23 ΤΟΥΤΟΝ ΤΗ ΩΡΙΣΜΕΝΗ ΒΟΥΛΗ ΚΑΙ ΠΡΟΓΝΩΣΕΙ ΤΟΥ ΘΕΟΥ ΕΚΔΟΤΟΝ
ΔΙΑ ΧΕΙΡΟΣ ΑΝΟΜΩΝ ΠΡΟΣΠΗΞΑΝΤΕΣ ΑΝΕΙΛΑΤΕ
24 ΟΝ Ο ΘΕΟΣ ΑΝΕΣΤΗΣΕ·Ν·
ΛΥΣΑΣ ΤΑΣ -ΩΔΙΝΑΣ- ΤΟΥ ΘΑΝΑΤΟΥ
ΚΑΘΟΤΙ ΟΥΚ ΗΝ ΔΥΝΑΤΟΝ
ΚΡΑΤΕΙΣΘΑΙ ΑΥΤΟΝ ΥΠ ΑΥΤΟΥ

-ΑΤΜΙΔΑ-; ΑΤΜΕΙΔΑ 03만 이문지지. 정서법 문제.

♀Η♀; 없음 각각 다수 사본지지, 판단 필요. 원문이 칠십인역과 다른 표현임, 원문처럼 비교를 의미하는 단어가 삽입된 신약의 용례로 마 1:18, 막 14:30, 행 7:2가 있음.

–ΑΝ–; ΕΑΝ P74 03 08 945 1739 1891만 이문지지. 관계대명사와 함께 가정법을 나타내는 원문의 표현은 신약에 36회, 이문의 표현은 34회 쓰여 비슷함.

-ΙΣΡΑΗΛΙΤΑΙ-; ΙΣΤΡΑΗΛΕΙΤΑΙ 02 03 04 05 08만 이문지지, 다양한 이문 존재. 고유명사 음역 문제. 바티칸 사본 내 통일성 결여. 2:22, 3:12, 13:16은 ΙΣΤΡΑΗΛΕΙΤΑΙ; 5:35, 21:28은 ΙΣΡΑΗΛΕΙΤΑΙ.

ΑΝΕΣΤΗΣΕ·Ν· 판단 필요. 변칙자음 뉘 문제.

-ΩΔΙΝΑΣ-; ΩΔΕΙΝΑΣ 01 03 04만 이문지지. 정서법 문제.

25 -ΔΑΥΙΔ- ΓΑΡ ΛΕΓΕΙ ΕΙΣ ΑΥΤΟΝ
ΠΡΟΟΡΩΜΗΝ ΤΟΝ ΚΥΡΙΟΝ ΕΝΩΠΙΟΝ ΜΟΥ ΔΙΑ ΠΑΝΤΟΣ
ΟΤΙ ΕΚ ΔΕΞΙΩΝ ΜΟΥ ΕΣΤΙΝ
ΙΝΑ ΜΗ ΣΑΛΕΥΘΩ

26 ΔΙΑ ΤΟΥΤΟ
ΗΥΦΡΑΝΘΗ ♀ΜΟΥ Η ΚΑΡΔΙΑ♀
ΚΑΙ ΗΓΑΛΛΙΑΣΑΤΟ Η ΓΛΩΣΣΑ ΜΟΥ
ΕΤΙ ΔΕ ΚΑΙ Η ΣΑΡΞ ΜΟΥ ΚΑΤΑΣΚΗΝΩΣΕΙ ΕΠ ΕΛΠΙΔΙ
27 ΟΤΙ ΟΥΚ ΕΓ̣ΚΑΤΑΛΕΙΨΕΙΣ
ΤΗΝ ΨΥΧΗΝ ΜΟΥ ΕΙΣ ΑΔΗΝ
ΔΥΔΕΔΩΣΕΙΣ ΤΟΝ ΟΣΙΟΝ ΣΟΥ
ΙΔΕΙΝ ΔΙΑΦΘΟΡΑΝ

28 ΕΓΝΩΡΙΣΑΣ ΜΟΙ ΟΔΟΥΣ ΖΩΗΣ
ΠΛΗΡΩΣΕΙΣ ΜΕ ΕΥΦΡΟΣΥΝΗΣ
ΜΕΤΑ ΤΟΥ ΠΡΟΣΩΠΟΥ ΣΟΥ

29 ΑΝΔΡΕΣ ΑΔΕΛΦΟΙ
ΕΞΟΝ ΕΙΠΕΙΝ
ΜΕΤΑ ΠΑΡΡΗΣΙΑΣ ΠΡΟΣ ΥΜΑΣ
ΠΕΡΙ ΤΟΥ ΠΑΤΡΙΑΡΧΟΥ -ΔΑΥΙΔ-
ΟΤΙ ΚΑΙ ΕΤΕΛΕΥΤΗΣΕΝ ΚΑΙ ΕΤΑΦΗ
ΚΑΙ ΤΟ ΜΝΗΜΑ ΑΥΤΟΥ ΕΣΤΙΝ ΕΝ ΗΜΙΝ
ΑΧΡΙ ΤΗΣ ΗΜΕΡΑΣ ΤΑΥΤΗΣ

30 ΠΡΟΦΗΤΗΣ ΟΥΝ ΥΠΑΡΧΩΝ
ΚΑΙ ΕΙΔΩΣ
ΟΤΙ ΟΡΚΩ ΩΜΟΣΕΝ ΑΥΤΩ Ο ΘΕΟΣ
ΕΚ ΚΑΡΠΟΥ ΤΗΣ ΟΣΦΥΟΣ ΑΥΤΟΥ
ΚΑΘΙΣΑΙ ΕΠΙ ΤΟΝ ΘΡΟΝΟΝ ΑΥΤΟΥ
31 ΠΡΟΙΔΩΝ ΕΛΑΛΗΣΕΝ ΠΕΡΙ ΤΗΣ ΑΝΑΣΤΑΣΕΩΣ ΤΟΥ ΧΡΙΣΤΟΥ
ΟΤΙ ΟΥΤΕ ΕΓ̣ΚΑΤΕΛΕΙΦΘΗ ΕΙΣ ΑΔΗΝ
ΟΥΤΕ Η ΣΑΡΞ ΑΥΤΟΥ ΕΙΔΕΝ ΔΙΑΦΘΟΡΑΝ

-ΔΑΥΙΔ-; ΔΑΥΕΙΔ P74와 비잔틴 본문이 원문지지, 03 05가 이문을 지지하나 축약된 형태를 가진 사본들도 이문을 지지할 수 있음. 시내 사본의 마 1:6, 행 13:22, 히 4:7과 11:32 참조. 원문이 칠십인역과 같으나 히브리어 발음, 고유명사 음역, 바티칸 사본 및 시내 사본의 ΕΙ 발음을 고려하여 원문 채택.

♀ΜΟΥ Η ΚΑΡΔΙΑ♀; Η ΚΑΡΔΙΑ ΜΟΥ 01 03만 원문지지. 하지만 원문이 칠십인역 시편 16편 9절의 표현과 다르고, 이문은 이어지는 Η ΓΛΩΣΣΑ ΜΟΥ, Η ΣΑΡΞ ΜΟΥ 등의 영향을 받은 것 같아 원문 채택.

-ΔΑΥΙΔ-; ΔΑΥΕΙΔ 03 05 08이 이문을 지지하나 축약된 형태를 가진 사본들도 이문을 지지할 수 있음. 시내 사본의 마 1:6, 행 13:22, 히 4:7과 11:32 참조. 원문이 칠십인역과 같으나 히브리어 발음, 고유명사 음역, 바티칸 사본 및 시내 사본의 ΕΙ 발음을 고려하여 원문 채택.

32 ΤΟΥΤΟΝ ΤΟΝ ΙΗΣΟΥΝ
ΑΝΕΣΤΗΣΕΝ Ο ΘΕΟΣ
ΟΥ ΠΑΝΤΕΣ ΗΜΕΙΣ ΕΣΜΕΝ ΜΑΡΤΥΡΕΣ

33 ΤΗ ΔΕΞΙΑ ΟΥΝ ΤΟΥ ΘΕΟΥ ΥΨΩΘΕΙΣ
ΤΗΝ ΤΕ ΕΠΑΓΓΕΛΙΑΝ ΤΟΥ ΠΝΕΥΜΑΤΟΣ ΤΟΥ ΑΓΙΟΥ ΛΑΒΩΝ ΠΑΡΑ ΤΟΥ ΠΑΤΡΟΣ
ΕΞΕΧΕΕΝ ΤΟΥΤΟ
Ο ΥΜΕΙΣ ΚΑΙ ΒΛΕΠΕΤΕ ΚΑΙ ΑΚΟΥΕΤΕ

34 ΟΥ ΓΑΡ -ΔΑΥΙΔ- ΑΝΕΒΗ ΕΙΣ ΤΟΥΣ ΟΥΡΑΝΟΥΣ
ΛΕΓΕΙ ΔΕ ΑΥΤΟΣ
ΕΙΠΕΝ ϙ.˙ϙ ΚΥΡΙΟΣ ΤΩ ΚΥΡΙΩ ΜΟΥ
ΚΑΘΟΥ ΕΚ ΔΕΞΙΩΝ ΜΟΥ
35 ΕΩΣ ΑΝ ΘΩ ΤΟΥΣ ΕΧΘΡΟΥΣ ΣΟΥ
ΥΠΟΠΟΔΙΟΝ ΤΩΝ ΠΟΔΩΝ ΣΟΥ

36 ΑΣΦΑΛΩΣ ΟΥΝ -ΓΙΝΩΣΚΕΤΩ- ΠΑΣ ΟΙΚΟΣ ΙΣΡΑΗΛ
ΟΤΙ ΚΑΙ ΚΥΡΙΟΝ ΑΥΤΟΝ ΚΑΙ ΧΡΙΣΤΟΝ ΕΠΟΙΗΣΕΝ Ο ΘΕΟΣ
ΤΟΥΤΟΝ ΤΟΝ ΙΗΣΟΥΝ
ΟΝ ΥΜΕΙΣ ΕΣΤΑΥΡΩΣΑΤΕ

37 ΑΚΟΥΣΑΝΤΕΣ ΔΕ ΚΑΤΕΝΥΓΗΣΑΝ ΤΗΝ ΚΑΡΔΙΑΝ
ΕΙΠΟΝ ΤΕ ΠΡΟΣ ΤΟΝ ΠΕΤΡΟΝ ΚΑΙ ΤΟΥΣ ΛΟΙΠΟΥΣ ΑΠΟΣΤΟΛΟΥΣ
ΤΙ ΠΟΙΗΣΩΜΕΝ
ΑΝΔΡΕΣ ΑΔΕΛΦΟΙ

38 ΠΕΤΡΟΣ ΔΕ ΠΡΟΣ ΑΥΤΟΥΣ
ΜΕΤΑΝΟΗΣΑΤΕ

·ΦΗΣΙΝ·
ΚΑΙ ΒΑΠΤΙΣΘΗΤΩ ΕΚΑΣΤΟΣ ΥΜΩΝ
–ΕΠΙ– ΤΩ ΟΝΟΜΑΤΙ ΙΗΣΟΥ ΧΡΙΣΤΟΥ
ΕΙΣ ΑΦΕΣΙΝ ΤΩΝ ΑΜΑΡΤΙΩΝ ΥΜΩΝ
ΚΑΙ ΛΗΜΨΕΣΘΕ ΤΗΝ ΔΩΡΕΑΝ ΤΟΥ ΑΓΙΟΥ ΠΝΕΥΜΑΤΟΣ

39 ΥΜΙΝ ΓΑΡ ΕΣΤΙΝ Η ΕΠΑΓΓΕΛΙΑ

-ΔΑΥΙΔ-; ΔΑΥΕΙΔ 03 05가 이문을 지지하나 축약된 형태를 가진 사본들도 이문을 지지할 수 있음. 시내 사본의 마 1:6, 행 13:22, 히 4:7과 11:32 참조. 원문이 칠십인역과 같으나 히브리어 발음, 고유명사 음역, 바티칸 사본 및 시내 사본의 EI 발음을 고려하여 원문 채택.

ϙ.˙ϙ; Ο 01 03 05 1241만 원문지지. 하지만 칠십인역 시편 109편 1절과 일치하지 않는, 또한 여호와에 대한 칠십인역의 일반적인 표현을 고려하여 원문 채택. 비교. 2:39.

-ΓΙΝΩΣΚΕΤΩ-; ΓΕΙΝΩΣΚΕΤΩ 03 05만 이문지지. 정서법 문제.

·ΦΗΣΙΝ: 판단 필요. 문장이 매끄럽지 않은 표현으로 원문 채택.

–ΕΠΙ–; ΕΝ 03 05 945 1739 1891만 이문지지. 신약에 더 자주 나오는 표현 사용. 원문 14회, 이문 27회.

ΚΑΙ ΤΟΙΣ ΤΕΚΝΟΙΣ ΥΜΩΝ ΚΑΙ ♀ΠΑΣΙ♀ ΤΟΙΣ ΕΙΣ ΜΑΚΡΑΝ
ΟΣΟΥΣ ΑΝ ΠΡΟΣΚΑΛΕΣΗΤΑΙ ΚΥΡΙΟΣ Ο ΘΕΟΣ ΗΜΩΝ

40 ΕΤΕΡΟΙΣ ΤΕ ΛΟΓΟΙΣ ΠΛΕΙΟΣΙΝ ΔΙΕΜΑΡΤΥΡΑΤΟ
ΚΑΙ ΠΑΡΕΚΑΛΕΙ ΑΥΤΟΥΣ ΛΕΓΩΝ
ΣΩΘΗΤΕ ΑΠΟ ΤΗΣ ΓΕΝΕΑΣ ΤΗΣ ΣΚΟΛΙΑΣ ΤΑΥΤΗΣ

41 ΟΙ ΜΕΝ ΟΥΝ ΑΠΟΔΕΞΑΜΕΝΟΙ ΤΟΝ ΛΟΓΟΝ ΑΥΤΟΥ ΕΒΑΠΤΙΣΘΗΣΑΝ
ΚΑΙ ΠΡΟΣΕΤΕΘΗΣΑΝ ΕΝ ΤΗ ΗΜΕΡΑ ΕΚΕΙΝΗ
ΨΥΧΑΙ ΩΣΕΙ -ΤΡΙΣΧΙΛΙΑΙ-

42 ΗΣΑΝ ΔΕ ΠΡΟΣΚΑΡΤΕΡΟΥΝΤΕΣ
ΤΗ ΔΙΔΑΧΗ ΤΩΝ ΑΠΟΣΤΟΛΩΝ ΚΑΙ ΤΗ ΚΟΙΝΩΝΙΑ
ΤΗ ΚΛΑΣΕΙ ΤΟΥ ΑΡΤΟΥ ΚΑΙ ΤΑΙΣ ΠΡΟΣΕΥΧΑΙΣ

43 -ΕΓΙΝΕΤΟ- ΔΕ ΠΑΣΗ ΨΥΧΗ ΦΟΒΟΣ
ΠΟΛΛΑ –ΤΕ– ΤΕΡΑΤΑ ΚΑΙ ΣΗΜΕΙΑ
ΔΙΑ ΤΩΝ ΑΠΟΣΤΟΛΩΝ -ΕΓΙΝΕΤΟ-

44 ΠΑΝΤΕΣ ΔΕ ΟΙ ΠΙΣΤΕΥΟΝΤΕΣ ·ΗΣΑΝ· ΕΠΙ ΤΟ ΑΥΤΟ
·ΚΑΙ· ΕΙΧΟΝ ΑΠΑΝΤΑ ΚΟΙΝΑ
45 ΚΑΙ ΤΑ ΚΤΗΜΑΤΑ ΚΑΙ ΤΑΣ ΥΠΑΡΞΕΙΣ ΕΠΙΠΡΑΣΚΟΝ
ΚΑΙ ΔΙΕΜΕΡΙΖΟΝ ΑΥΤΑ ΠΑΣΙΝ
ΚΑΘΟΤΙ ΑΝ ΤΙΣ ΧΡΕΙΑΝ ΕΙΧΕΝ

46 ΚΑΘ ΗΜΕΡΑΝ ΤΕ ΠΡΟΣΚΑΡΤΕΡΟΥΝΤΕΣ ΟΜΟΘΥΜΑΔΟΝ ΕΝ ΤΩ ΙΕΡΩ
ΚΛΩΝΤΕΣ ΤΕ ΚΑΤ ΟΙΚΟΝ ΑΡΤΟΝ
ΜΕΤΕΛΑΜΒΑΝΟΝ ΤΡΟΦΗΣ ΕΝ ΑΓΑΛΛΙΑΣΕΙ ΚΑΙ ΑΦΕΛΟΤΗΤΙ ΚΑΡΔΙΑΣ
47 ΑΙΝΟΥΝΤΕΣ ΤΟΝ ΘΕΟΝ
ΚΑΙ ΕΧΟΝΤΕΣ ΧΑΡΙΝ ΠΡΟΣ ΟΛΟΝ ΤΟΝ ΛΑΟΝ

Ο ΔΕ ΚΥΡΙΟΣ ΠΡΟΣΕΤΙΘΕΙ ΤΟΥΣ ΣΩΖΟΜΕΝΟΥΣ
ΚΑΘ ΗΜΕΡΑΝ ΕΠΙ ΤΟ ΑΥΤΟ

♀ΠΑΣΙ♀; ΠΑΣΙΝ 08 025 1 33 1646만 이문지지. 변칙자음 뉘 문제.

-ΤΡΙΣΧΙΛΙΑΙ-; ΤΡΙΣΧΕΙΛΙΑΙ 02 03만 이문지지, 02 08 2147에도 유사한 이문 존재. 정서법 문제.

-ΕΓΙΝΕΤΟ-; ΕΓΕΙΝΕΤΟ 03 04 05만 이문지지. 정서법 문제. 부정과거 시제를 취하는 이문인 ΕΓΕΝΕΤΟ를 가지는 사본들이 많으나 이는 일반적인 표현을 따른 것으로 보임.

–ΤΕ–; ΔΕ 01 03 81만 이문지지. 문맥상 원문이 더 적합.

-ΕΓΙΝΕΤΟ-; ΕΓΕΙΝΕΤΟ 각각 다수 사본지지, 판단 필요. 정서법 문제.

·ΗΣΑΝ· 03 2495만 이문지지. 아마도 어려운 표현을 쉽게 표현하려고 삭제.

·ΚΑΙ· 03만 이문지지. 아마도 어려운 표현을 쉽게 표현하려고 삭제.

γ

3:1 ΠΕΤΡΟΣ ΔΕ ΚΑΙ ΙΩΑΝ·Ν·ΗΣ ΑΝΕΒΑΣΝΟΝ
ΕΙΣ ΤΟ ΙΕΡΟΝ
ΕΠΙ ΤΗΝ ΩΡΑΝ ΤΗΣ ΠΡΟΣΕΥΧΗΣ ΤΗΝ ΕΝΑΤΗΝ

2 ΚΑΙ ΤΙΣ ΑΝΗΡ
ΧΩΛΟΣ ΕΚ ΚΟΙΛΙΑΣ ΜΗΤΡΟΣ ΑΥΤΟΥ ΥΠΑΡΧΩΝ
ΕΒΑΣΤΑΖΕ·ΤΟ·

ΟΝ ΕΤΙΘΟΥΝ
ΚΑΘ ΗΜΕΡΑΝ
ΠΡΟΣ ΤΗΝ ΘΥΡΑΝ ΤΟΥ ΙΕΡΟΥ ΤΗΝ ΛΕΓΟΜΕΝΗΝ ΩΡΑΙΑΝ
ΤΟΥ ΑΙΤΕΙΝ ΕΛΕΗΜΟΣΥΝΗΝ
ΠΑΡΑ ΤΩΝ ΕΙΣΠΟΡΕΥΟΜΕΝΩΝ ΕΙΣ ΤΟ ΙΕΡΟΝ

3 ΟΣ ΙΔΩΝ ΠΕΤΡΟΝ ΚΑΙ ΙΩΑΝ·Ν·ΗΝ
ΜΕΛΛΟΝΤΑΣ ΕΙΣΙΕΝΑΙ ΕΙΣ ΤΟ ΙΕΡΟΝ
ΗΡΩΤΑ ΕΛΕΗΜΟΣΥΝΗΝ ΛΑΒΕΙΝ

4 ΑΤΕΝΙΣΑΣ ΔΕ ΠΕΤΡΟΣ ΕΙΣ ΑΥΤΟΝ ΣΥΝ ΤΩ ΙΩΑΝΝΗ
ΕΙΠΕΝ
ΒΛΕΨΟΝ ΕΙΣ ΗΜΑΣ

5 Ο ΔΕ ΕΠΕΙΧΕΝ ΑΥΤΟΙΣ
ΠΡΟΣΔΟΚΩΝ ΤΙ ΠΑΡ ΑΥΤΩΝ ΛΑΒΕΙΝ

6 ΕΙΠΕΝ ΔΕ ΠΕΤΡΟΣ
ΑΡΓΥΡΙΟΝ ΚΑΙ ΧΡΥΣΙΟΝ ΟΥΧ ΥΠΑΡΧΕΙ ΜΟΙ
Ο ΔΕ ΕΧΩ ΤΟΥΤΟ ΣΟΙ ΔΙΔΩΜΙ

ΕΝ ΤΩ ΟΝΟΜΑΤΙ ΙΗΣΟΥ ΧΡΙΣΤΟΥ ΤΟΥ ΝΑΖΩΡΑΙΟΥ
·ΕΓΕΙΡΕ ΚΑΙ· ΠΕΡΙΠΑΤΕΙ

3장

ΙΩΑΝ·Ν·ΗΣ 03 05만 이문지지. 이문 용례 희박, 대하 28:12; 1에스 8:38.

ΕΒΑΣΤΑΖΕ·ΤΟ· 03만 이문지지. 한번 쓰기 가능, 의미상 이문은 부적절.

ΙΩΑΝ·Ν·ΗΝ 03 05가 이문지지. 이문 용례 희박, 대하 28:12; 1에스 8:38.

·ΕΓΕΙΡΕ ΚΑΙ· 01 03 05만 이문지지, 판단 필요. 베드로가 일으켰기 때문에 '일어나라'는 명령을 삭제했을 수 있음. '일어나라'에 해당하는 단어의 부정과거 명령 형태를 가진 사본들도 많다는 것을 고려할 때, '일어나라'는 명령이 본래 있었을 수 있음. 하지만, 반대로 7절에 있는 '일으키다'와 복음서의 유사한 표현이 있는 마 9:5, 막 2:9, 눅 5:23, 요 5:8의 영향을 받아 추가되었을 수도 있음.

7 ΚΑΙ ΠΙΑΣΑΣ ΑΥΤΟΝ ΤΗΣ ΔΕΞΙΑΣ ΧΕΙΡΟΣ
ΗΓΕΙΡΕΝ ΑΥΤΟΝ
ΠΑΡΑΧΡΗΜΑ ΔΕ ΕΣΤΕΡΕΩΘΗΣΑΝ
ΑΙ ΒΑΣΕΙΣ ΑΥΤΟΥ ΚΑΙ ΤΑ ΣΦΥΔΡΑ

8 ΚΑΙ ΕΞΑΛΛΟΜΕΝΟΣ ΕΣΤΗ
ΚΑΙ ΠΕΡΙΕΠΑΤΕΙ
ΚΑΙ ΕΙΣΗΛΘΕΝ ΣΥΝ ΑΥΤΟΙΣ ΕΙΣ ΤΟ ΙΕΡΟΝ
ΠΕΡΙΠΑΤΩΝ ΚΑΙ ΑΛΛΟΜΕΝΟΣ ΚΑΙ ΑΙΝΩΝ ΤΟΝ ΘΕΟΝ

9 ΚΑΙ ΕΙΔΕΝ ΠΑΣ Ο ΛΑΟΣ
ΑΥΤΟΝ ΠΕΡΙΠΑΤΟΥΝΤΑ ΚΑΙ ΑΙΝΟΥΝΤΑ ΤΟΝ ΘΕΟΝ

10 -ΕΠΕΓΙΝΩΣΚΟΝ- ΔΕ ΑΥΤΟΝ
ΟΤΙ –ΑΥΤΟΣ– ΗΝ
Ο ΠΡΟΣ ΤΗΝ ΕΛΕΗΜΟΣΥΝΗΝ ΚΑΘΗΜΕΝΟΣ
ΕΠΙ ΤΗ ΩΡΑΙΑ ΠΥΛΗ ΤΟΥ ΙΕΡΟΥ

ΚΑΙ ΕΠΛΗΣΘΗΣΑΝ ΘΑΜΒΟΥΣ ΚΑΙ ΕΚΣΤΑΣΕΩΣ
ΕΠΙ ΤΩ ΣΥΜΒΕΒΗΚΟΤΙ ΑΥΤΩ

11 ΚΡΑΤΟΥΝΤΟΣ ΔΕ ΑΥΤΟΥ ΤΟΝ ΠΕΤΡΟΝ ΚΑΙ ΤΟΝ ΙΩΑΝ·Ν·ΗΝ
ΣΥΝΕΔΡΑΜΕΝ ΠΑΣ Ο ΛΑΟΣ ΠΟΡΣ ΑΥΤΟΥΣ
ΕΠΙ ΤΗ ΣΤΟΑ ΤΗ ΚΑΛΟΥΜΕΝΗ ΣΟΛΟΜΩΝΤΟΣ
ΕΚΘΑΜΒΟΙ

12 ΙΔΩΝ ΔΕ Ο ΠΕΤΡΟΣ
ΑΠΕΚΡΙΝΑΤΟ ΠΡΟΣ ΤΟΝ ΛΑΟΝ
ΑΝΔΡΕΣ -ΙΣΡΑΗΛΙΤΑΙ-
ΤΙ ΘΑΥΜΑΖΕΤΕ ΕΠΙ ΤΟΥΤΩ
Η ΗΜΙΝ ΤΙ ΑΤΕΝΙΖΕΤΕ
ΩΣ ΙΔΙΑ ΔΥΝΑΜΕΙ Η ΕΥΣΕΒΕΙΑ ΠΕΠΟΙΗΚΟΣΙΝ
ΤΟΥ ΠΕΡΙΠΑΤΕΙΝ ΑΥΤΟΝ

13 Ο ΘΕΟΣ ΑΒΡΑΑΜ ΚΑΙ ·Ο ΘΕΟΣ· ΙΣΑΑΚ ΚΑΙ ·Ο ΘΕΟΣ· ΙΑΚΩΒ

-ΕΠΕΓΙΝΩΣΚΟΝ-; ΕΠΕΓΕΙΝΩΣΚΟΝ 03 05만 이문지지. 철자와 발음 문제.

–ΑΥΤΟΣ–; ΟΥΤΟΣ P74 01 02 04 81 1505 1646만 원문지지, 판단 필요. 이문의 경우, 주어를 강조하는 표현보다 일반적인 지시대명사를 사용했을 수 있음.

ΙΩΑΝ·Ν·ΗΝ 03만 이문지지. 3:4의 '요한'과 비교할 때 바티칸 사본 내에 통일성이 결여된 듯함.

-ΙΣΡΑΗΛΙΤΑΙ-; ΙΣΤΡΑΗΛΕΙΤΑΙ 03만 이문지지, 다양한 이문 존재. 고유명사 음역 문제. 바티칸 사본 내 통일성 결여. 2:22, 3:12, 13:16은 ΙΣΤΡΑΗΛΕΙΤΑΙ; 5:35, 21:28은 ΙΣΡΑΗΛΕΙΤΑΙ.

·Ο ΘΕΟΣ· P74 01 04 049 88 104 1175 2147이 원문지지, 판단 필요. 02 05는 칠십인역의 표현인 ΘΕΟΣ와 일치. 삭제된 이문은 이어지는 표현인 Ο ΘΕΟΣ ΤΩΝ ΠΑΤΕΡΩΝ ΗΜΩΝ 및 7:32의 표현과 일치된 것일 수 있음. 원문대로라면 칠십인역 표현에 관사를 붙여 '바로 그'라는 의미가 더해졌을 수 있음.

Ο ΘΕΟΣ ΤΩΝ ΠΑΤΕΡΩΝ ΗΜΩΝ
ΕΔΟΞΑΣΕΝ ΤΟΝ ΠΑΙΔΑ ΑΥΤΟΥ ΙΝΣΟΥΝ
ΟΝ ΥΜΕΙΣ ΜΕΝ ΠΑΡΕΔΩΚΑΤΕ
ΚΑΙ ΗΡΝΗΣΑΣΘΕ ΚΑΤΑ ΠΡΟΣΩΠΟΝ -ΠΙΛΑΤΟΥ-
-ΚΡΙΝΑΝΤΟΣ- ΕΚΕΙΝΟΥ ΑΠΟΛΥΕΙΝ

14 ΥΜΕΙΣ ΔΕ
ΤΟΝ ΑΓΙΟΝ ΚΑΙ ΔΙΚΑΙΟΝ
ΗΡΝΗΣΑΣΘΕ
ΚΑΙ ΗΤΗΣΑΣΘΕ
ΑΝΔΡΑ ΦΟΝΕΑ ΧΑΡΙΣΘΗΝΑΙ ΥΜΙΝ

15 ΤΟΝ ΔΕ ΑΡΧΗΓΟΝ ΤΗΣ ΖΩΗΣ
ΑΠΕΚΤΕΙΝΑΤΕ
ΟΝ Ο ΘΕΟΣ ΗΓΕΙΡΕΝ ΕΚ ΝΕΚΡΩΝ
ΟΥ ΗΜΕΙΣ ΜΑΡΤΥΡΕΣ ΕΣΜΕΝ

16 ΚΑΙ ·ΕΠΙ· ΤΗ ΠΙΣΤΕΙ ΤΟΥ ΟΝΟΜΑΤΟΣ ΑΥΤΟΥ
ΤΟΥΤΟΝ ΟΝ ΘΕΩΡΕΙΤΕ ΚΑΙ ΟΙΔΑΤΕ
ΕΣΤΕΡΕΩΣΕΝ ΤΟ ΟΝΑΜΑ ΑΥΤΟΥ
ΚΑΙ Η ΠΙΣΤΙΣ Η ΔΙ ΑΥΤΟΥ
ΕΔΩΚΕΝ ΑΥΤΩ ΤΗΝ ΟΛΟΚΛΗΡΙΑΝ ΤΑΥΤΗΝ
ΑΠΕΝΑΝΤΙ ΠΑΝΤΩΝ ΥΜΩΝ

17 ΚΑΙ ΝΥΝ ΑΔΕΛΦΟΙ ΟΙΔΑ
ΟΤΙ ΚΑΤΑ ΑΓΝΟΙΑΝ ΕΠΡΑΞΑΤΕ
ΩΣΠΕΡ ΚΑΙ ΟΙ ΑΡΧΟΝΤΕΣ ΥΜΩΝ

18 Ο ΔΕ ΘΕΟΣ
Α ΠΡΟΚΑΤΗΓΓΕΙΛΕΝ ΔΙΑ ΣΤΟΜΑΤΟΣ ΠΑΝΤΩΝ ΤΩΝ ΠΡΟΦΗΤΩΝ
ΠΑΘΕΙΝ ΤΟΝ ΧΡΙΣΤΟΝ ΑΥΤΟΥ
ΕΠΛΗΡΩΣΕΝ ΟΥΤΩΣ

19 ΜΕΤΑΝΟΗΣΑΤΕ ΟΥΝ ΚΑΙ ΕΠΙΣΤΡΕΨΑΤΕ
–ΕΙΣ– ΤΟ ΕΞΑΛ·Ε·ΙΦΘΗΝΑΙ ΥΜΩΝ ΤΑΣ ΑΜΑΡΤΙΑΣ
20 ΟΠΩΣ ΑΝ ΕΛΘΩΣΙΝ ΚΑΙΡΟΙ ΑΝΑΨΥΞΕΩΣ
ΑΠΟ ΠΡΟΣΩΠΟΥ ΤΟΥ ΚΥΡΙΟΥ

·Ο ΘΕΟΣ: P74 01 04 88 104 1175 2147이 원문지지, 049에 주목, 판단 필요. 내적기준은 앞의 언급 참고.
-ΠΙΛΑΤΟΥ-; ΠΕΙΛΑΤΟΥ 03 05만 이문지지. 정서법 문제.
-ΚΡΙΝΑΝΤΟΣ-; ΚΡΕΙΝΑΝΤΟΣ 03 05만 이문지지. 정서법 문제.
·ΕΠΙ· 01 03 81 1175만 이문지지. 전치사 문제, 판단 필요.
–ΕΙΣ–; ΠΡΟΣ 01 03만 이문지지. 전치사 문제, 판단 필요.
ΕΞΑΛ·Ε·ΙΦΘΗΝΑΙ 01 03 04 08 927만 이문지지. 정서법 문제, 판단 필요.

ΚΑΙ ΑΠΟΣΤΕΙΛΗ
ΤΟΝ ΠΡΟΚΕΧΕΙΡΙΣΜΕΝΟΝ ΥΜΙΝ ΧΡΙΣΤΟΝ ΙΗΣΟΥΝ
21 ΟΝ ΔΕΙ ΟΥΡΑΝΟΝ ΜΕΝ ΔΕΞΑΣΘΑΙ
ΑΧΡΙ ΧΡΟΝΩΝ ΑΠΟΚΑΤΑΣΤΑΣΕΩΣ ΠΑΝΤΩΝ
ΩΝ ΕΛΑΛΗΣΕΝ Ο ΘΕΟΣ
ΔΙΑ ΣΤΟΜΑΤΟΣ ΤΩΝ ΑΓΙΩΝ ΑΠ ΑΙΩΝΟΣ ΑΥΤΟΥ ΠΡΟΦΗΤΩΝ

22 ΜΩΥΣΗΣ ΜΕΝ ΕΙΠΕΝ ΟΤΙ
ΠΡΟΦΗΤΗΝ ΥΜΙΝ ΑΝΑΣΤΗΣΕΙ
ΚΥΡΙΟΣ Ο ΘΕΟΣ ·ΥΜΩΝ·
ΕΚ ΤΩΝ ΑΔΕΛΦΩΝ ΥΜΩΝ
ΩΣ ΕΜΕ

ΑΥΤΟΥ ΑΚΟΥΣΕΣΘΕ ΚΑΤΑ ΠΑΝΤΑ
ΟΣΑ ΑΝ ΛΑΛΗΣΗ ΠΡΟΣ ΥΜΑΣ

23 ΕΣΤΑΙ ΔΕ ΠΑΣΑ ΨΥΧΗ
ΗΤΙΣ –ΕΑΝ– ΜΗ ΑΚΟΥΣΗ ΤΟΥ ΠΡΟΦΗΤΟΥ ΕΚΕΙΝΟΥ
ΕΧΟΛΕΘΡΕΥΘΗΣΕΤΑΙ ΕΚ ΤΟΥ ΛΑΟΥ

24 ΚΑΙ ΠΑΝΤΕΣ ΔΕ ΟΙ ΠΡΟΦΗΤΑΙ
ΑΠΟ ΣΑΜΟΥΗΛ ΚΑΙ ΤΩΝ ΚΑΘΕΞΗΣ
ΟΣΟΙ ΕΛΑΛΗΣΑΝ ΚΑΙ ΚΑΤΗΓΓΕΙΛΑΝ ΤΑΣ ΗΜΕΡΑΣ ΤΑΥΤΑΣ

25 ΥΜΕΙΣ ΕΣΤΕ ΟΙ ΥΙΟΙ ΤΩΝ ΠΡΟΦΗΤΩΝ ΚΑΙ ΤΗΣ ΔΙΑΘΗΚΗΣ
ΗΣ ˆΔΙΕΘΕΤΟ Ο ΘΕΟΣˆ ΠΡΟΣ ΤΟΥΣ ΠΑΤΕΡΑΣ ΥΜΩΝ
ΛΕΓΩΝ ΠΡΟΣ ΑΒΡΑΑΜ
ΚΑΙ ΕΝ ΤΩ ΣΠΕΡΜΑΤΙ ΣΟΥ ·ΕΝ·ΕΥΛΟΓΗΘΗΣΟΝΤΑΙ
ΠΑΣΑΙ ΑΙ ΠΑΤΡΙΑΙ ΤΗΣ ΓΗΣ

26 ΥΜΙΝ ΠΡΩΤΟΝ ΑΝΑΣΤΗΣΑΣ Ο ΘΕΟΣ ΤΟΝ ΠΑΙΔΑ ΑΥΤΟΥ
ΑΠΕΣΤΕΙΛΕΝ ΑΥΤΟΝ
ΕΥΛΟΓΟΥΝΤΑ ΥΜΑΣ
ΕΝ ΤΩ ΑΠΟΣΤΡΕΦΕΙΝ ΕΚΑΣΤΟΝ
ΑΠΟ ΤΩΝ ΠΟΝΗΡΙΩΝ ·ΥΜΩΝ·

·ΥΜΩΝ· 03만 이문지지. 칠십인역의 2인칭 단수인 ΣΟΥ와 다른 표현을 피하려 했을 수 있음. 1인칭 복수 소유격, 2인칭 복수 소유격, 생략 가운데 판단 필요.

–ΕΑΝ–; ΑΝ 판단 필요.

ˆΔΙΕΘΕΤΟ Ο ΘΕΟΣˆ; Ο ΘΕΟΣ ΔΙΕΘΕΤΟ 03 05c 0165만 이문지지. 주어와 술어의 순서 문제.

·ΕΝ·ΕΥΛΟΓΗΘΗΣΟΝΤΑΙ 02 03 044 323 945 1243 1739 1854가 이문지지, 다른 이문 존재, 판단 필요. 칠십인역 창 22:18은 원문과 같은 표현.

·ΥΜΩΝ· 03만 이문지지, 다른 이문 존재. 청중을 비난하는 것 같은 표현을 피하려 한 듯함.

δ

4:1 ΛΑΛΟΥΝΤΩΝ ΔΕ ΑΥΤΩΝ ΠΡΟΣ ΤΟΝ ΛΑΟΝ
ΕΠΕΣΤΗΣΑΝ ΑΥΤΟΙΣ
ΟΙ –ΙΕΡΕΙΣ– ΚΑΙ Ο ΣΤΡΑΤΗΓΟΣ ΤΟΥ ΙΕΡΟΥ ΚΑΙ ΟΙ ΣΑΔΔΟΥΚΑΙΟΙ
2 ΔΙΑΠΟΝΟΥΜΕΝΟΙ
ΔΙΑ ΤΟ ΔΙΔΑΣΚΕΙΝ ΑΥΤΟΥΣ ΤΟΝ ΛΑΟΝ
ΚΑΙ ΚΑΤΑΓΓΕΛΛΕΙΝ ΕΝ ΤΩ ΙΗΣΟΥ
ΤΗΝ ΑΝΑΣΤΑΣΙΝ ΤΗΝ ΕΚ ΝΕΚΡΩΝ

3 ΚΑΙ ΕΠΕΒΑΛΟΝ ΑΥΤΟΙΣ ΤΑΣ ΧΕΙΡΑΣ
ΚΑΙ ΕΘΕΝΤΟ ΕΙΣ ΤΗΡΗΣΙΝ ΕΙΣ ΤΗΝ ΑΥΡΙΟΝ

ΗΝ ΓΑΡ ΕΣΤΕΡΑ ΗΔΗ

4 ΠΟΛΛΟΙ ΔΕ ΤΩΝ ΑΚΟΥΣΑΝΤΩΝ ΤΟΝ ΛΟΓΟΝ ΕΠΙΣΤΕΥΣΑΝ
ΚΑΙ ΕΓΕΝΗΘΗ ·Ο· ΑΡΙΣΘΜΟΣ ΤΩΝ ΑΝΔΡΩΝ ΩΣ -ΧΙΛΙΑΔΕΣ- ΠΕΝΤΕ

5 ΕΓΕΝΕΤΟ ΔΕ ΕΠΙ ΤΗΝ ΑΥΡΙΟΝ
ΣΥΝΑΧΘΗΝΑΙ
ΑΥΤΩΝ ΤΟΥΣ ΑΡΧΟΝΤΑΣ ΚΑΙ ΤΟΥΣ ΠΡΕΣΒΥΤΕΡΟΥΣ ΚΑΙ ΤΟΥΣ ΓΡΑΜΜΑΤΕΙΣ
ΕΝ ΙΕΡΟΥΣΑΛΗΜ

6 ΚΑΙ ΑΝΝΑΣ Ο ΑΡΧΙΕΡΕΥΣ
ΚΑΙ ΚΑΙΑΦΑΣ ΚΑΙ ΙΩΑΝΝΗΣ ΚΑΙ ΑΛΕΞΑΝΔΡΟΣ
ΚΑΙ ΟΣΟΙ ΗΣΑΝ ΕΚ ΓΕΝΟΥΣ ΑΡΧΙΕΡΑΤΙΚΟΥ

7 ΚΑΙ ΣΤΗΣΑΝΤΕΣ ΑΥΤΟΥΣ ΕΝ ΤΩ ΜΕΣΩ ΕΠΥΝΘΑΝΟΝΤΟ
ΕΝ ΠΟΙΑ ΔΥΝΑΜΕΙ Η ΕΝ ΠΟΙΩ ΟΝΟΜΑΤΙ
ΕΠΟΙΗΣΑΤΕ ΤΟΥΤΟ ΥΜΕΙΣ

8 ΤΟΤΕ ΠΕΤΡΟΣ ΠΛΗΣΘΕΙΣ ΠΝΕΥΜΑΤΟΣ ΑΓΙΟΥ
ΕΙΠΕΝ ΠΡΟΣ ΑΥΤΟΥΣ
ΑΡΧΟΝΤΕΣ ΤΟΥ ΛΑΟΥ ΚΑΙ ΠΡΕΣΒΥΤΕΡΟΙ
9 ΕΙ ΗΜΕΙΣ ΣΗΜΕΡΟΝ -ΑΝΑΚΡΙΝΟΜΕΘΑ-
ΕΠΙ ΕΥΕΡΓΕΣΙΑ ΑΝΘΡΩΠΟΥ ΑΣΘΕΝΟΥΣ

4장

–ΙΕΡΕΙΣ–; ΑΡΧΙΕΡΕΙΣ 03 04만 이문지지. 4:6, 23와 5:24의 영향을 받은 듯함.
·Ο· 01 03 0165만 이문지지. 신자들 전체 수라는 인식을 피하려 한 듯함.
-ΧΙΛΙΑΔΕΣ-; ΧΕΙΛΙΑΔΕΣ 03 0165만 이문지지. 철자와 발음 문제.
-ΑΝΑΚΡΙΝΟΜΕΘΑ-; ΑΝΑΚΡΕΙΝΟΜΕΘΑ 03 05만 이문지지. 철자와 발음 문제.

ΕΝ ΤΙΝΙ ΟΥΤΟΣ ΣΕΣΩΤΑΙ
10 ΓΝΩΣΤΟΝ ΕΣΤΩ
ΠΑΣΙΝ ΥΜΙΝ ΚΑΙ ΠΑΝΤΙ ΤΩ ΛΑΩ ΙΣΡΑΗΛ
ΟΤΙ ΕΝ ΤΩ ΟΝΟΜΑΤΙ ΙΗΣΟΥ ΧΡΙΣΤΟΥ ΤΟΥ ΝΑΖΩΡΑΙΟΥ
ΟΝ ΥΜΕΙΣ ΕΣΤΑΥΡΩΣΑΤΕ
ΟΝ Ο ΘΕΟΣ ΗΓΕΙΡΕΝ ΕΚ ΝΕΚΡΩΝ
ΕΝ ΤΟΥΤΩ
ΟΥΤΟΣ ΠΑΡΕΣΤΗΚΕΝ ΕΝΩΠΙΟΝ ΥΜΩΝ ΥΓΙΗΣ

11 ΟΥΤΟΣ ΕΣΤΙΝ Ο ΛΙΘΟΣ
Ο ΕΞΟΥΘΕΝΗΘΕΙΣ ΥΦ ΥΜΩΝ ΤΩΝ ΟΙΚΟΔΟΜΩΝ
Ο ΓΕΝΟΜΕΝΟΣ ΕΙΣ ΚΕΦΑΛΗΝ ΓΩΝΙΑΣ

12 ΚΑΙ ΟΥΚ ΕΣΤΙΝ ΕΝ ΑΛΛΩ ΟΥΔΕΝΙ Η ΣΩΤΗΡΙΑ

ΟΥΔΕ ΓΑΡ ΟΝΟΜΑ ΕΣΤΙΝ ΕΤΕΡΟΝ ΥΠΟ ΤΟΝ ΟΥΡΑΝΟΝ
ΤΟ ΔΕΔΟΜΕΝΟΝ ΕΝ ΑΝΘΡΩΠΟΙΣ
ΕΝ Ω ΔΕΙ ΣΩΘΗΝΑΙ –ΗΜΑΣ–

13 ΘΕΩΡΟΥΝΤΕΣ ΔΕ ΤΗΝ ΤΟΥ ΠΕΤΡΟΥ ΠΑΡΡΗΣΙΑΝ ΚΑΙ ΙΩΑΝΝΟΥ
ΚΑΙ ΚΑΤΑΛΑΒΟΜΕΝΟΙ ΟΤΙ ΑΝΘΡΩΠΟΙ ΑΓΡΑΜΜΑΤΟΙ ΕΙΣΙΝ ΚΑΙ ΙΔΙΩΤΑΙ
ΕΘΑΥΜΑΖΟΝ
-ΕΠΕΓΙΝΩΣΚΟΝ- ΤΕ ΑΥΤΟΥΣ
ΟΤΙ ΣΥΝ ΤΩ ΙΗΣΟΥ ΗΣΑΝ

14 ΤΟΝ ΤΕ ΑΝΘΡΩΠΟΝ ΒΛΕΠΟΝΤΕΣ ΣΥΝ ΑΥΤΟΙΣ ΕΣΤΩΤΑ
ΤΟΝ ΤΕΘΕΡΑΠΕΥΜΕΝΟΝ
ΟΥΔΕΝ ΕΙΧΟΝ ΑΝΤΕΙΠΕΙΝ

15 ΚΕΛΕΥΣΑΝΤΕΣ ΔΕ ΑΥΤΟΥΣ
ΕΞΩ ΤΟΥ ΣΥΝΕΔΡΙΟΥ ΑΠΕΛΘΕΙΝ
ΣΥΝΕΒΑΛΛΟΝ ΠΡΟΣ ΑΛΛΗΛΟΥΣ 16 ΛΕΓΟΝΤΕΣ
ΤΙ ΠΟΙΗΣΩΜΕΝ ΤΟΙΣ ΑΝΘΡΩΠΟΙΣ ΤΟΥΤΟΙΣ

ΟΤΙ ΜΕΝ ΓΑΡ ΓΝΩΣΤΟΝ ΣΗΜΕΙΟΝ ΓΕΓΟΝΕΝ ΔΙ ΑΥΤΩΝ
ΠΑΣΙΝ ΤΟΙΣ ΚΑΤΟΙΚΟΥΣΙΝ ΙΕΡΟΥΣΑΛΗΜ ΦΑΝΕΡΟΝ
ΚΑΙ ΟΥ ΔΥΝΑΜΕΘΑ ΑΡΝΕΙΣΘΑΙ

17 ΑΛΛ ΙΝΑ ΜΗ ΕΠΙ ΠΛΕΙΟΝ ΔΙΑΝΕΜΗΘΗ ΕΙΣ ΤΟΝ ΛΑΟΝ
ΑΠΕΙΛΗΣΩΜΕΘΑ ΑΥΤΟΙΣ

–ΗΜΑΣ–; ΥΜΑΣ 03 547 1270만 이문지지. 4:10의 2인칭 복수의 영향인 듯함. 화자가 청중을 아우르는 1인칭 복수 사용 고려 필요.

-ΕΠΕΓΙΝΩΣΚΟΝ-; ΕΠΕΓΕΙΝΩΣΚΟΝ 03 05만 이문지지. 철자와 발음 문제.

ΜΗΚΕΤΙ ΛΑΛΕΙΝ ΕΠΙ ΤΩ ΟΝΟΜΑΤΙ ΤΟΥΤΩ ΜΗΔΕΝΙ ΑΝΘΡΩΠΩΝ

18 ΚΑΙ ΚΑΛΕΣΑΝΤΕΣ ΑΥΤΟΥΣ ΠΑΡΗΓΓΕΙΛΑΝ
·ΤΟ· ΚΑΘΟΛΟΥ ΜΗ ΦΘΕΓΓΕΣΘΑΙΜΗΔΕ ΔΙΔΑΣΚΕΙΝ
ΕΠΙ ΤΩ ΟΝΟΜΑΤΙ ·ΤΟΥ· ΙΗΣΟΥ

19 Ο ΔΕ ΠΕΤΡΟΣ ΚΑΙ ΙΩΑΝΝΗΣ
ΑΠΟΚΡΙΘΕΝΤΕΣ -ΕΙΠΟΝ- ΠΡΟΣ ΑΥΤΟΥΣ
ΕΙ ΔΙΚΑΙΟΝ ΕΣΤΙΝ ΕΝΩΠΙΟΝ ΤΟΥ ΘΕΟΥ
ΥΜΩΝ ΑΚΟΥΕΙΝ ΜΑΛΛΟΝ Η ΤΟΥ ΘΕΟΥ
-ΚΡΙΝΑΤΕ-

20 ΟΥ -ΔΥΝΑΜΕΘΑ- ΓΑΡ ΗΜΕΙΣ
Α ΕΙΔΑΜΕΝ ΚΑΙ ΗΚΟΥΣΑΜΕΝ ΜΗ ΛΑΛΕΙΝ

21 ΟΙ ΔΕ ΠΡΟΣΑΠΕΙΛΗΣΑΜΕΝΟΙ ΑΠΕΛΥΣΑΝ ΑΥΤΟΥΣ
ΜΗΔΕΝ ΕΥΡΙΣΚΟΝΤΕΣ
ΤΟ ΠΩΣ ΚΟΛΑΣΩΝΤΑΙ ΑΥΤΟΥΣ
ΔΙΑ ΤΟΝ ΛΑΟΝ
ΟΤΙ ΠΑΝΤΕΣ ΕΔΟΞΑΖΟΝ ΤΟΝ ΘΕΟΝ
ΕΠΙ ΤΩ ΓΕΓΟΝΟΤΙ

22 ΕΤΩΝ ΓΑΡ ΗΝ ΠΛΕΙΟΝΩΝ ΤΕΣΣΕΡΑΚΟΝΤΑ Ο ΑΝΘΡΩΠΟΣ
ΕΦ ΟΝ ΓΕΓΟΝΕΙ ΤΟ ΣΗΜΕΙΟΝ ΤΟΥΤΟ ΤΗΣ ΙΑΣΕΩΣ

23 ΑΠΟΛΥΘΕΝΤΕΣ ΔΕ ΗΛΘΟΝ ΠΡΟΣ ΤΟΥΣ ΙΔΙΟΥΣ
ΚΑΙ ΑΠΗΓΓΕΙΛΑΝ
ΟΣΑ ΠΡΟΣ ΑΥΤΟΥΣ ΟΙ ΑΡΧΙΕΡΕΙΣ ΚΑΙ ΟΙ ΠΡΕΣΒΥΤΕΡΟΙ ΕΙΠΑΝ

24 ΟΙ ΔΕ ΑΚΟΥΣΑΝΤΕΣ
ΟΜΟΘΥΜΑΔΟΝ ΗΡΑΝ ΦΩΝΗΝ ΠΡΟΣ ΤΟΝ ΘΕΟΝ
ΚΑΙ ΕΙΠΑΝ
ΔΕΣΠΟΤΑ
ΣΥ Ο ΠΟΙΗΣΑΣ
ΤΟΝ ΟΥΡΑΝΟΝ ΚΑΙ ΤΗΝ ΓΗΝ ΚΑΙ ΤΗΝ ΘΑΛΑΣΣΑΝ
ΚΑΙ ΠΑΝΤΑ ΤΑ ΕΝ ΑΥΤΟΙΣ
25 Ο ΤΟΥ ΠΑΤΡΟΣ ΗΜΩΝ ΔΙΑ ΠΝΕΥΜΑΤΟΣ ΑΓΙΟΥ
ΣΤΟΜΑΤΟΣ -ΔΑΥΙΔ- ΠΑΙΔΟΣ ΣΟΥ ΕΙΠΩΝ

·ΤΟ· 01 03만 이문지지. 관사 사용 문제.
·ΤΟΥ· 03 614 618 1243 2147 2412가 이문지지, 판단 필요. 관사 사용 문제.
-ΕΙΠΟΝ-; ΕΙΠΑΝ 03 1175만 이문지지, 다른 이문 존재. 동사 활용 문제. 4:23, 24 등의 용례 참조.
-ΚΡΙΝΑΤΕ-; ΚΡΕΙΝΑΤΕ 03 05만 이문지지. 철자와 발음 문제.
-ΔΥΝΑΜΕΘΑ-; ΔΥΝΟΜΕΘΑ 03 05만 이문지지. 오기로 보임.
-ΔΑΥΙΔ-; ΔΑΥΕΙΔ 03 05만 이문지지. 고유명사 음역 문제.

ΙΝΑΤΙ ΕΦΡΥΑΞΑΝ ΕΘΝΗ
ΚΑΙ ΛΑΟΙ ΕΜΕΛΕΤΗΣΑΝ ΚΕΝΑ

26 ΠΑΡΕΣΤΗΣΑΝ ΟΙ ΒΑΣΙΛΕΙΣ ΤΗΣ ΓΗΣ
ΚΑΙ ΟΙ ΑΡΧΟΝΤΕΣ ΣΥΝΗΧΘΗΣΑΝ ΕΠΙ ΤΟ ΑΥΤΟ
ΚΑΤΑ ΤΟΥ ΚΥΡΙΟΥ
ΚΑΙ ΚΑΤΑ ΤΟΥ ΧΡΙΣΤΟΥ ΑΥΤΟΥ

27 ΣΥΝΗΧΘΗΣΑΝ ΓΑΡ ΕΠ ΑΛΗΘΕΙΑΣ
ΕΝ ΤΗ ΠΟΛΕΙ ΤΑΥΤΗ
ΕΠΙ ΤΟΝ ΑΓΙΟΝ ΠΑΙΔΑ ΣΟΥ ΙΝΣΟΥΝ
ΟΝ -ΕΧΡΙΣΑΣ-
ΗΡΩΔΗΣ ΤΕ ΚΑΙ ΠΟΝΤΙΟΣ -ΠΙΛΑΤΟΣ-
ΣΥΝ ΕΘΝΕΣΙΝ ΚΑΙ ΛΑΟΙΣ ΙΣΡΑΗΛ
28 ΠΟΙΗΣΑΙ
ΟΣΑ Η ΧΕΙΡ ΣΟΥ ΚΑΙ Η ΒΟΥΛΗ ·ΣΟΥ·
ΠΡΟΩΡΙΣΕΝ ΓΕΝΕΣΘΑΙ

29 ΚΑΙ ΤΑ ΝΥΝ ΚΥΡΙΕ ΕΠΙΔΕ
ΕΠΙ ΤΑΣ ΑΠΕΙΛΑΣ ΑΥΤΩΝ
ΚΑΙ ΔΟΣ ΤΟΙΣ ΔΟΥΛΟΙΣ ΣΟΥ
ΜΕΤΑ ΠΑΡΡΗΣΙΑΣ ΠΑΣΗΣ ΛΑΛΕΙΝ ΤΟΝ ΛΟΓΟΝ ΣΟΥ
30 ΕΝ ΤΩ ΤΗΝ ΧΕΙΡΑ ·ΣΟΥ· ΕΚΤΕΙΝΕΙΝ ΣΕ
ΕΙΣ ΙΑΣΙΝ ΚΑΙ ΣΗΜΕΙΑ ΚΑΙ ΤΕΡΑΤΑ -ΓΙΝΕΣΘΑΙ-
ΔΙΑ ΤΟΥ ΟΝΟΜΑΤΟΣ ΤΟΥ ΑΓΙΟΥ ΠΑΙΔΟΣ ΣΟΥ ΙΗΣΟΥ

31 ΚΑΙ ΔΕΗΘΕΝΤΩΝ ΑΥΤΩΝ
ΕΣΑΛΕΥΘΗ Ο ΤΟΠΟΣ
ΕΝ Ω ΗΣΑΝ ΣΥΝΗΓΜΕΝΟΙ
ΚΑΙ ΕΠΛΗΣΘΗΣΑΝ ΑΠΑΝΤΕΣ ΤΟΥ ΑΓΙΟΥ ΠΝΕΥΜΑΤΟΣ

ΚΑΙ ΕΛΑΛΥΝ ΤΟΝ ΛΟΓΟΝ ΤΟΥ ΘΕΟΥ ΜΕΤΑ ΠΑΡΡΗΣΙΑΣ

32 ΤΟΥ ΔΕ ΠΛΗΘΟΥΣ ΤΩΝ ΠΙΣΤΕΥΣΑΝΤΩΝ
ΗΝ ΚΑΡΔΙΑ ΚΑΙ ΨΥΧΗ ΜΙΑ
ΚΑΙ ΟΥΔΕ ΕΙΣ
ΤΙ ΤΩΝ ΥΠΑΡΧΟΝΤΩΝ ΑΥΤΩ
ΕΛΕΓΕΝ ΙΔΙΟΝ ΕΙΝΑΙ

-ΕΧΡΙΣΑΣ-; ΕΧΡΕΙΣΑΣ 03 05만 이문지지. 철자와 발음 문제.
-ΠΙΛΑΤΟΣ-; ΠΕΙΛΑΤΟΣ P45 03 33만 이문지지. 고유명사 음역 문제.
·ΣΟΥ· 02 03 323 945 1175 1739만 이문지지. 판단 필요.
·ΣΟΥ· 03만 이문지지. 설명 필요.
-ΓΙΝΕΣΘΑΙ-; ΓΕΙΝΕΣΘΑΙ 01 03 05 08만 이문지지. 철자와 발음 문제.

ΑΛΛ ΗΝ ΑΥΤΟΙΣ ·Α·ΠΑΝΤΑ ΚΟΙΝΑ

33 ΚΑΙ ΔΥΝΑΜΕΙ ΜΕΓΑΛΗ
ΑΠΕΔΙΔΟΥΝ ΤΟ ΜΑΡΤΥΡΙΟΝ ΟΙ ΑΠΟΣΤΟΛΟΙ
ˆΤΗΣ ΑΝΑΣΤΑΣΕΩΣ ΤΟΥ ΚΥΡΙΟΥ ΙΗΣΟΥˆ
ΧΑΡΙΣ ΤΕ ΜΕΓΑΛΗ ΗΝ ΕΠΙ ΠΑΝΤΑΣ ΑΥΤΟΥΣ

34 ΔΥΔΕ ΓΑΡ ΕΝΔΕΗΣ ˆΤΙΣ ΗΝˆ ΕΝ ΑΥΤΟΙΣ

ΟΣΟΙ ΓΑΡ ΚΤΗΤΟΡΕΣ ΧΩΡΙΩΝ Η ΟΙΚΙΩΝ ΥΠΗΡΧΟΝ
ΠΩΛΟΥΝΤΕΣ ΕΦΕΡΟΝ
ΤΑΣ -ΤΙΜΑΣ- ΤΩΝ ΠΙΠΡΑΣΚΟΜΕΝΩΝ
35 ΚΑΙ ΕΤΙΘΟΥΝ ΠΑΡΑ ΤΟΥΣ ΠΟΔΑΣ ΤΩΝ ΑΠΟΣΤΛΩΝ

ΔΙΕΔΙΔΕΤΟ ΔΕ ΕΚΑΣΤΩ
ΚΑΘΟΤΙ ΑΝ ΤΙΣ ΧΡΕΙΑΝ ΕΙΧΕΝ

36 ΙΩΣΗΦ ΔΕ
Ο ΕΠΙΚΛΗΘΕΙΣ ΒΑΡΝΑΒΑΣ ΑΠΟ ΤΩΝ ΑΠΟΣΤΟΛΩΝ
Ο ΕΣΤΙΝ ·ΜΕΘ·ΕΡΜΗΝΕΥΟΜΕΝΟΝ ΥΙΟΣ ΠΑΡΑΚΛΗΣΕΩΣ
-ΛΕΥΙΤΗΣ-
ΚΥΠΡΙΟΣ ΤΩ ΓΕΝΕΙ
37 ΥΠΑΡΧΟΝΤΟΣ ΑΥΤΩ ΑΓΡΟΥ
ΠΩΛΗΣΑΣ ΗΝΕΓΚΕΝ ΤΟ ΧΡΗΜΑ
ΚΑΙ ΕΘΗΚΕΝ –ΠΡΟΣ– ΤΟΥΣ ΠΟΔΑΣ ΤΩΝ ΑΠΟΣΤΟΛΩΝ

ε

5:1 ΑΝΗΡ ΔΕ ΤΙΣ ΑΝΑΝΙΑΣ ΟΝΟΜΑΤΙ
ΣΥΝ ♀ΣΑΠΦΕΙΡΑ♀ ΤΗ ΓΥΝΑΙΚΙ ΑΥΤΟΥ
ΕΠΩΛΗΣΕΝ ΚΤΗΜΑ

·Α·ΠΑΝΤΑ P8 P45 03 05가 이문지지. 판단 필요.

ˆΤΗΣ ΑΝΑΣΤΑΣΕΩΣ ΤΟΥ ΚΥΡΙΟΥ ΙΗΣΟΥˆ; ΤΟΥ ΚΥΡΙΟΥ ΙΗΣΟΥ ΤΗΣ ΑΝΑΣΤΑΣΕΩΣ 03만 이문지지, 다양한 이문 존재. 판단 및 설명 필요.

ˆΤΙΣ ΗΝˆ 03만 이문지지, 다른 이문 존재. 판단 및 설명 필요.

-ΤΙΜΑΣ-; ΤΕΙΜΑΣ 03 05c만 이문지지. 철자와 발음 문제.

·ΜΕΘ·ΕΡΜΗΝΕΥΟΜΕΝΟΝ 03만 이문지지. 요 1:42; 9:7의 유사 단어 참조.

-ΛΕΥΙΤΗΣ-; ΛΕΥΕΙΤΗΣ 03 05만 이문지지. 철자와 발음 문제.

–ΠΡΟΣ–; ΠΑΡΑ P8 01 08만 원문지지. 판단 필요. 3:2, 4:35, 5:2, 10의 유사 표현과 비교.

5장

♀ΣΑΠΦΕΙΡΑ♀; ΣΑΠΦΙΡΗ 원문지지 사본 다수, NA28판은 1175만지지, NA28판의 읽기보다 더 강력한 이문인 ΣΑΠΦΕΙΡΗ가 존재, 판단 필요. 고유명사 음역 문제.

2 ΚΑΙ ΕΝΟΣΓΙΣΑΤΟ ΑΠΟ ΤΗΣ ΤΙΜΗΣ
ΣΥΝ·Ε·ΙΔΥΙΗΣ ΚΑΙ ΤΗΣ ΓΥΝΑΙΚΟΣ

ΚΑΙ ΕΝΕΓΚΑΣ ΜΗΡΟΣ ΤΙ
ΠΑΡΑ ΤΟΥΣ ΠΟΔΑΣ ΤΩΝ ΑΠΟΣΤΟΛΩΝ ΕΘΗΚΕΝ

3 ΕΙΠΕΝ ΔΕ Ο ΠΕΤΡΟΣ
ΑΝΑΝΙΑ
ΔΙΑ ΤΙ ΕΠΛΗΡΩΣΕΝ Ο ΣΑΤΑΝΑΣ ΤΗΝ ΚΑΡΔΙΑΝ ΣΟΥ
ΨΕΥΣΑΣΘΑΙ ΣΕ ΤΟ ΠΝΕΥΜΑ ΤΟ ΑΓΙΟΝ
ΚΑΙ ΝΟΣΦΙΣΑΣΘΑΙ ΑΠΟ ΤΗΣ ΤΙΜΗΣ ΤΟΥ ΧΩΡΙΟΥ

4 ΟΥΧΙ ΜΕΝΟΝ ΣΟΙ ΕΜΕΝΕΝ
ΚΑΙ ΠΡΑΘΕΝ ΕΝ ΤΗ ΣΗ ΕΞΣΥΣΙΑ ΥΠΗΡΧΕΝ

ΤΙ ΟΤΙ ΕΘΟΥ ΕΝ ΤΗ ΚΑΡΔΙΑ ΣΟΥ
ΤΟ ΠΡΟΓΜΑ ΤΟΥΤΟ

ΟΥΚ ΕΨΕΥΣΩ ΑΝΘΡΩΠΟΙΣ ΑΛΛΑ ΤΩ ΘΕΩ

5 ΑΚΟΥΩΝ ΔΕ Ο ΑΝΑΝΙΑΣ ΤΟΥΣ ΛΟΓΟΥΣ ΤΟΥΤΟΥΣ
ΠΕΣΩΝ ΕΞΕΨΥΞΕΝ

ΚΛΙ ΕΓΕΝΕΤΟ ΦΟΒΟΣ ΜΕΓΑΣ
ΕΠΙ ΠΑΝΤΑΣ ΤΟΥΣ ΑΚΟΥΟΝΤΑΣ

6 ΑΝΑΣΤΑΝΤΕΣ ΔΕ ΟΙ ΝΕΩΤΕΡΟΙ
ΣΥΝΕΣΤΕΙΛΑΝ ΑΥΤΟΝ
ΚΑΙ ΕΞΕΝΕΓΚΑΝΤΕΣ ΕΘΑΨΑΝ

7 ΕΓΕΝΕΤΟ ΔΕ ΩΣ ΩΡΩΝ ΤΡΙΩΝ ΔΙΑΣΤΗΜΑ
ΚΑΙ Η ΓΥΝΗ ΑΥΤΟΥ
ΜΗ ΕΙΔΥΙΑ ΤΟ ΓΕΓΟΝΟΣ ΕΙΣΗΛΘΕΝ

8 ΑΠΕΚΡΙΘΗ ΔΕ ΠΡΟΣ ΑΥΤΗΝ ΠΕΤΡΟΣ
ΕΙΠΕ ΜΟΙ
ΕΙ ΤΟΣΟΥΤΟΥ ΤΟ ΧΩΡΙΟΝ ΑΠΕΔΟΣΘΕ

Η ΔΕ ΕΙΠΕΝ
ΝΑΙ ΤΟΣΟΥΤΟΥ

9 Ο ΔΕ ΠΕΤΡΟΣ ΠΡΟΣ ΑΥΤΗΝ

ΣΥΝ·Ε·ΙΔΥΙΗΣ 03c 1175만 원문지지, 다양한 이문 존재, 판단 필요. 동사 활용 및 정서법 문제.

ΤΙ ΟΤΙ ΣΥΝΕΦΩΝΗΘΗ ΥΜΙΝ
ΠΕΙΡΑΣΑΙ ΤΟ ΠΝΕΥΜΑ ΚΥΡΙΟΥ
ΙΔΟΥ ΟΙ ΠΟΔΕΣ ΤΩΝ ΘΑΨΑΝΤΩΝ ΤΟΝ ΑΝΔΡΑ ΣΟΥ
ΕΠΙ ΤΗΝ ΘΥΡΑ
ΚΑΙ ΕΞΟΙΣΟΥΣΙΝ ΣΕ

10 ΕΠΕΣΕΝ ΔΕ ΠΑΡΑΧΡΗΜΑ ΠΡΟΣ ΤΟΥΣ ΠΟΔΑΣ ΑΥΤΟΥ
ΚΑΙ ΕΞΕΨΥΞΕΝ

ΕΙΣΕΛΘΟΝΤΕΣ ΔΕ ΟΙ ΝΕΑΝΙΣΚΟΙ
ΕΥΡΟΝ ΑΥΤΗΝ ΝΕΚΡΑΝ
ΚΑΙ ΕΞΕΝΕΓΚΑΝΤΕΣ ΕΘΑΨΑΝ
ΠΡΟΣ ΤΟΝ ΑΝΔΡΑ ΑΥΤΗΣ

11 ΚΑΙ ΕΓΕΝΕΤΟ ΦΟΒΟΣ ΜΕΓΑΣ
ΕΦ ΟΛΗΝ ΤΗΝ ΕΚΚΛΗΣΙΑΝ
ΚΑΙ ΕΠΙ ΠΑΝΤΑΣ ΤΟΥΣ ΑΚΟΥΟΝΤΑΣ ΤΑΥΤΑ

12 ΔΙΑ –ΔΕ– ΤΩΝ ΧΕΙΡΩΝ ΤΩΝ ΑΠΟΣΤΟΛΩΝ
-ΕΓΙΝΕΤΟ- ΣΗΜΕΙΑ ΚΑΙ ΤΕΡΑΤΑ ΠΟΛΛΑ ΕΝ ΤΩ ΛΑΩ

ΚΑΙ ΗΣΑΝ ΟΜΟΘΥΜΑΔΟΝ
·Α·ΠΑΝΤΕΣ ΕΝ ΤΗ ΣΤΟΑ ΣΟΛΟΜΩΝΤΟΣ

13 ΤΩΝ ΔΕ ΛΟΙΠΩΝ –ΟΥΔΕΙΣ–
ΕΤΟΛΜΑ ΚΟΛΛΑΣΘΑΙ ΑΥΤΟΙΣ
ΑΛΛ ΕΜΕΓΑΛΥΝΕΝ ΑΥΤΟΥΣ Ο ΛΑΟΣ

14 ΜΑΛΛΟΝ ΔΕ ΠΡΟΣΕΤΙΘΕΝΤΟ
ΠΙΣΤΕΥΟΝΤΕΣ ΤΩ ΚΥΡΙΩ
ΠΛΗΘΗ ΑΝΔΡΩΝ ΤΕ ΚΑΙ ΓΥΝΑΙΚΩΝ
15 ΩΣΤΕ ΚΑΙ ΕΙΣ ΤΑΣ ΠΛΑΤΕΙΑΣ
ΕΚΦΕΡΕΙΝ ΤΟΥΣ ΑΣΘΕΝΕΙΣ
ΚΑΙ ΤΙΘΕΝΑΙ ΕΠΙ ΚΛΙΝΑΡΙΩΝ ΚΑΙ ΚΡΑΒΑΤΤΩΝ
ΙΝΑ ΕΡΧΟΜΕΝΟΥ ΠΕΤΡΟΥ
ΚΑΝ Η ΣΚΙΑ -ΕΠΙΣΚΙΑΣΗ- ΤΙΝΙ ΑΥΤΩΝ

16 ΣΥΝΗΡΧΕΤΟ ΔΕ

–ΔΕ–; ΤΕ 03 05만 이문지지. 접속사 문제.

-ΕΓΙΝΕΤΟ-; ΕΓΕΙΝΕΤΟ 02 03 05만 이문지지. 정서법 문제. 부정과거 시제를 취하는 이문인 ΕΓΕΝΕΤΟ를 가지는 사본들이 많으나 이는 일반적인 표현을 따른 것으로 보임.

·Α·ΠΑΝΤΕΣ; ΠΑΝΤΕΣ 02 03만 이문지지. 더 자주 쓰이는 표현을 따른 것으로 보임.

–ΟΥΔΕΙΣ–; ΟΥΘΕΙΣ 03만 이문지지. 접속사 ΔΕ가 앞에 쓰였기 때문에 접속사 없는 표현을 쓴 듯함.

-ΕΠΙΣΚΙΑΣΗ-; ΕΠΙΣΚΙΑΣΕΙ 각각 다수 사본지지, 판단 필요. 부정과거 가정법인가, 아니면 직설법 미래인가 판단 필요.

ΚΑΙ ΤΟ ΠΛΗΘΟΣ ΤΩΝ ΠΕΡΙΞ ΠΟΛΕΩΝ ΙΕΡΟΥΣΑΛΗΜ
ΦΕΡΟΝΤΕΣ
ΑΣΘΕΝΕΙΣ ΚΑΙ ΟΧΛΟΥΜΕΝΟΥΣ ΥΠΟ ΠΝΕΥΜΑΤΩΝ ΑΚΑΘΑΡΤΩΝ

ΟΙΤΙΝΕΣ ΕΘΕΡΑΤΕΥΟΝΤΟ ΑΠΑΝΤΕΣ

17 ΑΝΑΣΤΑΣ ΔΕ Ο ΑΡΧΙΕΡΕΥΣ ΚΑΙ ΠΑΝΤΕΣ ΟΙ ΣΥΝ ΑΥΤΩ
Η ΣΥΣΑ ΑΙΡΕΣΙΣ ΤΩΝ ΣΑΔΔΟΥΚΑΙΩΝ
ΕΠΛΗΣΘΗΣΑΝ -ΖΗΛΟΥ-

18 ΚΑΙ ΕΠΕΒΑΛΟΝ ΤΑΣ ΧΕΙΡΑΣ ΕΠΙ ΤΟΥΣ ΑΠΟΣΤΟΛΥΣ
ΚΑΙ ΕΘΕΝΤΟ ΑΥΤΟΥΣ ΕΝ ΤΗΡΗΣΕΙ ΔΗΜΟΣΙΑ

19 ΑΓΓΕΛΟΣ ΔΕ ΚΥΡΙΟΥ
ΔΙΑ ΝΥΚΤΟΣ
-ΑΝΟΙΞΑΣ- ΤΑΣ ΘΥΡΑΣ ΤΗΣ ΦΥΛΑΚΗΣ
ΕΞΑΓΑΓΩΝ –ΤΕ– ΑΥΤΟΥΣ ΕΙΠΕΝ
20 ΠΟΡΕΥΕΣΘΕ
ΚΑΙ ΣΤΑΘΕΝΤΕΣ ΛΑΛΕΙΤΕ
ΕΝ ΤΩ ΙΕΡΩ ΤΩ ΛΑΩ
ΠΑΝΤΑ ΤΑ ΡΗΜΑΤΑ ΤΗΣ ΖΩΗΣ ΤΑΥΤΗΣ

21 ΑΚΟΥΣΑΝΤΕΣ ΔΕ ΕΙΣΗΛΘΟΝ
ΥΠΟ ΤΟΝ ΟΡΘΡΟΝ ΕΙΣ ΤΟ ΙΕΡΟΝ
ΚΑΙ ΕΔΙΔΑΣΚΟΝ

-ΠΑΡΑΓΕΝΟΜΕΝΟΣ- ΔΕ Ο ΑΡΧΙΕΡΕΥΣ ΑΚΙ ΟΙ ΣΥΝ ΑΥΤΩ
ΣΥΝΕΚΑΛΕΣΑΝ ΤΟ ΣΥΝΕΔΡΙΟΝ
ΚΑΙ ΠΑΣΑΝ ΤΗΝ ΓΕΡΟΥΣΙΑΝ ΤΩΝ ΥΙΩΝ ΙΣΡΑΗΛ
ΚΑΙ ΑΠΕΣΤΕΙΛΑΝ ΕΙΣ ΤΟ ΔΕΣΜΩΤΗΡΙΟΝ
ΑΧΘΗΝΑΙ ΑΥΤΟΥΣ

22 ΟΙ ΔΕ ΠΑΡΑΓΕΝΟΜΕΝΟΙ ΥΠΗΡΕΤΑΙ
ΟΥΧ ΕΥΡΟΝ ΑΥΤΟΥΣ ΕΝ ΤΗ ΘΥΛΑΚΗ

ΑΝΑΣΤΕΡΨΑΝΤΕΣ ΔΕ ΑΠΗΓΓΕΙΛΑΝ 23 ΛΕΓΟΝΤΕΣ ΟΤΙ
ΤΟ ΔΕΣΜΩΤΗΡΙΟΝ ΕΥΡΟΜΕΝ
ΚΕΚΛΕΙΣΜΕΝΟΝΕΝ ΕΝ ΠΑΣΗ ΑΣΦΑΛΕΙΑ

-ΖΗΛΟΥ-; ΖΗΛΟΥΣ 03만 이문지지. 오기로 보임.

-ΑΝΟΙΞΑΣ-; ΗΝΟΙΞΕ 각각 다수 사본지지, 판단 필요. 부정과거 분사인가, 아니면 직설법 부정과거인가 판단 필요.

–ΤΕ–; ΔΕ 03 2344만 이문지지. 접속사 문제.

-ΠΑΡΑΓΕΝΟΜΕΝΟΣ-; ΠΑΡΑΓΕΝΟΜΕΝΟΙ 03만 이문지지. '대제사장'뿐 아니라 '그와 함께한 자들'까지를 주어로 보고 어미를 변화시킨 듯함.

ΚΑΙ ΤΟΥΣ ΦΥΛΑΚΑΣ ΕΣΤΩΤΑΣ ΕΠΙ ΤΩΝ ΘΥΡΩΝ
ΑΥΟΙΞΑΝΤΕΣ ΔΕ ΕΣΩ ΟΥΔΕΝΑ ΕΥΡΟΜΕΝ

24 ΩΣ ΔΕ ΗΚΟΥΣΑΝ ΤΟΥΣ ΛΟΓΟΥΣ ΤΟΥΤΟΥΣ
Ο ΤΕ ΣΤΡΑΤΗΓΟΣ ΤΟΥ ΙΕΡΟΥ ΚΑΙ ΟΙ ΑΡΧΙΕΡΕΙΣ
ΔΙΗΠΟΡΟΥΝ ΠΕΡΙ ΑΥΤΩΝ
ΤΙ ΑΝ ΓΕΝΟΙΤΟ ΤΟΥΤΟ

25 ΠΑΡΑΓΕΝΟΜΕΝΟΣ ΔΕ ΤΙΣ ΑΠΗΛΛΕΙΛΕΝ ΑΥΤΟΙΣ ΟΤΙ
ΙΔΟΥ
ΟΙ ΑΝΔΡΕΣ ΟΥΣ -ΕΘΕΣΘΕ- ΕΝ ΤΗ ΦΥΛΑΚΗ
ΕΙΣΙΝ ΕΝ ΤΩ ΙΕΡΩ
ΕΣΤΩΤΕΣ ΚΑΙ ΔΙΔΑΣΚΟΝΤΕΣ ΤΟΝ ΛΑΟΝ

26 ΤΟΤΕ ΑΠΕΛΘΩΝ Ο ΣΤΡΑΤΗΓΟΣ
ΣΥΝ ΤΟΙΣ ΥΠΗΡΕΤΑΙΣ
ΗΓΕΝ ΑΥΤΟΥΣ ΟΥ ΜΕΤΑ ΒΙΑΣ
ΕΦΟΒΟΥΝΤΟ ΓΑΡ ΤΟΝ ΛΑΟΝ
ΜΗ ΛΙΘΑΣΘΩΣΙΝ

27 ΑΓΑΓΟΝΤΕΣ ΔΕ ΑΥΤΟΥΣ
ΕΣΤΗΣΑΝ ΕΝ ΤΩ ΣΥΝΕΔΡΙΩ
ΚΑΙ ΕΠΗΡΩΤΗΣΕΝ ΑΥΤΟΥΣ Ο ΑΡΧΙΕΡΕΥΣ 28 ΛΕΓΩΝ
·ΟΥ· ΠΑΡΑΓΓΕΛΙΑ ΠΑΡΗΓΓΕΙΛΑΜΕΝ ΥΜΙΝ
ΜΗ ΔΙΔΑΣΚΕΙΝ ΕΠΙ ΤΩ ΟΝΟΜΑΤΙ ΤΟΥΤΩ
ΚΑΙ ΙΔΟΥ
ΠΕΠΛΗΡΩΚΑΤΕ ΤΗΝ ΙΕΡΟΥΣΑΛΗΜ ΤΗΣ ΔΙΔΑΧΗΣ ΥΜΩΝ
ΚΑΙ ΒΟΥΛΕΣΘΕ ΕΠΑΓΑΓΕΙΝ ΕΦ ΗΜΑΣ
ΤΟ ΑΙΜΑ ΤΟΥ ΑΝΘΡΩΠΟΥ ΤΟΥΤΟΥ

29 ΑΠΟΚΡΙΘΕΙΣ ΔΕ ΠΕΤΡΟΣ ΚΑΙ ΟΙ ΑΠΟΣΤΟΛΟΙ ΕΙΠΑΝ
ΠΕΙΘΑΡΧΕΙΝ ΔΕΙ ΘΕΩ
ΜΑΛΛΟΝ Η ΑΝΘΡΩΠΟΙΣ

30 Ο ΘΕΟΣ ΤΩΝ ΠΑΤΕΡΩΝ ΗΜΩΝ
ΗΓΕΙΡΕΝ ΙΗΣΟΥΝ
ΟΝ ΥΜΕΙΣ ΔΙΕΧΕΙΡΙΣΑΣΘΕ
ΚΡΕΜΑΣΑΝΤΕΣ ΕΠΙ ΞΥΛΟΥ

31 ΤΟΥΤΟΝ
Ο ΘΕΟΣ ΑΡΧΗΓΟΝ ΚΑΙ ΣΩΤΗΡΑ ΥΨΩΣΕΝ

-ΕΘΕΣΘΕ-; ΕΘΕΣΘΑΙ 01 03 08 049 33 88 1243 2147 2344가 이문지지. ΤΙΘΗΜΙ의 부정과거 부정사는 ΘΕΣΘΑΙ이고, ΕΙΜΙ의 미래 부정사는 ΕΣΕΣΘΑΙ이다. 이문과 같은 어형변화는 용례를 찾기 어렵다.

ΤΗ ΔΕΞΙΑ ΑΥΤΟΥ
ΤΟΥ ΔΟΥΝΑΙ ΜΕΤΑΝΟΙΑΝ ΤΩ ΙΣΡΑΗΛ ΚΑΙ ΑΦΕΣΙΝ ΑΜΑΡΤΙΩΝ

32 ΚΑΙ ΗΜΕΙΣ –ΕΣΜΕΝ– ΜΑΡΤΥΡΕΣ ΤΩΝ ΡΗΜΑΤΩΝ ΤΟΥΤΩΝ
ΚΑΙ ΤΟ ΠΝΕΥΜΑ ΤΟ ΑΓΙΟΝ
·Ο· ΕΔΩΚΕΝ Ο ΘΕΟΣ
ΤΟΙΣ ΠΕΙΘΑΡΧΟΥΣΙΝ ΑΥΤΩ

33 ΟΙ ΔΕ ΑΚΟΥΣΑΝΤΕΣ -ΔΙΕΠΡΙΟΝΤΟ-
ΚΑΙ ΕΒΟΥΛΟΝΤΟ ΑΝΕΛΕΙΝ ΑΥΤΟΥΣ

34 ΑΝΑΣΤΑΣ ΔΕ ΤΙΣ ΕΝ ΤΩ ΣΥΝΕΔΡΙΩ
-ΦΑΡΙΣΑΙΟΣ- ΟΝΟΜΑΤΙ ΦΑΜΑΛΙΗΛ
ΝΟΜΟΔΙΔΑΣΚΑΛΟΣ ΤΙΜΙΟΣ ΠΑΝΤΙ ΤΩ ΛΑΩ
ΕΚΕΛΕΥΣΕΝ
ΕΞΩ ΒΡΑΧΥ ΤΟΥΣ ΑΝΘΡΩΠΟΥΣ ΠΟΙΗΣΑΙ
35 ΕΙΠΕΝ ΤΕ ΠΡΟΣ ΑΥΤΟΥΣ
ΑΝΔΡΕΣ -ΙΣΡΑΗΛΙΤΑΙ-
ΠΡΟΣΕΧΕΤΕ ΕΑΥΤΟΙΣ
ΕΠΙ ΤΟΙΣ ΑΝΘΡΩΤΠΙΣ ΤΟΥΤΟΙΣ
ΤΙ ΜΕΛΛΕΤΕ ΠΡΑΣΣΕΙΝ

36 ΠΡΟ ΓΑΡ ΤΟΥΤΩΝ ΤΩΝ ΗΜΕΡΩΝ
ΑΝΕΣΤΗ ΘΕΥΔΑΣ ΛΕΓΩΝ
ΕΙΝΑΙ ΤΙΝΑ ΕΑΥΤΟΝ

Ω ΠΡΟΣΕΚΛΗΘΗ
ΑΝΔΡΩΝ ΑΡΙΘΜΟΣ ΩΣ ΤΕΤΡΑΚΟΣΙΩΝ

ΟΣ ΑΝΗΡΕΘΗ
ΚΑΙ ΠΑΝΤΕΣ ΟΣΟΙ ΕΠΕΙΘΟΝΤΟ ΑΥΤΩ
ΔΙΕΛΥΘΗΣΑΝ
ΚΑΙ ΕΓΕΝΟΝΤΟ ΕΙΣ ΟΥΔΕΝ

37 ΜΕΤΑ ΤΟΥΤΟΝ
ΑΝΕΣΤΗ ΙΟΥΔΑΣ Ο -ΓΑΛΙΛΑΙΟΣ-

·ΟΥ· 01 02 03 1175가 이문지지, 044의 ΟΥΧΙ참조. 설의법 사용 유무의 문제.

–ΕΣΜΕΝ–; ΕΝ ΑΥΤΩ 03 945 1739 1891이 원문지지, 다양한 이문 존재, 판단 필요.

·Ο· 03만 이문지지, ΟΝ을 가진 05 08 참조. 문장을 매끄럽게 하려고 관계대명사를 생략했을 수 있음.

-ΔΙΕΠΡΙΟΝΤΟ-; ΔΙΕΠΡΕΙΟΝΤΟ P45 03만 이문지지. 정서법 문제.

-ΦΑΡΙΣΑΙΟΣ-; ΦΑΡΕΙΣΑΙΟΣ 03만 이문지지. 고유명사 음역 문제.

-ΙΣΡΑΗΛΙΤΑΙ-; ΙΣΡΑΗΛΕΙΤΑΙ 02 03 05가 이문지지, 다양한 이문 존재, 판단 필요. 고유명사 음역 문제, 가말리엘만의 독특한 음역 여부 확인 필요.

-ΓΑΛΙΛΑΙΟΣ-; ΓΑΛΕΙΛΑΙΟΣ 03 04가 이문지지, 1243에 다른 이문 존재. 고유명사 음역 문제.

ΕΝ ΤΑΙΣ ΗΜΕΡΑΙΣ ΤΗΣ ΑΠΟΓΡΑΦΗΣ
ΚΑΙ ΑΠΕΣΤΗΣΕ·Ν· ΛΑΟΝ ΟΠΙΣΩ ΑΥΤΟΥ

ΚΑΚΕΙΝΟΣ ΑΠΩΛΕΤΟ
ΚΑΙ ΠΑΝΤΕΣ ΟΣΟΙ ΕΠΕΙΘΟΝΤΟ ΑΥΤΩ
ΔΙΕΣΚΟΡΠΙΣΘΗΣΑΝ

38 ΚΑΙ ·ΤΑ· ΝΥΝ ΛΕΓΩ ΥΜΙΝ
ΑΠΟΣΤΗΤΕ ΑΠΟ ΤΩΝ ΑΝΘΡΩΠΩΝ ΤΟΥΤΩΝ
ΚΑΙ ΑΦΕΤΕ ΑΥΤΟΥΣ

ΟΤΙ ΕΑΝ Η ΕΞ ΑΝΘΡΩΠΩΝ
Η ΒΟΥΛΗ ΑΥΤΗ Η ΤΟ ΕΡΓΟΝ ΤΟΥΤΟ
ΚΑΤΑΛΥΘΗΣΕΤΑΙ

39 ΕΙ ΔΕ ΕΚ ΘΕΟΥ ΕΣΤΙΝ
ΟΥ ΔΥΝΗΣΕΣΘΕ ΚΑΤΑΛΥΣΑΙ ΑΥΤΟΥΣ
ΜΗΠΟΤΕ ΚΑΙ ΘΕΟΜΑΧΟΙ ΕΥΡΕΘΗΤΕ

ΕΠΕΙΣΘΗΣΑΝ ΔΕ ΑΥΤΩ

40 ΚΑΙ ΠΡΟΣΚΑΛΕΣΑΜΕΝΟΙ ΤΟΥΣ ΑΠΟΣΤΟΛΟΥΣ
ΔΕΙΡΑΝΤΕΣ ΠΑΡΗΓΓΕΙΛΑΝ
ΜΗ ΛΑΛΕΙΝ ΕΠΙ ΤΩ ΟΝΟΜΑΤΙ ΤΟΥ ΙΝΣΟΥ
ΚΑΙ ΑΠΕΛΥΣΑΝ

41 ΟΙ ΜΕΝ ΟΥΝ ΕΠΟΡΕΥΟΝΤΟ ΧΑΙΡΟΝΤΕΣ
ΑΠΟ ΠΡΟΣΩΠΟΥ ΤΟΥ ΣΥΝΕΔΡΙΟΥ
ΟΤΙ ΚΑΤΗΞΙΩΘΗΣΑΝ
ΥΠΕΡ ΤΟΥ ΟΝΟΜΑΤΟΣ ΑΤΙΜΑΣΘΗΝΑΙ

42 ΠΑΣΑΝ ΤΕ ΗΜΕΡΑΝ
ΕΝ ΤΩ ΙΕΡΩ ΚΑΙ ΚΑΤ ΟΙΚΟΝ
ΟΥΚ ΕΠΑΥΟΝΤΟ
ΔΙΔΑΣΚΟΝΤΕΣ ΚΑΙ ΕΥΑΓΓΕΛΙΖΟΜΕΝΟΙ
ΤΟΝ ΧΡΙΣΤΟΝ ΙΗΣΟΥΝ

ΑΠΕΣΤΗΣΕ·Ν· 판단 필요. 변칙자음 뉘 문제.
·ΤΑ· 03 08만 이문지지. 보다 일반적인 표현 사용으로 보임.

S

6:1 ΕΝ ΔΕ ΤΑΙΣ ΗΜΕΡΑΙΣ ΤΑΥΤΑΙΣ
ΠΗΛΘΥΝΟΝΤΩΝ ΤΩΝ ΜΑΘΗΤΩΝ
ΕΓΕΝΕΤΟ ΓΟΓΓΥΣΜΟΣ ΤΩΝ ΕΛΛΗΝΙΣΤΩΝ
ΠΡΟΣ ΤΟΥΣ ΕΒΡΑΙΟΥΣ
ΟΤΙ ΜΑΡΕΘΕΩΡΟΥΤΟ ΕΝ ΤΗ ΔΙΑΚΟΝΙΑ ΤΗ ΚΑΘΗΜΕΡΙΝΗ
ΑΙ ΧΗΡΑΙ ΑΥΤΩΝ

2 ΠΡΟΣΚΑΛΕΣΑΜΕΝΟΙ ΔΕ ΟΙ ΔΩΔΕΚΑ
ΤΟ ΠΛΗΘΟΣ ΤΩΝ ΜΑΘΗΤΩΝ
ΕΙΠΑΝ
ΟΥΚ ΑΡΕΣΤΟΝ ΕΣΤΙΝ
ΗΜΑΣ
ΚΑΤΑΛΕΙΨΑΝΤΑΣ ΤΟΝ ΛΟΓΟΝ ΤΟΥ ΘΕΟΥ
ΔΙΑΚΟΝΕΙΝ ΤΡΑΠΕΖΑΙΣ

3 -ΕΠΙΣΚΨΑΣΘΕ- ΔΕ ΑΔΕΛΦΟΙ
ΑΝΔΡΑΣ ΕΧ ΥΜΩΝ
ΜΑΡΤΥΡΟΥΜΕΝΟΥΣ ΕΠΤΑ
ΠΛΗΡΕΙΣ ΠΝΕΥΜΑΤΟΣ ΚΑΙ ΣΟΦΙΑΣ
ΟΥΣ ΚΑΤΑΣΤΗΣΟΜΕΝ ΕΠΙ ΤΗΣ ΧΡΕΙΑΣ ΤΑΥΤΗΣ

4 ΗΜΕΙΣ ΔΕ
ΤΗ ΠΡΟΣΕΥΧΗ
ΚΑΙ ΤΗ ΔΙΑΚΟΝΙΑ ΤΟΥ ΛΟΓΟΥ
ΡΠΟΣΚΑΡΤΕΡΗΣΟΜΕΝ

5 ΚΑΙ ΗΡΕΣΕΝ Ο ΛΟΓΟΣ
ΕΝΩΠΙΟΝ ΠΑΝΤΟΣ ΤΟΥ ΠΛΗΘΟΥΣ
ΚΑΙ ΕΞΕΛΕΞΑΝΤΟ
ΣΤΕΦΑΝΟΝ ΑΝΔΡΑ ΠΛΗΡΗΣ ΠΙΣΤΕΩΣ ΚΑΙ ΠΝΕΥΜΑΤΟΣ ΑΓΙΟΥ
ΚΑΙ ΦΙΛΙΠΠΟΝ ΚΑΙ ΠΡΟΞΟΡΟΝ ΚΑΙ ΝΙΚΑΝΟΡΑ ΚΑΙ -ΤΙΜΩΝΑ- ΚΑΙ ΠΑΡΜΕΝΑΝ
ΚΑΙ ΝΙΚΟΛΑΟΝ ΠΡΟΣΗΛΥΤΟΝ ΑΝΤΙΟΧΕΑ

6 ΟΥΣ ΕΣΤΗΣΑΝ ΕΝΩΠΙΟΝ ΤΩΝ ΑΠΟΣΤΟΛΩΝ
ΚΑΙ ΠΡΟΣΕΥΞΑΜΕΝΟΙ
ΕΠΕΘΗΚΑΝ ΑΥΤΟΙΣ ΤΑΣ ΧΕΙΡΑΣ

6장

-ΕΠΙΣΚΨΑΣΘΕ-; ΕΠΙΣΚΕΨΩΜΕΘΑ 03만 이문지지, 다른 이문 존재. 교회 지도자 선출과정에 사도들이 참여했는가와 관련된 표현. 원문은 부정과거 명령법 2인칭 복수 형태로 선출과정에서 사도들이 배제됨. 이문은 부정과거 가정법 1인칭 복수 형태로 사도들의 참여가 표현됨.

-ΤΙΜΩΝΑ-; ΤΕΙΜΩΝΑ 03 05만 이문지지, 다른 이문 존재. 고유명사 음역 문제.

7 ΚΑΙ Ο ΛΟΓΟΣ ΤΟΥ ΘΕΟΥ ΗΥΞΑΝΕΝ
ΚΑΙ ΕΠΛΗΘΥΝΕΤΟ Ο ΑΡΙΘΜΟΣ
ΤΩΝ ΜΑΘΗΤΩΝ ΕΝ ΙΕΡΟΥΣΑΛΗΜ ΣΦΟΔΡΑ

ΠΟΛΥΣ ΤΕ ΟΧΛΟΣ ΤΩΝ ΙΕΡΕΩΝ
ΥΠΗΚΟΥΟΝ ΤΗ ΠΙΣΤΕΙ

8 ΣΤΕΦΑΝΟΣ ΔΕ ΠΛΗΡΗΣ ΧΑΡΙΤΟΣ ΚΑΙ ΔΥΝΑΜΕΩΣ
ΕΠΟΙΕΙ ΤΕΡΑΤΑ ΚΑΙ ΣΗΜΕΙΑ ΜΕΓΑΛΑ
ΕΝ ΤΩ ΛΑΩ

9 ΑΝΕΣΤΗΣΑΝ ΔΕ
ΤΙΝΕΣ ΤΩΝ ΕΚ ΤΗΣ ΣΥΝΑΓΩΓΗΣ
ΤΗΣ ΛΕΓΟΜΕΝΗΣ
ΛΙΒΕΡΤΙΝΩΝ ΚΑΙ ΚΥΡΗΝΑΙΩΝ ΚΑΙ ΑΛΕΞΑΝΔΡΕΩΝ
ΚΑΙ ΤΩΝ ΑΠΟ ΚΙΛΙΚΙΑΣ ΚΑΙ ΑΣΙΑΣ

-ΣΥΖΗΤΟΥΝΤΕΣ- ΤΩ ΣΤΕΦΑΝΩ
10 ΚΑΙ ΟΥΚ ΙΣΧΥΟΝ ΑΝΤΙΣΤΗΝΑΙ
ΤΗ ΣΟΦΙΑ ΚΑΙ ΤΩ ΠΝΕΥΜΑΤΙ
Ω ΕΛΑΛΕΙ

11 ΤΟΤΕ ΥΠΕΒΑΛΟΝ ΑΝΔΡΑΣ ΛΕΓΟΝΤΕΣ ΟΤΙ
ΑΚΗΝΟΑΜΕΝ
ΑΥΤΟΥ ΛΑΛΟΥΝΤΟΣ ΡΗΜΑΤΑ ΒΛΑΣΦΗΜΑ
ΕΙΣ ΜΩΥΣΗΝ ΚΑΙ ΤΟΝ ΘΕΟΝ

12 -ΣΥΝΕΚΙΝΗΣΑΝ- ΤΕ ΤΟΝ ΛΑΟΝ ΚΑΙ ΤΟΥΣ ΠΡΕΣΒΥΤΕΡΟΥΣ ΚΑΙ ΤΟΥΣ ΓΡΑΜΜΑΤΕΙΣ
ΚΑΙ ΕΠΙΣΤΑΝΤΕΣ ΣΥΝΗΡΠΑΣΑΝ ΑΥΤΟΝ
ΚΑΙ ΗΓΑΓΟΝ ΕΙΣ ΤΟ ΣΥΝΕΔΡΙΟΝ

13 ΕΣΤΗΣΑΝ ΤΕ ΜΑΡΤΥΡΑΣ ΨΕΥΔΕΙΣ ΛΕΓΟΝΤΑΣ
Ο ΑΝΘΡΩΠΟΣ ΟΥΤΟΣ ΟΥ ΠΑΥΕΤΑΙ
ΛΑΛΩΝ ΡΗΜΑΤΑ
ΚΑΤΑ ΤΟΥ ΤΟΠΟΥ ΤΟΥ ΑΓΙΟΥ ΤΟΥΤΟΥ ΚΑΙ ΤΟΥ ΝΟΜΟΥ
14 ΑΚΗΚΟΑΜΕΝ ΓΑΡ ΑΥΤΟΥ ΛΕΓΟΝΤΟΣ ΟΤΙ
ΙΗΣΟΥΣ Ο ΝΑΖΩΡΑΙΟΣ ΟΥΤΟΣ
ΚΑΤΑΛΥΣΕΙ ΤΟΝ ΤΟΠΟΝ ΤΟΥΤΟΝ
ΚΑΙ ΑΛΛΑΞΕΙ ΤΑ –ΕΘΗ–
Α ΠΑΡΕΔΩΚΕΝ ΗΜΙΝ ΜΩΥΣΗΣ

-ΣΥΖΗΤΟΥΝΤΕΣ-; ΣΥΝΖΗΤΟΥΝΤΕΣ P8 P45 01 02 03 04 05 08 1646이 이문지지. 정서법 문제.
-ΣΥΝΕΚΙΝΗΣΑΝ-; ΣΥΝΕΚΕΙΝΗΣΑΝ 각각 다수 사본지지, 판단 필요. 정서법 문제.
–ΕΘΗ–; ΕΘΝΗ 03 1854 2412 2147만 이문지지. 자주 쓰이는 단어로 잘못 쓴 경우로 보임.

15 ΚΑΙ ΑΤΕΝΙΣΑΝΤΕΣ ΕΙΣ ΑΥΤΟΝ
ΠΑΝΤΕΣ ΟΙ ΚΑΘΕΖΟΜΕΝΟΙ ΕΝ ΤΩ ΣΥΝΕΔΡΙΩ
ΕΙΔΟΝ ΤΟ ΠΡΟΣΩΠΟΝ ΑΥΤΟΥ
ΩΣΕΙ ΠΡΟΣΩΠΟΝ ΑΓΓΕΛΟΥ

ζ

7:1 ΕΙΠΕΝ ΔΕ Ο ΑΡΧΙΕΡΕΥΣ
ΕΙ ΤΑΥΤΑ ΟΥΤΩΣ ΕΧΕΙ

2 Ο ΔΕ ΕΦΗ
ΑΝΔΡΕΣ ΑΔΕΛΦΟΙ ΚΑΙ ΠΑΤΕΡΕΣ
ΑΚΟΥΣΑΤΕ

Ο ΘΕΟΣ ΤΗΣ ΔΟΞΗΣ ΩΦΘΗ
ΤΩ ΠΑΤΡΙ ΗΜΩΝ ΑΒΡΑΑΜ
ΟΝΤΙ ΕΝ ΤΗ ΜΕΣΟΠΟΤΑΜΙΑ
ΠΡΙΝ Η ΚΑΤΟΙΚΗΣΑΙ ΑΥΤΟΝ ΕΝ ΧΑΡΡΑΝ

3 ΚΑΙ ΕΙΠΕΝ ΠΡΟΣ ΑΥΤΟΝ
ΕΞΕΛΘΕ
ΕΚ ΤΗΣ ΓΗΣ ΣΟΥ
ΚΑΙ ·ΕΚ· ΤΗΣ ΣΥΓΓΕΝΙΑΣ ΣΟΥ
ΚΑΙ ΔΕΥΡΟ ΕΙΣ ΤΗΝ ΓΗΝ
ΗΝ ΑΝ ΣΟΙ ΔΕΙΞΩ

4 ΤΟΤΕ ΕΞΕΛΘΩΝ ΕΚ ΓΗΣ ΧΑΛΔΑΙΩΝ
ΚΑΤΩΚΗΣΕΝ ΕΝ ΧΑΡΡΑΝ

ΚΑΚΕΙΘΕΝ ΜΕΤΑ ΤΟ ΑΠΟΘΑΝΕΙΝ ΤΟΝ ΠΑΤΕΡΑ ΑΥΤΟΥ
ΜΕΤΩΚΙΣΕΝ ΑΥΤΟΝ
ΕΙΣ ΤΗΝ ΓΗΝ ΤΑΥΤΗΝ
ΕΙΣ ΗΝ ΥΜΕΙΣ ΝΥΝ ΚΑΤΟΙΚΕΙΤΕ

5 ΚΑΙ ΟΥΚ ΕΔΩΚΕΝ ΑΥΤΩ
ΚΛΗΡΟΝΟΜΙΑΝ ΕΝ ΑΥΤΗ ΟΥΔΕ ΒΗΜΑ ΠΟΔΟΣ
ΚΑΙ ΕΠΗΓΓΕΙΛΑΤΟ ΔΟΥΝΑΙ
ΑΥΤΩ ΕΙΣ ΚΑΤΑΣΧΕΣΙΝ ΑΥΤΗΝ
ΚΑΙ ΤΩ ΣΠΕΡΜΑΤΙ ΑΥΤΟΥ ΜΕΤ ΑΥΤΟΝ
ΟΥΚ ΟΝΤΟΣ ΑΥΤΩ ΤΕΚΝΟΥ

7장

·ΕΚ· 03 05만 이문지지, 다양한 이문 존재, 판단 필요. 원문이 칠십인역과 일치, 판단 필요.

6 ΕΛΑΛΗΣΕΝ ΔΕ ΟΥΤΩΣ Ο ΘΕΟΣ
ΟΤΙ ΕΣΤΑΙ ΤΟ ΣΠΕΡΜΑ ΑΥΤΟΥ
ΠΑΡΟΙΚΟΝ ΕΝ ΓΗ ΑΛΛΟΤΡΙΑ
ΚΑΙ ΔΟΥΛΩΣΟΥΣΙΝ ΑΥΤΟ
ΚΑΙ ΚΑΚΩΣΟΥΣΙΝ ΕΤΗ ΤΕΤΡΑΚΟΣΙΑ

7 ΚΑΙ ΤΟ ΕΘΝΟΣ Ω –ΕΑΝ– -ΔΟΥΛΕΥΣΟΥΣΙΝ-
ΚΡΙΝΩ ΕΓΩ
Ο ΘΕΟΣ ΕΙΠΕΝ
ΚΑΙ ΜΕΤΑ ΤΑΥΤΑ ΕΞΕΛΕΥΣΟΝΤΑΙ
ΚΑΙ ΛΑΤΡΕΥΣΟΥΣΙΝ ΜΟΙ ΕΝ ΤΩ ΤΟΠΩ ΤΟΥΤΩ

8 ΚΑΙ ΕΔΩΚΕΝ ΑΥΤΩ ΔΙΑΘΗΚΗΝ ΠΕΡΙΤΟΜΗΣ

ΚΑΙ ΟΥΤΩΣ ΕΓΕΝΝΗΣΕΝ ΤΟΝ ΙΣΑ·Α·Κ
ΚΑΙ ΠΕΡΙΕΤΕΜΕΝ ΑΥΤΟΝ
ΤΗ ΗΜΕΡΑ ΤΗ ΟΓΔΟΗ
ΚΑΙ ΙΣΑΑΚ ΤΟΝ ΙΑΚΩΒ
ΚΑΙ ΙΑΚΩΒ ΤΟΥΣ ΔΩΔΕΚΑ ΠΑΤΡΙΑΡΧΑΣ

9 ΚΑΙ ΟΙ ΠΑΤΡΙΑΡΧΑΙ ΖΗΛΩΣΑΝΤΕΣ
ΤΟΝ ΙΩΣΗΦ ΑΠΕΔΟΝΤΟ ΕΙΣ ΑΙΓΥΠΤΟΝ

ΚΑΙ ΗΝ Ο ΘΕΟΣ ΜΕΤ ΑΥΤΟΥ
10 ΚΑΙ ΕΞΕΙΛΑΤΟ ΑΥΤΟΝ
ΕΚ ΠΑΣΩΝ ΤΩΝ -ΘΛΙΨΕΩΝ-
ΚΑΙ ΕΔΩΚΕΝ ΑΥΤΩ
ΧΑΡΙΝ ΚΑΙ ΣΟΦΙΑΝ
ΕΓΑΝΤΙΟΝ ΦΑΡΑΩ ΒΑΣΙΛΕΩΣ ΑΙΓΥΠΤΟΥ
ΚΑΙ ΚΑΤΕΣΤΗΣΕΝ ΑΥΤΟΝ ΗΓΟΥΜΕΝΟΝ
ΕΠ ΑΙΓΥΠΤΟΝ ΚΑΙ ·ΕΦ· ΟΛΟΝ ΤΟΝ ΟΙΚΟΝ –ΑΥΤΟΥ–

11 ΗΛΘΕΝ ΔΕ -ΛΙΜΟΣ-
ΕΦ ΟΛΗΝ ΤΗΝ ΑΙΓΥΠΤΟΝ ΚΑΙ ΧΑΝΑΑΝ

–ΕΑΝ–; ΑΝ 03 05 044만 이문지지. 원문이 칠십인역과 일치. 더 자주 쓰이는 형태를 따른 것일 수도 있음, 신약에서 원문 46회 대 이문 69회 쓰임, 종합적 판단 필요.

-ΔΟΥΛΕΥΣΟΥΣΙΝ-; ΔΟΥΛΕΥΣΩΣΙΝ P74 02 04 05 618만 원문지지, 판단 필요. 직설법인지 가정법인지의 문제. 이문이 칠십인역과 일치.

ΙΣΑ·Α·Κ 03 05만 이문지지. 원문이 칠십인역과 일치하나 이문 형태는 드물고 바티칸 사본도 이어 나오는 이삭의 이름을 원문처럼 표기함.

-ΘΛΙΨΕΩΝ-; ΘΛΕΙΨΕΩΝ 03 05만 이문지지, 다른 이문 존재. 정서법 문제.

·ΕΦ· 각각 다수 사본지지, 판단 필요. 전치사 반복을 통한 강조 혹은 불필요한 전치사 삭제 문제.

–ΑΥΤΟΥ–; ΤΟΥΤΟΝ 03만 이문지지. 이문이 어색한 표현, 설명 필요.

-ΛΙΜΟΣ-; ΛΕΙΜΟΣ 03 05만 이문지지. 이문 용례 희박, 정서법 문제.

ΚΑΙ -ΘΛΙΨΙΣ- ΜΕΓΑΛΗ
ΚΑΙ ΟΥΧ ΗΥΡΙΣΚΟΝ ΧΟΡΤΑΣΜΑΤΑ
ΟΙ ΠΑΤΕΡΕΣ ΗΜΩΝ

12 ΑΚΟΥΣΑΣ ΔΕ ΙΑΚΩΒ
ΟΝΤΑ -ΣΙΤΙΑ- ΕΙΣ ΑΙΓΥΠΤΟΝ
ΕΞΑΠΕΣΤΕΙΛΕΝ ΤΟΥΣ ΠΑΤΕΡΑΣ ΗΜΩΝ ΠΡΩΤΟΝ

13 ΚΑΙ ΕΝ ΤΩ ΔΕΥΤΕΡΩ
–ΑΝΕΓΝΩΡΙΣΘΗ– ΙΩΣΗΦ ΤΟΙΣ ΑΔΕΛΦΟΙΣ ΑΥΤΟΥ
ΚΑΙ ΦΑΝΕΡΟΝ ΕΓΕΝΕΤΟ ΤΩ ΦΑΡΑΩ
ΤΟ ΓΕΝΟΣ ·ΤΟΥ· ΙΩΣΗΦ

14 ΑΠΟΣΤΕΙΛΑΣ ΔΕ ΙΩΣΗΦ ΜΕΤΕΚΑΛΕΣΑΤΟ
ΙΑΚΩΒ ΤΟΝ ΠΑΤΕΡΑ ΑΥΤΟΥ
ΚΑΙ ΠΑΣΑΝ ΤΗΝ ΣΥΓΓΕΝΕΙΑΝ
ΕΝ ΨΥΧΑΙΣ ΕΒΔΟΜΗΚΟΝΤΑ ΠΕΝΤΕ

15 –ΚΑΙ ΚΑΤΕΒΗ– ΙΑΚΩΒ ·ΕΙΣ ΑΙΓΥΠΤΟΝ·

ΚΑΙ ΕΤΕΛΕΥΤΗΣΕΝ ΑΥΤΟΣ ΚΑΙ ΟΙ ΠΑΤΕΡΕΣ ΗΜΩΝ
16 ΚΑΙ ΜΕΤΕΤΕΘΗΣΑΝ ΕΙΣ ΣΥΧΕΜ
ΚΑΙ ΕΤΕΘΗΣΑΝ ΕΝ ΤΩ ΜΝΗΜΑΤΙ
Ω ΩΝΗΣΑΤΟ ΑΒΡΑΑΜ ΤΙΜΗΣ ΑΡΓΥΡΙΟΥ
ΠΑΡΑ ΤΩΝ ΥΙΩΝ ΕΜΜΩΡ ΕΝ ΣΥΧΕΜ

17 ΚΑΘΩΣ ΔΕ ΗΓΓΙΖΕΝ Ο ΧΡΟΝΟΣ ΤΗΣ ΕΠΑΓΓΕΛΙΑΣ
ΗΣ ΩΜΟΛΟΓΗΣΕΝ Ο ΘΕΟΣ ΤΩ ΑΒΡΑΑΜ
ΗΥΞΗΣΕΝ Ο ΛΑΟΣ
ΚΑΙ ΕΠΛΗΘΥΝΘΗ ΕΝ ΑΙΓΥΠΤΩ
18 ΑΧΡΙ ΟΥ ΑΝΕΣΤΗ
ΒΑΣΙΛΕΥΣ ΕΤΕΡΟΣ ΕΠ ΑΙΓΥΠΤΟΝ
ΟΣ ΟΥΚ ΗΔΕΙ ΤΟΝ ΙΩΣΗΦ

19 ΟΥΤΟΣ ΚΑΤΑΣΟΦΙΣΑΜΕΝΟΣ ΤΟ ΓΕΝΟΣ ΗΜΩΝ
ΕΚΑΚΩΣΕΝ ΤΟΥΣ ΠΑΤΕΡΑΣ ·ΗΜΩΝ·

-ΘΛΙΨΙΣ-; ΘΛΕΙΨΙΣ 03만 이문지지, 여러 이문 존재. 이문 용례 희박, 정서법 문제.

-ΣΙΤΙΑ-; ΣΕΙΤΙΑ 03 05만 이문지지. 이문 용례 희박, 정서법 문제.

–ΑΝΕΓΝΩΡΙΣΘΗ–; ΕΓΝΩΡΙΣΘΗ 02 03만 이문지지, 다른 이문 존재. 신약에 25회 쓰여, 더 자주 등장하는 단어로 대체된 듯함.

·ΤΟΥ· P33-58 03 04만 이문지지, 여러 이문 존재. 요셉 족속을 하나의 개념으로 볼지 말지의 문제.

–ΚΑΙ ΚΑΤΕΒΗ–; ΚΑΤΕΒΗ ΔΕ 각각 다수 사본지지, 판단 필요. 접속사 문제.

·ΕΙΣ ΑΙΓΥΠΤΟΝ· 03만 이문지지. 설명 필요. 당연한 내용이라 삭제했을 수 있음.

·ΗΜΩΝ· P74 01 03 05 1175 1505가 이문지지, 판단 필요. 설명 필요. 반복을 피하기 위해서 삭제했을 수 있음.

ΤΟΥ ΠΟΙΕΙΝ ΤΑ ΒΡΕΦΗ ΕΚΘΕΤΑ ΑΥΤΩΝ
ΕΙΣ ΤΟ ΜΗ ΖΩΟΓΟΝΕΙΣΘΑΙ

20 ΕΝ Ω ΚΑΙΡΩ ΕΓΕΝΝΗΘΗ ΜΩΥΣΗΣ
ΚΑΙ ΗΝ ΑΣΤΕΙΟΣ ΤΩ ΘΕΩ
ΟΣ ΑΝΕΤΡΑΦΗ ΜΗΝΑΣ ΤΡΕΙΣ
ΕΝ ΤΩ ΟΙΚΩ ΤΟΥ ΠΑΤΡΟΣ

21 ΕΚΤΕΘΕΝΤΟΣ ΔΕ ΑΥΤΟΥ
ΑΝΕΙΛΑΤΟ ΑΥΤΟΝ Η ΘΥΓΑΤΗΡ ΦΑΡΑΩ
ΚΑΙ ΑΝΕΘΡΕΨΑΤΟ ΑΥΤΟΝ ΕΑΥΤΗ ·ΕΙΣ· ΥΙΟΝ

22 ΚΑΙ ΕΠΑΙΔΕΥΘΗ ΜΩΥΣΗΣ
·ΕΝ· ΠΑΣΗ ΣΟΦΙΑ ΑΙΓΥΠΤΙΩΝ
ΗΝ ΔΕ ΔΥΝΑΤΟΣ
ΕΝ ΛΟΓΟΙΣ ΚΑΙ ΕΡΓΟΙΣ ΑΥΤΟΥ

23 ΩΣ ΔΕ ΕΠΛΗΡΟΥΤΟ ΑΥΤΩ ΤΕΣΣΕΡΑΚΟΝΤΑΕΤΗΣ ΧΡΟΝΟΣ
ΑΝΕΒΗ ΕΠΙ ΤΗΝ ΚΑΡΔΙΑΝ ΑΥΤΟΥ
ΕΠΙΣΚΕΨΑΣΘΑΙ ΤΟΥΣ ΑΔΕΛΦΟΥΣ ΑΥΤΟΥ ·ΤΟΥΣ· ΥΙΟΥΣ ΙΣΡΑΗΛ

24 ΚΑΙ ΙΔΩΝ ΤΙΝΑ ΑΔΙΚΟΥΜΕΝΟΝ
ΗΜΥΝΑΤΟ ΚΑΙ ΕΠΟΙΗΣΕΝ ΕΚΔΙΚΗΣΙΝ ΤΩ ΚΑΤΑΠΟΝΟΥΜΕΝΩ
ΠΑΤΑΞΑΣ ΤΟΝ ΑΙΓΥΠΤΙΟΝ

25 ΕΝΟΜΙΖΕΝ ΔΕ ΣΥΝΙΕΝΑΙ ΤΟΥΣ ΑΔΕΛΦΟΥΣ ·ΑΥΤΟΥ·
ΟΤΙ Ο ΘΕΟΣ ΔΙΑ ΧΕΙΡΟΣ ΑΥΤΟΥ
ΔΙΔΩΣΙΝ ΣΩΤΗΡΙΑΝ ΑΥΤΟΙΣ
ΟΙ ΔΕ ΟΥ ΣΥΝΗΚΑΝ

26 ΤΗ ΤΕ ΕΠΙΟΥΣΗ ΗΜΕΡΑ
ΩΦΘΗ ΑΥΤΟΙΣ ΜΑΧΟΜΕΝΟΙΣ
ΚΑΙ ΣΥΝΗΛΛΑΣΣΕΝ ΑΥΤΟΥΣ ΕΙΣ ΕΙΡΗΝΗΝ ΕΙΠΩΝ
ΑΝΔΡΕΣ
ΑΔΕΛΦΟΙ ΕΣΤΕ
ΙΝΑΤΙ ΑΔΙΚΕΙΤΕ ΑΛΛΗΛΟΥΣ

27 Ο ΔΕ ΑΔΙΚΩΝ ΤΟΝ ΠΛΗΣΙΟΝ

·ΕΙΣ· 03만 이문지지. 설명 필요. 원문 표현이 문법적으로 적절함.

·ΕΝ· P74 01 02 04 08 2344가 원문지지, 여러 이문 존재, 판단 필요. 전치사 반복을 통한 강조 혹은 불필요한 전치사 삭제 문제.

·ΤΟΥΣ· 03만 이문지지. 관사 사용을 통한 설명표현 사용인가, 아니면 관사 삭제를 통한 동격표현 시도인가 판단 필요.

·ΑΥΤΟΥ· P74 01 03 04 2344만 이문지지. 설명 필요. 앞서 나온 표현을 고려해서 삭제했을 수 있음.

ΑΠΩΣΑΤΟ ΑΥΤΟΝ ΕΙΠΩΝ
ΤΙΣ ΣΕ ΚΑΤΕΣΤΗΣΕΝ
ΑΡΧΟΝΤΑ ΚΑΙ ΔΙΚΑΣΤΗΝ ΕΦ ΗΜΩΝ

28 ΜΗ ΑΝΕΛΕΙΝ ΜΕ ΣΥ ΘΕΛΕΙΣ
ΟΝ ΤΡΟΠΟΝ ΑΝΕΙΛΕΣ
ΕΧΘΕΣ ΤΟΝ ΑΙΓΥΠΤΙΟΝ

29 ΕΦΥΓΕΝ ΔΕ ΜΩΥΣΗΣ ΕΝ ΤΩ ΛΟΓΩ ΤΟΥΤΩ
ΚΑΙ ΕΓΕΝΕΤΟ ΠΑΡΟΙΚΟΣ ΕΝ ΓΗ ΜΑΔΙΑΜ
ΟΥ ΕΓΕΝΝΗΣΕΝ ΥΙΟΥΣ ΔΥΟ

30 ΚΑΙ ΠΛΗΡΩΘΕΝΤΩΝ ΕΤΩΝ ΤΕΣΣΕΡΑΚΟΝΤΑ
ΩΦΘΗ ΑΥΤΩ ΕΝ ΤΗ ΕΡΗΜΩ ΤΟΥ ΟΡΟΥΣ -ΣΙΝΑ-
ΑΓΓΕΛΟΣ ΕΝ ΦΟΛΓΙ ΠΥΡΟΣ ΠΑΤΟΥ

31 Ο ΔΕ ΜΩΥΣΗΣ ΙΔΩΝ
-ΕΘΑΥΜΑΖΕΝ- ΤΟ ΟΡΑΜΑ

ΠΡΟΣΕΡΧΟΜΕΝΟΥ ΔΕ ΑΥΤΟΥ ΚΑΤΑΝΟΗΣΑΙ
ΕΓΕΝΕΤΟ ΦΩΝΗ ΚΥΡΙΟ
32 ΕΓΩ Ο ΘΕΟΣ ΤΩΝ ΠΑΤΕΡΩΝ ΣΟΥ
Ο ΘΕΟΣ ΑΒΡΑΑΜ ΚΑΙ ΙΣΑΑΚ ΚΑΙ ΙΑΚΩΒ

ΕΝΤΡΟΜΟΣ ΔΕ ΓΕΝΝ̣Ο̣Μ̣Ε̣ΝΟΣ
ΜΩΥΣΗΣ ΟΥΚ ΕΤΟΛΜΑ ΚΑΤΑΝΟΗΣΑΙ

33 ΕΙΠΕΝ ΔΕ ΑΥΤΩ Ο ΚΥΡΙΟΣ
ΛΥΣΟΝ ΤΟ ΥΠΟΔΗΜΑ ^ΤΩΝ ΠΟΔΩΝ ΣΟΥ^
Ο ΓΑΡ ΤΟΠΟΣ ΕΦ Ω ΕΣΤΗΚΑΣ
ΓΗ ΑΓΙΑ ΕΣΤΙΝ

34 ΙΔΩΝ ΕΙΔΟΝ ΤΗΝ ΚΑΚΩΣΙΝ
ΤΟΥ ΛΑΟΥ ΜΟΥ ΤΟΥ ΕΝ ΑΙΓΥΠΤΩ
ΚΑΙ ΤΟΥ ΣΤΕΝΑΓΜΟΥ -ΑΥΤΩΝ- ΗΚΟΥΣΑ
ΚΑΙ ΚΑΤΕΒΗΝ ΕΞΕΛΕΣΘΑΙ ΑΥΤΟΥΣ

ΚΑΙ ΝΥΝ ΔΕΥΡΟ

-ΣΙΝΑ-; ΣΕΙΝΑ 03 05만 이문지지. 고유명사 음역 문제.

-ΕΘΑΥΜΑΖΕΝ-; ΕΘΑΥΜΑΣΕΝ 각각 다수 사본지지, 다양한 이문 존재, 판단 필요. 미완료인가, 아니면 부정과거인가 판단 필요.

^ΤΩΝ ΠΟΔΩΝ ΣΟΥ^; ΣΟΥ ΤΩΝ ΠΟΔΩΝ 04 35도 유사하나 순서 면에서 보면 03만 이문지지. 소유대명사 문제.

-ΑΥΤΩΝ-; ΑΥΤΟΥ 03 05만 이문지지. 원문이 칠십인역과 일치하나 이문은 명사와 수를 일치시킨 것으로 보임.

ΑΠΟΣΤΕΙΛΩ ΣΕ ΕΙΣ ΑΙΓΥΠΤΟΝ

35 ΤΟΥΤΟΝ ΤΟΝ ΜΩΥΣΗΝ
ΟΝ ΗΡΝΗΣΑΝΤΟ ΕΙΠΟΝΤΕΣ
ΤΙΣ ΣΕ ΚΑΤΕΣΤΗΣΕΝ ΑΡΧΟΝΤΑ ΚΑΙ ΔΙΚΑΣΤΗΝ
ΤΟΥΤΟΝ
Ο ΘΕΟΣ ΚΑΙ ΑΡΧΟΝΤΑ ΚΑΙ ΛΥΤΡΩΤΗΝ ΑΠΕΣΤΑΛΚΕΝ
ΣΥΝ ΧΕΙΡΙ ΑΓΓΕΛΟΥ
ΤΟΥ ΟΦΘΕΝΤΟΣ ΑΥΤΩ ΕΝ ΤΗ ΒΑΤΩ

36 ΟΥΤΟΣ ΕΞΗΓΑΓΕΝ ΑΥΤΟΥΣ
ΠΟΙΗΣΑΣ ΤΕΡΑΤΑ ΚΑΙ ΣΗΜΕΙΑ
ΕΝ ΓΗ ΑΙΓΥΠΤΩ
ΚΑΙ ΕΝ ΕΡΥΘΡΑ ΘΑΛΑΣΣΗ
ΚΑΙ ΕΝ ΤΗ ΕΡΗΜΩ
ΕΤΗ ΤΕΣΣΕΡΑΚΟΝΤΑ

37 ΟΥΤΟΣ ΕΣΤΙΝ Ο ΜΩΥΣΗΣ
Ο ΕΙΠΑΣ ΤΟΙΣ ΥΙΟΙΣ ΙΣΡΑΗΛ
ΠΡΟΦΗΤΗΝ ΥΜΙΝ ΑΝΑΣΤΗΣΕΙ Ο ΘΕΟΣ
ΕΚ ΤΩΝ ΑΔΕΛΦΩΝ ΥΜΩΝ ΩΣ ΕΜΕ

38 ΟΥΤΟΣ ΕΣΤΙΝ
Ο ΓΕΝΟΜΕΝΟΣ
ΕΝ ΤΗ ΕΚΚΛΗΣΙΑ ΕΝ ΤΗ ΕΡΗΜΩ
ΜΕΤΑ ΤΟΥ ΑΓΓΕΛΟΥ ΤΟΥ ΛΑΛΥΝΤΟΣ ΑΥΤΩ ΕΝ ΤΩ ΟΡΕΙ ΣΙΝΑ
ΚΑΙ ΤΩΝ ΠΑΤΕΡΩΝ ΜΗΩΝ

ΟΣ –ΕΔΕΞΑΤΟ– ΛΟΓΙΑ ΖΩΝΤΑ
ΔΟΥΝΑΙ –ΗΜΙΝ–

39 Ω ΟΥΚ ΗΘΕΛΗΣΑΝ ΥΠΗΚΟΟΙ ΓΕΝΕΣΘΑΙ
ΟΙ ΠΑΤΕΡΕΣ ΗΜΩΝ
ΑΛΛΑ ΑΠΩΣΑΝΤΟ
ΚΑΙ ΕΣΤΡΑΦΗΣΑΝ ΕΝ ΤΑΙΣ ΚΑΡΔΙΑΙΣ ΑΥΤΩΝ ΕΙΣ ΑΙΓΥΠΤΟΝ
40 ΕΙΠΟΝΤΕΣ ΤΩ ΑΑΡΩΝ
ΠΟΙΗΣΟΝ ΗΜΙΝ ΘΕΟΥΣ
ΟΙ ΠΡΟΠΟΡΕΥΣΟΝΤΑΙ ΗΜΩΝ
Ο ΓΑΡ ΜΩΥΣΗΣ ΟΥΤΟΣ

–ΕΔΕΞΑΤΟ–; ΕΞΕΛΕΞΑΤΟ 03 1243만 이문지지. 이문의 형태가 1:2, 6:5, 15:7에 쓰임. '말씀을 받다' 대신 '말씀을 뽑다'는 개념을 사용한 이유가 무엇인지 설명 필요.

–ΗΜΙΝ–; ΥΜΙΝ P74 01 03 547 927 2492 2495가 이문지지. 1인칭 복수에서 2인칭 복수로의 인칭변화는 7:51에 일어나기에 원문이 적절.

ΟΣ ΕΧΗΓΑΓΕΝ ΗΜΑΣ ΕΚ ΓΗΣ ΑΙΓΥΠΤΟΥ
ΟΥΚ ΟΙΔΑΜΕΝ
ΤΙ ΕΓΕΝΕΣΟ ΑΥΤΩ

41 ΚΑΙ ΕΜΟΣΧΟΠΟΙΗΣΑΝ ΕΝ ΤΑΙΣ ΗΜΕΡΑΙΣ ΕΚΕΙΝΑΙΣ
ΚΑΙ ΑΝΗΓΑΓΟΝ ΘΥΣΙΑΝ ΤΩ ΕΙΔΩΛΩ
ΚΑΙ ΕΥΦΡΑΙΝΟΝΤΟ ΕΝ ΤΟΙΣ ΕΡΓΟΙΣ ΤΩΝ ΧΕΙΡΩΝ ΑΥΤΩΝ

42 ΕΣΤΡΕΨΕΝ ΔΕ Ο ΘΕΟΣ
ΚΑΙ ΠΑΡΕΔΩΚΕΝ ΑΥΤΟΥΣ
ΛΑΤΡΕΥΕΙΝ ΤΗ -ΣΤΡΑΤΙΑ- ΤΟΥ ΟΥΡΑΝΟΥ
ΚΑΘΩΣ ΓΕΓΡΑΠΤΑΙ ΕΝ ΒΙΒΛΩ ΤΩΝ ΠΡΟΦΗΤΩΝ
ΜΗ ΣΦΑΓΙΑ ΚΑΙ ΘΥΣΙΑΣ ΠΡΟΣΗΝΕΓΚΑΤΕ ΜΟΙ
ΕΤΗ ΤΕΣΣΕΡΑΚΟΝΤΑ ·ΕΝ ΤΗ ΕΡΗΜΩ·
ΟΙΚΟΣ ΙΣΡΑΗΛ

43 ΚΑΙ ΑΝΕΛΑΒΕΤΕ
ΤΗΝ ΣΚΗΝΗΝ ΤΟΥ ΜΟΛΟΧ
ΚΑΙ ΤΟ ΑΣΤΡΟΝ ΤΟΥ ΘΕΟΥ ·ΥΜΩΝ· -ΡΑΙΦΑΝ-
ΤΟΥΣ ΤΥΠΟΥΣ ΟΥΣ ΕΠΟΙΗΣΑΤΕ
ΠΡΟΣΚΥΝΕΙΝ ΑΥΤΟΙΣ

ΚΑΙ ΜΕΤΟΙΚΙΩ ΥΜΑΣ
ΕΠΕΚΕΙΝΑ ΒΑΒΥΛΩΝΟΣ

44 Η ΣΚΗΝΗ ΤΟΥ ΜΑΡΤΥΡΙΟΥ
ΗΝ ΤΟΙΣ ΠΑΤΡΑΣΙΝ ΗΜΩΝ ΕΝ ΤΗ ΕΡΗΜΩ
ΚΑΘΩΣ ΔΙΕΤΑΞΑΤΟ
Ο ΛΑΛΩΝ ΤΩ ΜΩΥΣΗ
ΠΟΙΗΣΑΙ ΑΥΤΗΝ
ΚΑΤΑ ΤΟΝ ΤΥΠΟΝ ΟΝ ΕΩΡΑΚΕΙ

45 ΗΝ ΚΑΙ ΕΙΣΗΓΑΓΟΝ ΔΙΑΔΕΞΑΜΕΝΟΙ
ΟΙ ΠΑΤΕΡΕΣ ΗΜΩΝ
ΜΕΤΑ ΙΗΣΟΥ
ΕΝ ΤΗ ΚΑΤΑΣΧΕΣΕΙ ΤΩΝ ΕΘΝΩΝ
ΩΝ ΕΞΩΣΕΝ Ο ΘΕΟΣ
ΑΠΟ ΠΡΟΣΩΠΟΥ ΤΩΝ ΠΑΤΕΡΩΝ ΗΜΩΝ

-ΣΤΡΑΤΙΑ-; ΣΤΡΑΤΕΙΑ 02 03 05 025 049 323 1175 1243이 이문지지. 정서법 문제, 이문 철자 사용 용례 연구 필요.

·ΕΝ ΤΗ ΕΡΗΜΩ· 03만 이문지지. 일부러 뺐다면 이유가 무엇인지 설명 필요.

·ΥΜΩΝ· 03 05만 이문지지, 다른 이문 존재하나 내용 상 부적절. 원문이 칠십인역 및 마소라 사본과 일치. 1인칭 복수에서 2인칭 복수로의 인칭변화가 일어나기 전이지만 아모스서 인용이기에 2인칭 복수 사용에 문제없음.

-ΡΑΙΦΑΝ-; ΡΟΜΦΑ P74 01 02 330 1175만 원문지지, 03 049만 이문지지, 매우 다양한 이문 존재, 판단 필요. 칠십인역에도 이문 존재, 토성을 의미하는 키윤에 해당하는 헬라어, 연구 필요.

ΕΩΣ ΤΩΝ ΗΜΕΡΩΝ -ΔΑΥΙΔ-

46 ΟΣ ΕΥΡΕΝ ΧΑΡΙΝ ΕΝΩΠΙΟΝ ΤΟΥ ΘΕΟΥ
ΚΑΙ ΗΤΗΣΑΤΟ
ΕΥΡΕΙΝ ΣΚΗΝΩΜΑ ΤΩ ΟΙΚΩ ΙΑΚΩΒ

47 ΣΟΛΟΜΩΝ ΔΕ ΟΙΚΟΔΟΜΗΣΕΝ ΑΥΤΩ ΟΙΚΟΝ

48 ΑΛΛ ΟΥΧ Ο ΥΨΙΣΤΟΣ ΕΝ ΧΕΙΡΟΠΟΙΗΤΟΙΣ ΚΑΤΟΙΚΕΙ
ΚΑΘΩΣ Ο ΠΡΟΦΗΤΗΣ ΛΕΓΕΙ
49 Ο ΟΥΡΑΝΟΣ ΜΟΙ ΘΡΟΝΟΣ
–Η ΔΕ– ΓΗ ΥΠΟΠΟΔΙΟΝ ΤΩΝ ΠΟΔΩΝ ΜΟΥ
ΠΟΙΟΝ ΟΙΚΟΝ -ΟΙΚΟΔΟΜΗΣΕΤΕ- ΜΟΙ
ΛΕΓΕΙ ΚΥΡΙΟΣ
Η ΤΙΣ ΤΟΠΟΣ ΤΗΣ ΚΑΤΑΠΑΥΣΕΩΣ ΜΟΥ
50 ΟΥΧΙ Η ΧΕΙΡ ΜΟΥ ΕΠΟΙΗΣΕΝ ΤΑΥΤΑ ΠΑΝΤΑ

51 ΣΚΛΗΡΟΤΡΑΧΗΛΟΙ ΚΑΙ ΑΠΕΡΙΤΜΗΤΟΙ -ΚΑΡΔΙΑΙΣ- ΚΑΙ ΤΟΙΣ ΩΣΙΝ
ΥΜΕΙΣ ΑΕΙ ΤΩ ΠΝΕΥΜΑΤΙ ΤΩ ΑΓΙΩ -ΑΝΤΙΠΙΠΤΕΤΕ-
ΩΣ ΟΙ ΠΑΤΕΡΕΣ ΥΜΩΝ ΚΑΙ ΥΜΕΙΣ

52 ΤΙΝΑ ΤΩΝ ΠΡΟΦΗΤΩΝ
ΟΥΚ ΕΔΙΩΞΑΝ ΟΙ ΠΑΤΕΡΕΣ ΥΜΩΝ

ΚΑΙ ΑΠΕΚΤΕΙΝΑΝ
ΤΟΥΣ ΠΡΟΚΑΤΑΓΓΕΙΛΑΝΤΑΣ
ΠΕΡΙ ΤΗΣ ΕΛΕΥΣΕΩΣ ΤΟΥ ΔΙΚΑΙΟΥ
ΟΥ ΝΥΝ ΥΜΕΙΣ ΠΡΟΔΟΤΑΙ ΚΑΙ ΦΟΝΕΙΣ ΕΓΕΝΕΣΘΕ

53 ΟΙΤΙΝΕΣ ΕΛΑΒΕΤΕ ΤΟΝ ΝΟΜΟΝ ΕΙΣ ΔΙΑΤΑΓΑΣ ΑΓΓΕΛΩΝ
ΚΑΙ ΟΥΚ ΕΦΥΛΑΞΑΤΕ

54 ΑΚΟΥΟΝΤΕΣ ΔΕ ΤΑΥΤΑ
ΔΙΕΠΡΙΟΝΤΟ ΤΑΙΣ ΚΑΡΔΙΑΙΣ ΑΥΤΩΝ
ΚΑΙ ΕΒΡΥΧΟΝ ΤΟΥΣ ΟΔΟΝΤΑΣ ΕΠ ΑΥΤΟΝ

-ΔΑΥΙΔ-; ΔΑΥΕΙΔ 03 05만 이문지지. 고유명사 음역 문제.

–Η ΔΕ–; ΚΑΙ Η 03만 이문지지. 접속사 문제. 원문이 칠십인역과 일치, 이문은 히브리어 본문 번역인 듯함.

-ΟΙΚΟΔΟΜΗΣΕΤΕ-; ΟΙΚΟΔΕΜΗΣΑΤΕ 03 1241 1611 1837 2495가 이문지지, 다양한 이문 존재. 원문이 칠십인역과 일치, 이문은 문법적으로 부적절한 형태, 설명 필요.

-ΚΑΡΔΙΑΙΣ-; ΚΑΡΔΙΑΣ P74 02 04 05만 원문지지, 03만 이문지지, 매우 다양한 이문 존재, 판단 필요. 이문은 칠십인역 렘 9:25와 유사한 표현, 원문은 칠십인역 겔 44:7과 유사한 표현.

-ΑΝΤΙΠΙΠΤΕΤΕ-; ΑΝΤΙΠΕΙΠΤΕΤΕ 03만 이문지지, 다른 이문 존재, 판단 필요. 정서법 문제.

55 ΥΠΑΡΧΩΝ ΔΕ ΠΛΗΡΗΣ ΠΝΕΥΜΑΤΟΣ ΑΓΙΟΥ
ΑΤΕΝΙΣΑΣ ΕΙΣ ΤΟΝ ΟΥΡΑΝΟΝ
ΕΙΔΕΝ ΔΟΞΑΝ ΘΕΟΥ
ΚΑΙ ΙΗΣΟΥΝ ΕΣΤΩΤΑ ΕΚ ΔΕΞΙΩΝ ΤΟΥ ΘΕΟΥ
56 ΚΑΙ ΕΙΠΕΝ
ΙΔΟΥ ΘΕΩΡΩ
ΤΟΥΣ ΟΥΡΑΝΟΥΣ ΔΙΗΝΟΙΓΜΕΝΟΥΣ
ΚΑΙ ΤΟΝ ΥΙΟΝ ΤΟΥ ΑΝΘΡΩΠΟΥ ΕΚ ΔΕΞΙΩΝ ΕΣΤΩΤΑ ΤΟΥ ΘΕΟΥ

57 ΚΡΑΞΑΝΤΕΣ ΔΕ ΦΩΝΗ ΜΕΓΑΛΗ
ΣΥΝΕΣΧΟΝ ΤΑ ΩΤΑ ΑΥΤΩΝ
ΚΑΙ ΩΡΜΗΣΑΝ ΟΜΟΘΥΜΑΔΟΝ ΕΠ ΑΥΤΟΝ
58 ΚΑΙ ΕΚΒΑΛΟΝΤΕΣ ΕΞΩ ΤΗΣ ΠΟΛΕΩΣ
ΕΛΙΘΟΒΟΛΥΝ
ΚΑΙ ΟΙ ΜΑΡΤΥΡΕΣ ΑΠΕΘΕΝΤΟ ΤΑ ΙΜΑΤΙΑ –ΑΥΤΩΝ–
ΠΑΡΑ ΤΟΥΣ ΠΟΔΑΣ ΝΕΑΝΙΟΥ ΚΑΛΟΥΜΕΝΟΥ ΣΑΥΛΟΥ
59 ΚΑΙ ΕΛΙΘΟΒΟΛΟΥΝ
ΤΟΝ ΣΤΕΦΑΝΟΝ ΕΠΙΚΑΛΟΥΜΕΝΟΝ ΚΑΙ ΛΕΓΟΝΤΑ
ΚΥΡΙΕ ΙΗΣΟΥ
ΔΕΞΑΙ ΤΟ ΠΝΕΥΜΑ ΜΟΥ

60 ΘΕΙΣ ΔΕ ΤΑ ΦΟΝΑΤΑ
ΕΚΡΑΞΕΝ ΦΩΝΗ ΜΕΓΑΛΗ
ΚΥΡΙΕ
ΜΗ ΣΤΗΣΗΣ ΑΥΤΟΙΣ ΤΑΥΤΗΝ ΤΗΝ ΑΜΑΡΤΙΑΝ

ΚΑΙ ΤΟΥΤΟ ΕΙΠΩΝ ΕΚΟΙΜΗΘΗ

η

8:1 ΣΑΥΛΟΣ ΔΕ ΗΝ ΣΥΝΕΥΔΟΚΩΝ
ΤΗ ΑΝΑΙΡΕΣΕΙ ΑΥΤΟΥ

ΕΓΕΝΕΤΟ ΔΕ ΕΝ ΕΚΕΙΝΗ ΤΗ ΗΜΕΡΑ
ΔΙΩΓΜΟΣ ΜΕΓΑΣ ΕΠΙ ΤΗΝ ΕΚΚΛΗΣΙΑΝ ΤΗΝ ΕΝ ΙΕΡΟΣΟΛΥΜΟΙΣ

ΠΑΝΤΕΣ ΔΕ ΔΙΕΣΠΑΓΗΣΑΝ
ΚΑΤΑ ΤΑΣ ΧΩΡΑΣ ΤΗΣ ΙΟΥΔΑΙΑΣ ΚΑΙ ΣΑΜΑΡΕΙΑΣ
ΠΛΗΝ ΤΩΝ ΑΠΟΣΤΟΛΩΝ

2 ΣΥΝΕΚΟΜΙΣΑΝ ΔΕ ΤΟΝ ΣΤΕΦΑΝΟΝ

–ΑΥΤΩΝ–; ΕΑΥΤΩΝ 03만 이문지지, 다른 이문 존재, 판단 필요. 대명사와 재귀대명사 문제.

ΑΝΔΡΕΣ ΕΥΛΑΒΕΙΣ
ΚΑΙ ΕΠΟΙΗΣΑΝ ΚΟΠΕΤΟΝ ΜΕΓΑΝ ΕΠ ΑΥΤΩ

3 ΣΑΥΛΟΣ ΔΕ ΕΛΥΜΑΙΝΕΤΟ ΤΗΝ ΕΚΚΛΗΣΙΑΝ
ΚΑΤΑ ΤΟΥΣ ΟΙΚΟΥΣ ΕΙΣΠΟΡΕΥΟΜΕΝΟΣ
ΣΥΡΩΝ ΤΕ ΑΝΔΡΑΣ ΚΑΙ ΓΥΝΑΙΚΑΣ
ΠΑΡΕΔΙΔΟΥ ΕΙΣ ΦΥΛΑΚΗΝ

4 ΟΙ ΜΕΝ ΟΥΝ ΔΙΑΣΠΑΡΕΝΤΕΣ ΔΙΗΛΘΟΝ
ΕΥΑΓΓΕΛΙΖΟΜΕΝΟΙ ΤΟΝ ΛΟΓΟΝ

5 ΦΙΛΙΠΠΟΣ ΔΕ ΚΑΤΕΛΘΩΝ ΕΙΣ ΤΗΝ ΠΟΛΙΝ ΤΗΣ ΣΑΜΑΡΕΙΑΣ
ΕΚΗΡΥΣΣΕΝ ΑΥΤΟΙΣ ΤΟΝ ΧΡΙΣΤΟΝ

6 ΠΡΟΣΕΙΧΟΝ ΔΕ ΟΙ ΟΧΛΟΙ
ΤΟΙΣ ΛΕΓΟΜΕΝΟΙΣ ΥΠΟ ΤΟΥ ΦΙΛΙΠΠΟΥ ΟΜΟΘΥΜΑΔΟΝ
ΕΝ ΤΩ ΑΚΟΥΕΙΝ ΑΥΤΟΥΣ
ΚΑΙ ΒΛΕΠΕΙΝ ΤΑ ΣΗΜΕΙΑ Α ΕΠΟΙΕΙ

7 ΠΟΛΛΟΙ ΓΑΡ ΤΩΝ ΕΧΟΝΤΩΝ ΠΝΕΥΜΑΤΑ ΑΚΑΘΑΡΤΑ
ΒΟΩΝΤΑ ΦΩΝΗ ΜΕΓΑΛΗ
ΕΞΗΡΧΟΝΤΟ
ΠΟΛΛΟΙ ΔΕ ΠΑΡΑΛΕΛΥΜΕΝΟΙ ΚΑΙ ΧΩΛΟΙ
ΕΘΕΡΑΠΕΥΘΗΣΑΝ

8 ΕΓΕΝΕΤΟ ΔΕ ΠΟΛΛΗ ΧΑΡΑ
ΕΝ ΤΗ ΠΟΛΕΙ ΕΚΕΙΝΗ

9 ΑΝΗΡ ΔΕ ΤΙΣ ΟΝΟΜΑΤΙ ΣΙΜΩΝ
ΠΡΟΥΠΗΡΧΕΝ ΕΝ ΤΗ ΠΟΛΕΙ
ΜΑΓΕΥΩΝ
ΚΑΙ ΕΞΙΣΤΑΝΩΝ ΤΟ ΕΘΝΟΣ ΤΗΣ ΣΑΜΑΡΕΙΑΣ
ΛΕΓΩΝ ΕΙΝΑΙ ΤΙΝΑ ΕΑΥΤΟΝ ΜΕΓΑΝ

10 Ω ΠΡΟΣΕΙΧΟΝ
ΠΑΝΤΕΣ ΑΠΟ -ΜΙΚΡΟΥ- ΕΩΣ ΜΕΓΑΛΟΥ
ΛΕΓΟΝΤΕΣ
ΟΥΤΟΣ ΕΣΤΙΝ Η ΔΥΝΑΜΙΣ ΤΟΥ ΘΕΟΥ
Η ΚΑΛΟΥΜΕΝΗ ΜΕΓΑΛΗ

11 ΠΡΟΣΕΙΧΟΝ ΔΕ ΑΥΤΩ

8장
-ΜΙΚΡΟΥ-; ΜΕΙΚΡΟΥ 03 05만 이문지지. 정서법 문제.

ΔΙΑ ΤΟ ΙΚΑΝΩ ΧΡΟΝΩ ΤΑΙΣ ΜΑΓΕΙΑΙΣ
ΕΞΕΣΤΑΚΕΝΑΙ ΑΥΤΟΥΣ

12 ΟΤΕ ΔΕ ΕΠΙΣΤΕΥΣΑΝ
ΤΩ ΦΙΛΙΠΠΩ ΕΥΑΓΓΕΛΙΖΟΜΕΝΩ
ΠΕΡΙ ΤΗΣ ΒΑΣΙΛΕΙΑΣ ΤΟΥ ΘΕΟΥ
ΚΑΙ ΤΟΥ ΟΝΟΜΑΤΟΣ ΙΗΣΟΥ ΧΡΙΣΤΟΥ
ΕΒΑΠΤΙΖΟΝΤΟ ΑΝΔΡΕΣ ΤΕ ΚΑΙ ΓΥΝΑΙΚΕΣ

13 Ο ΔΕ ΣΙΜΩΝ ΚΑΙ ΑΥΤΟΣ ΕΠΙΣΤΕΥΣΕΝ
ΚΑΙ ΒΑΠΤΙΣΘΕΙΣ ΗΝ
ΠΡΟΣΚΑΡΤΕΡΩΝ ΤΩ ΦΙΛΙΠΠΩ
ΘΕΩΡΩΝ ΤΑ ΣΗΜΕΙΑ ΚΑΙ ΔΥΝΑΜΕΙΣ ΜΕΓΑΛΑΣ -ΓΙΝΟΜΕΝΑΣ-
ΕΞΙΣΤΑΤΟ

14 ΑΚΟΥΣΑΝΤΕΣ ΔΕ ΟΙ ΕΝ ΙΕΡΟΣΟΛΥΜΟΙΣ ΑΠΟΣΤΟΛΟΙ
ΟΤΙ ΔΕΔΕΚΤΑΙ Η ΣΑΜΑΡΕΙΑ ΤΟΝ ΛΟΓΟΝ ΤΟΥ ΘΕΟΥ
ΑΠΕΣΤΕΙΛΑΝ ΠΡΟΣ ΑΥΤΟΥΣ ΠΕΤΡΟΝ ΚΑΙ ΙΩΑΝ·Ν·ΗΝ
15 ΟΙΤΙΝΕΣ ΚΑΤΑΒΑΝΤΕΣ
-ΠΡΟΣΗΥΧΑΝΤΟ- ΠΕΡΙ ΑΥΤΩΝ
ΟΠΩΣ ΛΑΒΩΣΙΝ ΠΝΕΥΜΑ ΑΓΙΟΝ

16 ΟΥΔΕΠΩ ΓΑΡ ΗΝ ΕΠ ΟΥΔΕΝΙ ΑΥΤΟΝ ΕΠΙΠΕΠΤΩΚΟΣ
ΜΟΝΟΝ ΔΕ ΒΕΒΑΠΤΙΣΜΕΝΟΙ ΥΠΗΡΧΟΝ
ΕΙΣ ΤΟ ΟΝΑΜΑ ΤΟΥ ΚΥΡΙΟΥ ΙΗΣΟΥ

17 ΤΟΤΕ -ΕΠΕΤΙΘΕΣΑΝ- ΤΑΣ ΧΕΙΡΑΣ ΕΠ ΑΥΤΟΥΣ
ΚΑΙ ΕΛΑΜΒΑΝΟΝ ΠΝΕΥΜΑ ΑΓΙΟΝ

18 ΙΔΩΝ ΔΕ Ο ΣΙΜΩΝ
ΟΤΙ ΔΙΑ ΤΗΣ ΕΠΙΘΕΣΕΩΣ ΤΩΝ ΧΕΙΡΩΝ ΤΩΝ ΑΠΟΣΤΟΛΩΝ
ΔΙΔΟΤΑΙ ΤΟ ΠΝΕΥΜΑ
ΠΡΟΣΗΝΕΦΚΕΝ ΑΥΤΟΙΣ ΧΡΗΜΑΤΑ
19 ΛΕΓΩΝ
ΔΟΤΕ ΚΑΜΟΙ ΤΗΝ ΕΞΟΥΣΙΑΝ ΤΑΥΤΗΝ
ΙΝΑ Ω ΕΑΝ ΕΠΙΘΩ ΤΑΣ ΧΕΙΡΑΣ
ΛΑΜΒΑΝΗ ΠΝΕΥΜΑ ΑΓΙΟΝ

20 ΠΕΤΡΟΣ ΔΕ ΕΙΠΕΝ ΠΡΟΣ ΑΥΤΟΝ

-ΓΙΝΟΜΕΝΑΣ-; ΓΕΙΝΟΜΕΝΑΣ 01 02 03 05가 이문지지, 다른 이문 존재, 판단 필요. 정서법 문제.
ΙΩΑΝ·Ν·ΗΝ 03 05만 이문지지. 고유명사 음역 문제.
-ΠΡΟΣΗΥΧΑΝΤΟ-; ΠΡΟΣΕΥΧΑΝΤΟ 03 1175만 이문지지. 접두모음 첨가로 인한 장모음화 현상 유무 문제.
-ΕΠΕΤΙΘΕΣΑΝ-; ΕΠΕΤΙΘΟΣΑΝ 03만 이문지지, 다른 이문 존재, 판단 필요. 시제와 어미변화 문제.

ΤΟ ΑΡΓΥΡΙΟΝ ΣΟΥ
ΣΥΝ ΣΟΙ ΕΙΗ ΕΙΣ ΑΠΩΛΕΙΑΝ
ΟΤΙ ΤΗΝ ΔΩΡΕΑΝ ΤΟΥ ΘΕΟΥ ΕΝΟΜΙΣΑΣ
ΔΙΑ ΧΡΗΜΑΤΩΝ ΚΤΑΣΘΑΙ

21 ΟΥΚ ΕΣΤΙΝ ΣΟΙ
ΜΕΡΙΣ ΟΥΔΕ ΚΛΗΡΟΣ ΕΝ ΤΩ ΛΟΓΩ ΤΟΥΤΩ
Η ΓΑΡ ΚΑΡΔΙΑ ΣΟΥ
ΟΥΚ ΕΣΤΙΝ ΕΥΘΕΙΑ ΕΝΑΝΤΙ ΤΟΥ ΘΕΟΥ

22 ΜΕΤΑΝΟΗΣΟΝ ΟΥΝ ΑΠΟ ΤΗΣ ΚΑΚΙΑΣ ΣΟΥ ΤΑΥΤΗΣ
ΚΑΙ ΔΕΗΘΗΤΙ ΤΟΥ ΚΥΡΙΟΥ
ΕΙ ΑΡΑ ΑΦΕΘΗΣΕΤΑΙ ΣΟΙ
Η ΕΠΙΝΟΙΑ ΤΗΣ ΚΑΡΔΙΑΣ ΣΟΥ

23 ΕΙΣ ΓΑΡ ΧΟΛΗΝ ΠΙΚΡΙΑΣ ΚΑΙ ΣΥΝΔΕΣΜΟΝ ΑΔΙΚΙΑΣ
ΟΡΩ ΣΕ ΟΝΤΑ

24 ΑΠΟΚΡΙΘΕΙΣ ΔΕ Ο ΣΙΜΩΝ ΕΙΠΕΝ
ΔΕΗΘΗΤΕ ΥΜΕΙΣ ΥΠΕΡ ΕΜΟΥ ΠΡΟΣ ΤΟΝ ΚΥΡΙΟΝ
ΟΠΩΣ ΜΗΔΕΝ ΕΠΕΛΘΗ ΕΠ ΕΜΕ
ΩΝ ΕΙΡΗΚΑΤΕ

25 ΟΙ ΜΕΝ ΟΥΝ
ΔΙΑΜΑΡΤΥΡΑΜΕΝΟΙ ΚΑΙ ΛΑΛΗΣΑΝΤΕΣ ΤΟΝ ΛΟΓΟΝ ΤΟΥ ΚΥΡΙΟΥ
ΥΠΕΣΤΡΕΦΟΝ ΕΙΣ ΙΕΡΟΣΟΛΥΜΑ
ΠΟΛΛΑΣ ΤΕ ΚΩΜΑΣ ΤΩΝ -ΣΑΜΑΡΙΤΩΝ-
ΕΥΗΓΓΕΛΙΖΟΝΤΟ

26 ΑΓΓΕΛΟΣ ΔΕ ΚΥΡΙΟΥ ΕΛΑΛΗΣΕΝ ΠΡΟΣ ΦΙΛΙΠΠΟΝ ΛΕΓΩΝ
ΑΝΑΣΤΗΘΙ ΚΑΙ ΠΟΡΕΥΟΥ
ΚΑΤΑ ΜΕΣΗΜΒΡΙΑΝ
ΕΠΙ ΤΗΝ ΟΔΟΝ ΤΗΝ ΚΑΤΑΒΑΙΝΟΥΣΑΝ ΑΠΟ ΙΕΡΟΥΣΑΛΗΜ ΕΙΣ ΓΑΖΑΝ
ΑΥΤΗ ΕΣΤΙΝ ΕΡΗΜΟΣ

27 ΚΑΙ ΑΝΑΣΤΑΣ ΕΠΟΡΕΥΘΗ

ΚΑΙ ΙΔΟΥ ΑΝΗΡ ΑΙΘΙΟΨ
ΕΥΝΟΥΧΟΣ ΔΥΝΑΣΤΗΣ ΚΑΝΔΑΚΗΣ ΒΑΣΙΛΙΣΣΗΣ ΑΙΘΙΟΠΩΝ
ΟΣ ΗΝ ΕΠΙ ΠΑΣΗΣ ΤΗΣ ΓΑΖΗΣ ΑΥΤΗΣ
ΟΣ ΕΛΗΛΥΘΕΙ ΠΡΟΣΚΥΝΗΣΩΝ ΕΙΣ ΙΕΡΟΥΣΑΛΗΜ

-ΣΑΜΑΡΙΤΩΝ-; ΣΑΜΑΡΕΙΤΩΝ 01 08 049 1245 2344만 원문지지, 다양한 이문 존재, 판단 필요. 고유명사 음역 문제.

28 ΗΝ –ΤΕ– ΥΠΟΣΤΡΕΦΩΝ
ΚΑΙ ΚΑΘΗΜΕΝΟΣ ΕΠΙ ΤΟΥ ΑΡΜΑΤΟΣ ΑΥΤΟΥ
ΚΑΙ -ΑΝΕΓΙΝΩΣΚΕΝ- ΤΟΝ ΠΡΟΦΗΤΗΝ ΗΣΑΙΑΝ

29 ΕΙΠΕΝ ΔΕ ΤΟ ΠΝΕΥΜΑ ΤΩ ΦΙΛΙΠΠΩ
ΠΡΟΣΕΛΘΕ
ΚΑΙ ΚΟΛΛΗΘΗΤΙ ΤΩ ΑΡΜΑΤΙ ΤΟΥΤΩ

30 ΠΡΟΣΔΡΑΜΩΝ ΔΕ Ο ΦΙΛΙΠΠΟΣ ΗΚΟΥΣΕΝ
ΑΥΤΟΥ -ΑΝΑΓΙΝΩΣΚΟΝΤΟΣ- ΗΣΑΙΑΝ ΤΟΝ ΠΡΟΦΗΤΗΝ
ΚΑΙ ΕΙΠΕΝ
ΑΡΑ ΓΕ -ΓΙΝΩΣΚΕΙΣ-
Α -ΑΝΑΓΙΝΩΣΚΕΙΣ-

31 Ο ΔΕ ΕΙΠΕΝ
ΠΩΣ ΓΑΡ ΑΝ ΔΥΝΑΙΜΗΝ
ΕΑΝ ΜΗ ΤΙΣ -ΟΔΗΓΗΣΕΙ- ΜΕ

ΠΑΡΕΚΑΛΕΣΕΝ ΤΕ ΤΟΝ ΦΙΛΙΠΠΟΝ
ΑΝΑΒΑΝΤΑ ΚΑΘΙΣΑΙ ΣΥΝ ΑΥΤΩ

32 Η ΔΕ ΠΕΡΙΟΧΗ ΤΗΣ ΓΡΑΦΗΣ ΗΝ -ΑΝΕΓΙΝΩΣΚΕΝ-
ΗΝ ΑΥΤΗ
ΩΣ ΠΡΟΒΑΤΟΝ ΕΠΙ ΣΦΑΓΙΙΝ ΗΧΘΗ
ΩΣ ΑΜΝΟΣ ΕΝΑΝΤΙΟΝ ΤΟΥ -ΚΕΙΡΑΝΤΟΣ- ΑΥΤΟΝ ΑΦΩΝΟΣ
ΟΥΤΩΣ ΟΥΚ ΑΝΟΙΓΕΙ ΤΟ ΣΤΟΜΑ ΑΥΤΟΥ

33 ΕΝ ΤΗ ΤΑΠΕΙΝΩΣΕΙ ·ΑΥΤΟΥ·
Η ΚΡΙΣΙΣ ΑΥΤΟΥ ΗΡΘΗ
ΤΗΝ ΓΕΝΕΑΝ ΑΥΤΟΥ ΤΙΣ ΔΙΗΓΗΣΕΤΑΙ
ΟΤΙ ΑΙΡΕΤΑΙ ΑΠΟ ΤΗΣ ΓΗΣ
Η ΖΩΗ ΑΥΤΟΥ

34 ΑΠΟΚΡΙΘΕΙΣ ΔΕ Ο ΕΥΝΟΥΧΟΣ ΤΩ ΦΙΛΙΠΠΩ ΕΙΠΕΝ

–ΤΕ–; ΔΕ 03 04 614 1611 2412만 이문지지, 다른 이문 존재, 판단 필요. 접속사 문제.
-ΑΝΕΓΙΝΩΣΚΕΝ-; ΑΝΕΓΕΙΝΩΣΚΕΝ 03 04만 이문지지, 다양한 이문 존재, 판단 필요. 동사활용 및 정서법 문제.
-ΑΝΑΓΙΝΩΣΚΟΝΤΟΣ-; ΑΝΑΓΕΙΝΩΣΚΟΝΤΟΣ 02 03 04만 이문지지, 다른 이문 존재. 동사활용 및 정서법 문제.
-ΓΙΝΩΣΚΕΙΣ-; ΓΕΙΝΩΣΚΕΙΣ 03만 이문지지, 다양한 이문 존재. 동사활용 및 정서법 문제.
-ΑΝΑΓΙΝΩΣΚΕΙΣ-; ΑΝΑΓΕΙΝΩΣΚΕΙΣ 03만 이문지지, 다양한 이문 존재. 동사활용 및 정서법 문제.
-ΟΔΗΓΗΣΕΙ-; ΟΔΑΓΗΣΕΙ 03만 이문지지, 다양한 이문 존재, 판단 필요. 동사활용 및 정서법 문제.
-ΑΝΕΓΙΝΩΣΚΕΝ-; ΑΝΕΓΕΙΝΩΣΚΕΝ 03만 이문지지. 동사활용 및 정서법 문제.
-ΚΕΙΡΑΝΤΟΣ-; ΚΕΙΡΟΝΤΟΣ 각각 다수 사본지지, 다양한 이문 존재, 판단 필요. 부정과거 분사인가, 아니면 현재 분사인가 판단 필요. 동사활용 및 정서법 문제도 있음.
·ΑΥΤΟΥ· P74 01 02 03 1739만 이문지지, 판단 필요. 이문이 칠십인역 및 마소라 사본과 일치.

ΔΕΟΜΑΙ ΣΟΥ
ΠΕΡΙ ΤΙΝΟΣ Ο ΠΡΟΦΗΤΗΣ ΛΕΓΕΙ Τ̣Ο̣Υ̣Τ̣Ο̣

ΠΕΡΙ ΕΑΥΤΟΥ Η ΠΕΡΙ ΕΤΕΡΟΥ ΤΙΝΟΣ

35 ΑΝΟΙΞΑΣ ΔΕ Ο ΦΙΛΙΠΠΟΣ ΤΟ ΣΤΟΜΑ ΑΥΤΟΥ
ΚΑΙ ΑΡΞΑΜΕΝΟΣ ΑΠΟ ΤΗΣ ΓΡΑΦΗΣ ΤΑΥΤΗΣ
ΕΥΗΓΓΕΛΙΣΑΤΟ ΑΥΤΩ ΤΟΝ ΙΗΣΟΥΝ

36 ΩΣ ΔΕ ΕΠΟΡΕΥΟΝΤΟ ΚΑΤΑ ΤΗΝ ΟΔΟΝ
ΗΛΘΟΝ ΕΠΙ ΤΙ ΥΔΩΡ
ΚΑΙ ΦΗΣΙΝ Ο ΕΥΝΟΥΧΟΣ
ΙΔΟΥ ΥΔΩΡ
ΤΙ ΚΩΛΥΕΙ ΜΕ ΒΑΠΤΙΣΘΗΝΑΙ

38 ΚΑΙ ΕΚΕΛΕΥΣΕ·Ν· ΣΤΗΝΑΙ ΤΟ ΑΡΜΑ
ΚΑΙ ΚΑΤΕΒΗΣΑΝ ΑΜΦΟΤΕΡΟΙ ΕΙΣ ΤΟ ΥΔΩΡ
Ο ΤΕ ΦΙΛΕΠΠΟΣ ΚΑΙ Ο ΕΥΝΟΥΧΟΣ
ΚΑΙ ΕΒΑΠΤΙΣΕΝ ΑΥΤΟΝ

39 ΟΤΕ ΔΕ ΑΝΕΒΗΣΑΝ ΕΚ ΤΟΥ ΥΔΑΤΟΣ
ΠΝΕΥΜΑ ΚΥΡΙΟΥ ΗΡΠΑΣΕΝ ΤΟΝ ΦΙΛΙΠΠΟΝ
ΚΑΙ ΟΥΚ ΕΙΔΕΝ ΑΥΤΟΝ ΟΥΚΕΤΙ Ο ΕΥΝΟΥΧΟΣ
ΕΠΟΡΕΥΕΤΟ ΓΑΡ ˆΤΗΝ ΟΔΟΝ ΑΥΤΟΥˆ ΧΑΙΡΩΝ

40 ΦΙΛΙΠΠΟΣ ΔΕ ΕΥΡΕΘΗ ΕΙΣ ΑΖΩΤΟΝ
ΚΑΙ ΔΙΕΡΧΟΜΕΝΟΣ ΕΥΗΓΓΕΛΙΖΕΤΟ
ΤΑΣ ΠΟΛΕΙΣ ΠΟΣΑΣ
ΕΩΣ ΤΟΥ ΕΛΘΕΙΝ ΑΥΤΟΝ ΕΙΣ ΚΑΙΣΑΡΕΙΑΝ

θ

9:1 Ο ΔΕ ΣΑΥΛΟΣ
Ε̣ΤΙ ΕΜΠΝΕΩΝ ΑΠΕΙΛΗΣ ΚΑΙ ΦΟΝΟΥ
ΕΙΣ ΤΟΥΣ ΜΑΘΗΤΑΣ ΤΟΥ ΚΥΡΙΟΥ
ΠΡΟΣΕΛΘΩΝ ΤΩ ΑΡΧΙΕΡΕΙ
2 ΗΤΗΣΑΤΟ ΠΑΡ ΑΥΤΟΥ
ΕΠΙΣΤΟΛΑΣ ΕΙΣ ΔΑΜΑΣΚΟΝ ΠΡΟΣ ΤΑΣ ΣΥΝΑΓΩΓΑΣ
ΟΠΩΣ ΕΑΝ ΤΙΝΑΣ ΕΥΡΗ ΤΗΣ ΟΔΟΥ ΟΝΤΑΣ
ΑΝΔΡΑΣ ΤΕ ΚΑΙ ΓΥΝΑΙΚΑΣ

ΕΚΕΛΕΥΣΕ·Ν· 각각 다수 사본지지, 판단 필요. 변칙자음 뉘 문제.
ˆΤΗΝ ΟΔΟΝ ΑΥΤΟΥˆ; ΑΥΤΟΥ ΤΗΝ ΟΔΟΝ 03만 이문지지. 어순 및 강조 문제.

ΔΕΔΕΜΕΝΟΥΣ ΑΓΑΓΗ ΕΙΣ ΙΕΡΟΥΣΑΛΗΜ

3 ΕΝ ΔΕ ΤΩ ΠΟΡΕΥΕΣΘΑΙ
ΕΓΕΝΕΤΟ ΑΥΤΟΝ ΕΓΓΙΖΕΙΝ ΤΗ ΔΑΜΑΣΚΩ
ΕΞΑΙΦΝΗΣ ΤΕ ΑΥΤΟΝ ΠΕΡΙΗΣΤΡΑΨΕΝ
ΦΩΣ ΕΚ ΤΟΥ ΟΥΡΑΝΟΥ

4 ΚΑΙ ΠΕΣΩΝ ΕΠΙ ΤΗΝ ΓΗΝ
ΗΚΟΥΣΕΝ ΦΩΝΗΝ ΛΕΓΟΥΣΑΝ ΑΥΤΩ
ΣΑΟΥΛ ΣΑΟΥΛ
ΤΙ ΜΕ ΔΙΩΚΕΙΣ

5 ΕΙΠΕΝ ΔΕ
ΤΙΣ ΕΙ ΚΥΡΙΕ

Ο ΔΕ
ΕΓΩ ΕΙΜΙ ΙΗΣΟΥΣ
ΟΝ ΣΥ ΔΙΩΚΕΙΣ

6 ΑΛΛΑ ΑΝΑΣΤΗΘΙ
ΚΑΙ -ΕΙΣΕΛΘΕ- ΕΙΣ ΤΗΝ ΠΟΛΙΝ
ΚΑΙ ΛΑΛΗΘΗΣΕΤΑΙ ΣΟΙ
Ο ΤΙ ΣΕ ΔΕΙ ΠΟΙΕΙΝ

7 ΟΙ ΔΕ ΑΝΔΡΕΣ ΟΙ ΣΥΝΟΔΕΥΟΝΤΕΣ ΑΥΤΩ
ΕΙΣΤΗΚΕΙΣΑΝ ΕΝΕΟΙ
ΑΚΟΥΟΝΤΕΣ ΜΕΝ ΤΗΣ ΦΩΝΗΣ
ΜΗΔΕΝΑ ΔΕ ΘΕΩΡΟΥΝΤΕΣ

8 ΗΓΕΡΘΗ ΔΕ ΣΑΥΛΟΣ ΑΠΟ ΤΗΣ ΓΗΣ
ΑΝΕΩΓΜΕΝΩΝ ΔΕ ΤΩΝ ΟΦΘΑΛΜΩΝ ΑΥΤΟΥ
ΟΥΔΕΝ ΕΒΛΕΠΕΝ
ΧΕΙΡΑΓΩΓΟΥΝΤΕΣ ΔΕ ΑΥΤΟΝ
ΕΙΣΗΓΑΓΟΝ ΕΙΣ ΔΑΜΑΣΚΟΝ

9 ΚΑΙ ΗΝ ΗΜΕΡΑΣ ΤΡΕΙΣ ΜΗ ΒΛΕΠΩΝ
ΚΑΙ ΟΥΚ ΕΦΑΓΕΝ ΟΥΔΕ ΕΠΙΕΝ

10 ΗΝ ΔΕ ΤΙΣ ΜΑΘΗΤΗΣ ΕΝ ΔΑΜΑΣΚΩ
ΟΝΟΜΑΤΙ ΑΝΑΝΙΑΣ

9장

-ΕΙΣΕΛΘΕ-; ΕΙΣΙΘΙ 03만 이문지지, 다른 이문 존재. 고전 헬라어 문체 문제, 이문은 애틱 방언 산문 형태를 따름. Smyth 698 참조.

ΚΑΙ ΕΙΠΕΝ ΠΡΟΣ ΑΥΤΟΝ ΕΝ ΟΡΑΜΑΤΙ Ο ΚΥΡΙΟΣ
ΑΝΑΝΙΑ

Ο ΔΕ ΕΙΠΕΝ
ΙΔΟΥ ΕΓΩ ΚΥΡΙΕ

11 Ο ΔΕ ΚΥΡΙΟΣ ΠΡΟΣ ΑΥΤΟΝ
ΑΝΑΣΤΑ·Σ· ΠΟΡΕΥΘΗΤΙ
ΕΠΙ ΤΗΝ ΡΥΜΗΝ ΤΗΝ ΚΑΛΟΥΜΕΝΗΝ ΕΥΘΕΙΑΝ
ΚΑΙ ΖΗΤΗΣΟΝ ΕΝ ΟΙΚΙΑ ΙΟΥΔΑ
ΣΑΥΛΟΝ ΟΝΟΜΑΤΙ ΤΑΡΣΕΑ

ΙΔΟΥ ΓΑΡ ΠΡΟΣΕΥΧΕΤΑΙ
12 ΚΑΙ ΕΙΔΕΝ
ΑΝΔΡΑ ΕΝ ΟΡΑΜΑΤΙ ΑΝΑΝΙΑΝ ΟΝΟΜΑΤΙ
ΕΙΣΕΛΘΟΝΤΑ ΚΑΙ ΕΠΙΘΕΝΤΑ ΑΥΤΩ ΤΑΣ ΧΕΙΡΑΣ
ΟΠΩΣ ΑΝΑΒΛΕΨΗ

13 ΑΠΕΚΡΙΘΗ ΔΕ ΑΝΑΝΙΑΣ
ΚΥΡΙΕ
ΗΚΟΥΣΑ ΑΠΟ ΠΟΛΛΩΝ
ΠΕΡΙ ΤΟΥ ΑΝΔΡΟΣ ΤΟΥΤΟΥ
ΟΣΑ ΚΑΚΑ ΤΟΙΣ ΑΓΙΟΙΣ ΣΟΥ
ΕΠΟΙΗΣΕΝ ΕΝ ΙΕΡΟΥΣΑΛΗΜ

14 ΚΑΙ ΩΔΕ ΕΧΕΙ ΕΞΟΥΣΙΑΝ ΠΑΡΑ ΤΩΝ ΑΡΧΙΕΡΕΩΝ
ΔΗΣΑΙ ΠΑΝΤΑΣ ΤΟΥΣ ΕΠΙΚΑΛΟΥΜΕΝΟΥΣ ΤΟ ΟΝΟΜΑ ΣΟΥ

15 ΕΙΠΕΝ ΔΕ ΠΡΟΣ ΑΥΤΟΝ Ο ΚΥΡΙΟΣ
ΠΟΡΕΥΟΥ
ΟΤΙ ΣΚΕΥΟΣ ΕΚΛΟΓΗΣ ΕΣΤΙΝ ΜΟΙ ΟΥΤΟΣ
ΤΟΥ ΒΑΣΤΑΣΑΙ ΤΟ ΟΝΟΜΑ ΜΟΥ
ΕΝΩΠΙΟΝ ⋯⋯ ΕΘΝΩΝ ΤΕ ΚΑΙ ΒΑΣΙΛΕΩΝ ΥΙΩΝ ΤΕ ΙΣΡΑΗΛ

16 ΕΓΩ ΓΑΡ ΥΠΟΔΕΙΞΩ ΑΥΤΩ
ΟΣΑ ΔΕΙ ΑΥΤΟΝ ΥΠΕΡ ΤΟΥ ΟΝΟΜΑΤΟΣ ΜΟΥ ΠΑΘΕΙΝ

17 ΑΠΗΛΘΕΝ ΔΕ ΑΝΑΝΙΑΣ
ΚΑΙ ΕΙΣΗΛΘΕΝ ΕΙΣ ΤΗΝ ΟΙΚΙΑΝ
ΚΑΙ ΕΠΙΘΕΙΣ ΕΠ ΑΥΤΟΝ ΤΑΣ ΧΕΙΡΑΣ ΕΙΠΕΝ
ΣΑΟΥΛ ΑΔΕΛΦΕ

ΑΝΑΣΤΑ·Σ· 03만 이문지지. 실수로 보임.

⋯⋯; ΤΩΝ 03 04 1245만 이문지지. 관사 문제.

ΟΚΥΡΙΟΣ ΑΠΕΣΤΑΛΚΕΝ ΜΕ
ΙΗΣΟΥΣ Ο ΟΦΘΕΙΣ ΣΟΙ ΕΝ ΤΗ ΟΔΩ Η ΗΡΧΟΥ
ΟΠΩΣ ΑΝΑΒΛΕΨΗΣ
ΚΑΙ ΠΛΗΣΘΗΣ ΠΝΕΥΜΑΤΟΣ ΑΓΙΟΥ

18 ΚΑΙ ΕΥΘΕΩΣ ΑΠΕΠΕΣΑΝ
ΑΥΤΟΥ ΑΠΟ ΤΩΝ ΟΦΘΑΛΜΩΝ
ΩΣ ΛΕΠΙΔΕΣ
ΑΝΕΒΛΕΨΕΝ ΤΕ
ΚΑΙ ΑΝΑΣΤΑΣ ΕΒΑΠΤΙΣΘΗ

19 ΚΑΙ ΛΑΒΩΝ ΤΡΟΦΗΝ -ΕΝΙΣΧΥΣΕΝ-

ΕΓΕΝΕΤΟ ΔΕ ΜΕΤΑ ΤΩΝ ΕΝ ΔΑΜΑΣΚΩ ΜΑΘΗΤΩΝ
ΗΜΕΡΑΣ ΤΙΝΑΣ
20 ΚΑΙ ΕΥΘΕΩΣ ΕΝ ΤΑΙΣ ΣΥΝΑΓΩΓΑΙΣ
ΕΚΗΡΥΣΣΕΝ ΤΟΝ ΙΗΣΟΥΝ
ΟΤΙ ΟΥΤΟΣ ΕΣΤΙΝ Ο ΥΙΟΣ ΤΟΥ ΘΕΟΥ

21 -ΕΞΙΣΤΑΝΤΟ- ΔΕ ΠΑΝΤΕΣ ΟΙ ΑΚΟΥΟΝΤΕΣ ΚΑΙ ΕΛΕΓΟΝ
ΟΥΧ ΟΥΤΟΣ ΕΣΤΙΝ
Ο ΠΟΡΘΗΣΑΣ –ΕΙΣ– ΙΕΡΟΥΣΑΛΗΜ
ΤΟΥΣ ΕΠΙΚΑΛΟΥΜΕΝΟΥΣ ΤΟ ΟΝΟΜΑ ΤΟΥΤΟ

ΚΑΙ ΩΔΕ ΕΙΣ ΤΟΥΤΟ ΕΛΗΛΥΘΕΙ
ΙΝΑ ΔΕΔΕΜΕΝΟΥΣ ΑΥΤΟΥΣ
ΑΓΑΓΗ ΕΠΙ ΤΟΥΣ ΑΡΧΙΕΡΕΙΣ

22 ΣΑΥΛΟΣ ΔΕ ΜΑΛΛΟΝ ΕΝΕΔΥΝΑΜΟΥΤΟ
ΚΑΙ ΣΥΝΕΧΥΝΝΕΝ ·ΤΟΥΣ· ΙΟΥΔΑΙΟΥΣ ΤΟΥΣ ΚΑΤΟΙΚΟΥΝΤΑΣ ΕΝ ΔΑΜΑΣΚΩ
ΣΥΜΒΙΒΑΖΩΝ
ΟΤΙ ΟΥΤΟΣ ΕΣΤΙΝ Ο ΧΡΙΣΤΟΣ

23 ΩΣ ΔΕ ΕΠΛΗΡΟΥΝΤΟ ΗΜΕΡΑΙ ΙΚΑΝΑΙ
ΣΥΝΕΒΟΥΛΕΥΣΑΝΤΟ ΟΙ ΙΟΥΔΑΙΟΙ
ΑΝΕΛΕΙΝ ΑΥΤΟΝ

24 ΕΓΝΩΣΘΗ ΔΕ ΤΩ ΣΑΥΛΩ

-ΕΝΙΣΧΥΣΕΝ-; ΕΝΙΣΧΥΘΗ 03 04 323 945 1175 1611만 이문지지, 다양한 이문 존재, 판단 필요. 능동태와 수동태의 문제.

-ΕΞΙΣΤΑΝΤΟ-; ΕΞΙΣΤΑΝΤΟΣ 03만 이문지지. 실수로 보임.

–ΕΙΣ–; ΕΝ P74 01 02만 원문지지, 판단 필요. 전치사 문제.

·ΤΟΥΣ· 01 03 1175만 원문지지, 다른 이문 존재. 관사 문제.

Η ΕΠΙΒΟΥΛΗ ΑΥΤΩΝ

ΠΑΡΕΤΗΡΟΥΝΤΟ ΔΕ ΚΑΙ ΤΑΣ ΠΥΛΑΣ ΗΜΕΡΑΣ ΤΕ ΚΑΙ ΝΥΚΤΟΣ
ΟΠΩΣ ΑΥΤΟΝ ΑΝΕΛΩΣΙΝ

25 ΛΑΒΟΝΤΕΣ ΔΕ ΟΙ ΜΑΘΗΤΑΙ ΑΥΤΟΥ ΝΥΚΤΟΣ
ΔΙΑ ΤΟΥ ΤΕΙΧΟΥΣ ΚΑΘΗΚΑΝ ΑΥΤΟΝ
ΧΑΛΑΣΑΝΤΕΣ ΕΝ ΣΠΥΡΙΔΙ

26 ΠΑΡΑΓΕΝΟΜΕΝΟΣ ΔΕ ΕΙΣ ΙΕΡΟΥΣΑΛΗΜ
-ΕΠΕΙΡΑΖΕΝ- ΚΟΛΛΑΣΘΑΙ ΤΟΙΣ ΜΑΘΗΤΑΙΣ
ΚΑΙ ΠΑΝΤΕΣ ΕΦΟΒΟΥΝΤΟ ΑΥΤΟΝ
ΜΗ ΠΙΣΤΕΥΟΝΤΕΣ
ΟΤΙ ΕΣΤΙΝ ΜΑΘΗΤΗΣ

27 ΒΑΡΝΑΒΑΣ ΔΕ ΕΠΙΛΑΒΟΜΕΝΟΣ ΑΥΤΟΝ
ΗΓΑΓΕΝ ΠΡΟΣ ΤΟΥΣ ΑΠΟΣΤΟΛΟΥΣ
ΚΑΙ ΔΙΗΓΗΣΑΤΟ ΑΥΤΟΙΣ
ΠΩΣ ΕΝ ΤΗ ΟΔΩ ΕΙΔΕΝ ΤΟΝ ΚΥΡΙΟΝ
ΚΑΙ ΟΤΙ ΕΛΑΛΗΣΕΝ ΑΥΤΩ
ΚΑΙ ΠΩΣ ΕΝ ΔΑΜΑΣΚΩ ΕΠΑΡΡΗΣΙΑΣΑΤΟ
ΕΝ ΤΩ ΟΝΟΜΑΤΙ ·ΤΟΥ· ΙΗΣΟΥ

28 ΚΑΙ ΗΝ ΜΕΤ ΑΥΤΩΝ
ΕΙΣΤΟΡΕΥΟΜΕΝΟΣ ΚΑΙ ΕΚΠΟΡΕΥΟΜΕΝΟΣ ΕΙΣ ΙΕΡΟΥΣΑΛΗΜ
ΠΑΡΡΗΣΙΑΖΟΜΕΝΟΣ ΕΝ ΤΩ ΟΝΟΜΑΤΙ ΤΟΥ ΚΥΡΙΟΥ

29 ΕΛΑΛΕΙ ΤΕ ΚΑΙ ΣΥΝΕΖΗΤΕΙ
ΠΡΟΣ ΤΟΥΣ ΕΛΛΗΝΙΣΤΑΣ
ΟΙ ΔΕ ΕΠΕΧΕΙΡΟΥΝ ΑΝΕΛΕΙΝ ΑΥΤΟΝ

30 ΕΠΙΓΝΟΝΤΕΣ ΔΕ ΟΙ ΑΔΕΛΦΟΙ
ΚΑΤΗΓΑΓΟΝ ΑΥΤΟΝ ΕΙΣ ΚΑΙΣΑΡΕΙΑΝ
ΚΑΙ ΕΞΑΠΕΣΤΕΙΛΑΝ ΑΥΤΟΝ ΕΙΣ ΤΑΡΣΟΝ

31 Η ΜΕΝ ΟΥΝ ΕΚΚΛΗΣΙΑ
ΚΑΘ ΟΛΗΣ ΤΗΣ ΙΟΥΔΑΙΑΣ ΚΑΙ -ΓΑΛΙΛΑΙΑΣ- ΚΑΙ ΣΑΜΑΡΕΙΑΣ
ΕΙΧΕΝ ΕΙΡΗΝΗΝ

ΟΙΚΟΔΟΜΟΥΜΕΝΗ ΚΑΙ ΠΟΡΕΥΟΜΕΝΗ

-ΕΠΕΙΡΑΖΕΝ-; ΕΠΕΙΡΑΖΕ 03 88만 이문지지, 다양한 이문 존재. 시제, 정서법 및 변칙자음 뉘 문제.
·ΤΟΥ· 03 04 1 69 323 440이 이문지지, 다양한 이문 존재. 관사 문제.
-ΓΑΛΙΛΑΙΑΣ-; ΓΑΛΕΙΛΑΙΑΣ 03 04만 이문지지, 다른 이문 존재. 고유명사 음역 문제.

ΤΩ ΦΟΒΩ ΤΟΥ ΚΥΡΙΟΥ
ΚΑΙ ΤΗ ΠΑΡΑΚΛΗΣΕΙ ΤΟΥ ΑΓΙΟΥ ΠΝΕΥΜΑΤΟΣ
ΕΠΛΗΘΥΝΕΤΟ

32 ΕΓΕΝΕΤΟ ΔΕ
ΠΕΤΡΟΝ ΔΙΕΡΧΟΜΕΝΟΝ ΔΙΑ ΠΑΝΤΩΝ ΚΑΤΕΛΘΕΙΝ
ΚΑΙ ΠΡΟΣ ΤΟΥΣ ΑΓΙΟΥΣ ΤΟΥΣ ΚΑΤΟΙΚΟΥΝΤΑΣ ΛΥΔΔΑ

33 ΕΥΡΕΝ ΔΕ ΕΚΕΙ
ΑΝΘΡΩΠΟΝ ΤΙΝΑ ΟΝΟΜΑΤΙ ΑΙΝΕΑΝ
ΕΞ ΕΤΩΝ ΟΚΤΩ ΚΑΤΑΚΕΙΜΕΝΟΝ ΕΠΙ ΚΡΑΒΑΤΤΟΥ
ΟΣ ΗΝ ΠΑΡΑΛΕΛΥΜΕΝΟΣ

34 ΚΑΙ ΕΙΠΕΝ ΑΥΤΩ Ο ΠΕΤΡΟΣ
ΑΙΝΕΑ
–ΙΑΤΑΙ– ΣΕ ΙΗΣΟΥΣ ΧΡΙΣΤΟΣ

ΑΝΑΣΤΗΘΙ ΚΑΙ ΣΤΡΥΣΟΝ ΣΕΑΥΤΩ

ΚΑΙ ΕΥΘΕΩΣ ΑΝΕΣΤΗ

35 ΚΑΙ ΕΙΔΑΝ ΑΥΤΟΝ
ΠΑΝΤΕΣ ΟΙ ΚΑΤΟΙΚΟΥΝΤΕΣ ΛΥΔΔΑ ΚΑΙ ΤΟΝ ΣΑΡΩΝΑ
ΟΙΤΙΝΕΣ ΕΠΕΣΤΡΕΨΑΝ ΕΠΙ ΤΟΝ ΚΥΡΙΟΝ

36 ΕΝ ΙΟΠΠΗ ΔΕ
ΤΙΣ ΗΝ ΜΑΘΗΤΡΙΑ ΟΝΟΜΑΤΙ -ΤΑΒΙΘΑ-
Η ΔΙΕΡΜΗΝΕΥΟΜΕΝΗ ΛΕΓΕΤΑΙ ΔΟΡΚΑΣ

ΑΥΤΗ ΗΝ ΠΛΗΡΗΣ
ΕΡΓΩΝ ΑΓΑΘΩΝ ΚΑΙ ΕΛΕΗΜΟΣΥΝΩΝ ΩΝ ΕΠΟΙΕΙ

37 ΕΓΕΝΕΤΟ ΔΕ ΤΑΙΣ ΗΜΕΡΑΙΣ ΕΚΕΙΝΑΙΣ
ΑΣΘΕΝΗΣΑΣΑΝ ΑΥΤΗΝ ΑΠΟΘΑΝΕΙΝ

ΛΟΥΣΑΝΤΕΣ ΔΕ ΕΘΗΚΑΝ ·ΑΥΤΗΝ· ΕΝ ΥΠΕΡΩΩ

38 ΕΓΓΥΣ ΔΕ ΟΥΣΗΣ ΛΥΔΔΑΣ ΤΗ ΙΟΠΠΗ
ΟΙ ΜΑΘΗΤΑΙ ΑΚΟΥΣΑΝΤΕΣ
ΟΤΙ ΠΕΤΡΟΣ ΕΣΤΙΝ ΕΝ ΑΥΤΗ

–ΙΑΤΑΙ–; ΕΙΑΤΑΙ 03만 이문지지, 다른 이문 존재. '고치다'인가, 아니면 '앉히다'인가? LSJ 770 참조.
-ΤΑΒΙΘΑ-; ΤΑΒΕΙΘΑ P45 P53 03 04만 이문지지, 다른 이문 존재. 아람어 이름의 고유명사 음역 문제.
·ΑΥΤΗΝ· 03만 이문지지, 다양한 이문 존재, 판단 필요. 목적어 유무 및 위치 문제.

ΑΠΕΣΤΕΙΛΑΝ ΔΥΟ ΑΝΔΡΑΣ ΠΡΟΣ ΑΥΤΟΝ
ΠΑΡΑΚΑΛΟΥΝΤΕΣ
ΜΗ ΟΚΝΗΣΗΣ ΔΙΕΛΘΕΙΝ ΕΩΣ ΗΜΩΝ

39 ΑΝΑΣΤΑΣ ΔΕ ΠΕΤΡΟΣ ΣΥΝΗΛΘΕΝ ΑΥΤΟΙΣ

ΟΝ ΠΑΡΑΓΕΝΟΜΕΝΟΝ
ΑΝΗΓΑΓΟΝ ΕΙΣ ΤΟ ΥΠΕΡΩΟΝ
ΚΑΙ ΠΑΡΕΣΤΗΣΑΝ ΑΥΤΩ ΠΑΣΑΙ ΑΙ ΧΗΡΑΙ
ΚΛΑΙΟΥΣΑΙ
ΚΑΙ ΕΠΙΔ·Ε·ΙΚΝΥΜΕΝΑΙ ΧΙΤΩΝΑΣ ΚΑΙ ΙΜΑΤΙΑ
ΟΣΑ ΕΠΟΙΕΙ ΜΕΤ ΑΥΤΩΝ ΟΥΣΑ Η ΔΟΡΚΑΣ

40 ΕΚΒΑΛΩΝ ΔΕ ΕΞΩ ΠΑΝΤΑΣ Ο ΠΕΤΡΟΣ
ΚΑΙ ΘΕΙΣ ΤΑ ΓΟΝΑΤΑ ΠΡΟΣΗΥΞΑΤΟ
ΚΑΙ ΕΠΙΣΤΡΕΨΑΣ ΠΡΟΣ ΤΟ ΣΩΜΑ ΕΙΠΕΝ
-ΤΑΒΙΘΑ- ΑΝΑΣΤΗΘΙ

Η ΔΕ ΗΝΟΙΞΕΝ ΤΟΥΣ ΟΦΘΑΛΜΟΥΣ ΑΥΤΗΣ
ΚΑΙ ΙΔΟΥΣΑ ΤΟΝ ΠΕΤΡΟΝ ΑΝΕΚΑΘΙΣΕΝ

41 ΔΟΥΣ ΔΕ ΑΥΤΗ ΧΕΙΡΑ
ΑΝΕΣΤΗΣΕΝ ΑΥΤΗΝ

ΦΩΝΗΣΑΣ ΔΕ ΤΟΥΣ ΑΓΙΟΥΣ ΚΑΙ ΤΑΣ ΧΗΡΑΣ
ΠΑΡΕΣΤΗΣΕΝ ΑΥΤΗΝ ΖΩΣΑΝ

42 ΓΝΩΣΤΟΝ ΔΕ ΕΓΕΝΕΤΟ ΚΑΘ ΟΛΗΣ ΙΟΠΠΗΣ
ΚΑΙ ΕΠΙΣΤΕΥΣΑΝ ΠΟΛΛΟΙ ΕΠΙ ΤΟΝ ΚΥΡΙΟΝ

43 ΕΓΕΝΕΤΟ ΔΕ ΗΜΕΡΑΣ ΙΚΑΝΑΣ ΜΕΙΝΑΙ
ΕΝ ΙΟΠΠΗ
ΠΑΡΑ ΤΙΝΙ ΣΙΜΩΝΙ ΒΥΡΣΕΙ

10:1 ΑΝΗΡ ΔΕ ΤΙΣ ΕΝ ΚΑΙΣΑΡΕΙΑ ΟΝΟΜΑΤΙ ΚΟΡΝΗΛΙΟΣ
ΕΚΑΤΟΝΤΑΡΧΗΣ ΕΚ ΣΠΕΙΡΗΣ ΤΗΣ ΚΑΛΟΥΜΕΝΗΣ ΙΤΑΛΙΚΗΣ
2 ΕΥΣΕΒΗΣ
ΚΑΙ ΦΟΒΟΥΜΕΝΟΣ ΤΟΝ ΘΕΟΝ

ΕΠΙΔ·Ε·ΙΚΝΥΜΕΝΑΙ 01 03 08만 이문지지, 다양한 이문 존재, 판단 필요. 정서법 문제.

-ΤΑΒΙΘΑ-; ΤΑΒΕΙΘΑ P53 03만 이문지지, 다른 이문 존재. 아람어 이름의 고유명사 음역 문제.

ΣΥΝ ΠΑΝΤΙ ΤΩ ΟΙΚΩ ΑΥΤΟΥ
ΠΟΙΩΝ ΕΛΕΗΜΟΣΥΝΑΣ ΠΟΛΛΑΣ ΤΩ ΛΑΩ
ΚΑΙ ΔΕΟΜΕΝΟΣ ΤΟΥ ΘΕΟΥ ΔΙΑ ΠΑΝΤΟΣ

3 ΕΙΔΕΝ ΕΝ ΟΡΑΜΑΤΙ ΦΑΝΕΡΩΣ
ΩΣΕΙ ΠΕΡΙ ΩΡΑΝ ΕΝΑΤΗΝ ΤΗΣ ΗΜΕΡΑΣ
ΑΓΓΕΛΟΝ ΤΟΥ ΘΕΟΥ
ΕΙΣΕΛΘΟΝΤΑ ΠΡΟΣ ΑΥΤΟΝ
ΚΑΙ ΕΙΠΟΝΤΑ ΑΥΤΩ ΚΟΡΝΗΛΙΕ

4 Ο ΔΕ ΑΤΕΝΙΣΑΣ ΑΥΤΩ
ΚΑΙ ΕΜΦΟΒΟΣ ΓΕΝΟΜΕΝΟΣ ΕΙΠΕΝ
ΤΙ ΕΣΤΙΝ ΚΥΡΙΕ

ΕΙΠΕΝ ΔΕ ΑΥΤΩ
ΑΙ ΠΡΟΣΕΥΧΑΙ ΣΟΥ ΚΑΙ ΑΙ ΕΛΕΗΜΟΣΥΝΑΙ ΣΟΥ
ΑΝΕΒΗΣΑΝ ΕΙΣ ΜΝΗΜΟΣΥΝΟΝ ΕΜΠΡΟΣΘΕΝ ΤΟΥ ΘΕΟΥ

5 ΚΑΙ ΝΥΝ ΠΕΜΨΟΝ ΑΝΔΡΑΣ ΕΙΣ ΙΟΠΠΗΝ
ΚΑΙ ΜΕΤΑΠΕΜΨΑΙ ΣΙΜΩΝΑ ΤΙΝΑ
ΟΣ ΕΠΙΚΑΛΕΙΤΑΙ ΠΕΤΡΟΣ

6 ΟΥΤΟΣ ΞΕΝΙΖΕΤΑΙ ΠΑΡΑ ΤΙΝΙ ΣΙΜΩΝΙ ΒΥΡΣΕΙ
Ω ΕΣΤΙΝ ΟΙΚΙΑ ΠΑΡΑ ΘΑΛΑΣΣΑΝ

7 ΩΣ ΔΕ ΑΠΗΛΘΕΝ Ο ΑΓΓΕΛΟΣ Ο ΛΑΛΩΝ ΑΥΤΩ
ΦΩΝΗΣΑΣ
ΔΥΟ ΤΩΝ ΟΙΚΕΤΩΝ
ΚΑΙ ΣΤΡΑΤΙΩΤΗΝ ΕΥΣΕΒΗ
ΤΩΝ ΠΡΟΣΚΑΡΤΕΡΟΥΝΤΩΝ ΑΥΤΩ
8 ΚΑΙ ΕΞΗΓΗΣΑΜΕΝΟΣ ΑΠΑΝΤΑ ΑΥΤΟΙΣ
ΑΠΕΣΤΕΙΛΕΝ ΑΥΤΟΥΣ ΕΙΣ ΤΗΝ ΙΟΠΠΗΝ

9 ΤΗ ΔΕ ΕΠΑΥΡΙΟΝ
ΟΔΟΙΠΟΡΟΥΝΤΩΝ ΕΚΕΙΝΩΝ
ΚΑΙ ΤΗ ΠΟΛΕΙ ΕΓΓΙΖΟΝΤΩΝ
ΑΝΕΒΗ ΠΕΤΡΟΣ ΕΠΙ ΤΟ ΔΩΜΑ
ΠΡΟΣΕΥΞΑΣΘΑΙ ΠΕΡΙ ΩΡΑΝ ΕΚΤΗΝ

10 ΕΓΕΝΕΤΟ ΔΕ ΠΡΟΣΠΕΙΝΟΣ
ΚΑΙ ΗΘΕΛΕ·Ν· ΓΕΥΣΑΣΘΑΙ

10장
ΗΘΕΛΕ·Ν· 각각 다수 사본지지, 다양한 이문 존재, 판단 필요. 변칙자음 뉘 문제.

        ΠΑΡΑΣΚΕΥΑΖΟΝΤΩΝ ΔΕ ΑΥΤΩΝ
ΕΓΕΝΕΤΟ ΕΠ ΑΥΤΟΝ ΕΚΣΤΑΣΙΣ
11 ΚΑΙ ΘΕΩΡΕΙ
        ΤΟΝ ΟΥΡΑΝΟΝ ΑΝΕΩΓΜΕΝΟΝ
        ΚΑΙ ΚΑΤΑΒΑΙΝΟΝ ΣΚΕΥΟΣ ΤΙ
                ΩΣ ΟΘΟΝΗΝ ΜΕΓΑΛΗΝ
        ΤΕΣΣΑΡΣΙΝ ΑΡΧΑΙΣ -ΚΑΘΙΕΜΕΝΟΝ- ΕΠΙ ΤΗΣ ΓΗΣ
                12 ΕΝ Ω ΥΠΗΡΧΕΝ
                ΠΑΝΤΑ ΤΑ ΤΕΤΡΑΠΟΔΑ ΚΑΙ ΕΡΠΕΤΑ ΤΗΣ ΓΗΣ ΚΑΙ ΠΕΤΕΙΝΑ ΤΟΥ ΟΥΡΑΝΟΥ

13 ΚΑΙ ΕΓΕΝΕΤΟ ΦΩΝΗ ΠΡΟΣ ΑΥΤΟΝ
        ΑΝΑΣΤΑΣ ΠΕΤΡΕ ΘΥΣΟΝ ΚΑΙ ΦΑΓΕ

14 Ο ΔΕ ΠΕΤΡΟΣ ΕΙΠΕΝ
        ΜΗΔΑΜΩΣ ΚΥΡΙΕ
                ΟΤΙ ΟΥΔΕΠΟΤΕ ΕΦΑΓΟΝ
                        ΠΑΝ ΚΟΙΝΟΝ ΚΑΙ ΑΚΑΘΑΡΤΟΝ

15 ΚΑΙ ΦΩΝΗ ΠΑΛΙΝ ΕΚ ΔΕΥΤΕΡΟΥ ΠΡΟΣ ΑΥΤΟΝ
                Α Ο ΘΕΟΣ ΕΚΑΘΑΡΙΣΕΝ
        ΣΥ ΜΗ ΚΟΙΝΟΥ

16 ΤΟΥΤΟ ΔΕ ΕΓΕΝΕΤΟ ΕΠΙ ΤΡΙΣ
ΚΑΙ ΕΥΘΥΣ ΑΝΕΛΗΜΦΘΗ ΤΟ ΣΚΕΥΟΣ ΕΙΣ ΤΟΝ ΟΥΡΑΝΟΝ

        17 ΩΣ ΔΕ ΕΝ –ΕΑΥΤΩ– ΔΙΗΠΟΡΕΙ Ο ΠΕΤΡΟΣ
                ΤΙ ΑΝ ΕΙΗ ΤΟ ΟΡΑΜΑ Ο ΕΙΔΕΝ
ΙΔΟΥ ΟΙ ΑΝΔΡΕΣ ΟΙ ΑΠΕΣΤΑΛΜΕΝΟΙ ΥΠΟ ΤΟΥ ΚΟΡΝΗΛΙΟΥ
        ΔΙΕΡΩΤΗΣΑΝΤΕΣ ΤΗΝ ΟΙΚΙΑΝ ΤΟΥ ΣΙΜΩΝΟΣ
ΕΠΕΣΤΗΣΑΝ ΕΠΙ ΤΟΝ ΠΥΛΩΝΑ

18 ΚΑΙ ΦΩΝΗΣΑΝΤΕΣ -ΕΠΥΝΘΑΝΟΝΤΟ-
        ΕΙ ΣΙΜΩΝ Ο ΕΠΙΚΑΛΟΥΜΕΝΟΣ ΠΕΤΡΟΣ ΕΝΘΑΔΕ ΞΕΝΙΖΕΤΑΙ

        19 ΤΟΥ ΔΕ ΠΕΤΡΟΥ
        ΔΙΕΝΘΥΜΟΥΜΕΝΟΥ ΠΕΡΙ ΤΟΥ ΟΡΑΜΑΤΟΣ
ΕΙΠΕΝ ·ΑΥΤΩ· ΤΟ ΠΝΕΥΜΑ
        ΙΔΟΥ ΑΝΔΡΕΣ –ΤΡΕΙΣ– ΖΗΤΟΥΝΤΕΣ ΣΕ

-ΚΑΘΙΕΜΕΝΟΝ-; ΚΑΘΕΙΕΜΕΝΟΝ 03 04만 이문지지, 다양한 이문 존재. 동사활용 및 정서법 문제.

–ΕΑΥΤΩ–; ΑΥΤΩ 03 323 330 927 2495만 이문지지. 재귀대명사인가, 아니면 인칭대명사인가의 문제.

-ΕΠΥΝΘΑΝΟΝΤΟ-; ΕΠΥΘΟΝΤΟ 03 04만 이문지지, 다른 이문 존재. 미완료과거인가, 아니면 부정과거인가의 문제. Smyth 713 참조.

·ΑΥΤΩ· 03만 이문지지, 어순 면에서 다른 이문 존재, 판단 필요. 대명사 유무와 위치 문제.

–ΤΡΕΙΣ–; ΔΥΟ 03만 이문지지, 다양한 이문 존재, 판단 필요. 문맥 일치 문제.

20 ΑΛΛΑ ΑΝΑΣΤΑΣ ΚΑΤΑΒΗΘΙ
ΚΑΙ ΠΟΡΕΥΟΥ ΣΥΝ ΑΥΤΟΙΣ
ΜΗΔΕΝ -ΔΙΑΚΡΙΝΟΜΕΝΟΣ-
ΟΤΙ ΕΓΩ ΑΠΕΣΤΑΛΚΑ ΑΥΤΟΥΣ

21 ΚΑΤΑΒΑΣ ΔΕ ΠΕΤΡΟΣ
ΠΡΟΣ ΤΟΥΣ ΑΝΔΡΑΣ ΕΙΠΕΝ
ΙΔΟΥ ΕΓΩ ΕΙΜΙ ΟΝ ΖΗΤΕΙΤΕ
ΤΙΣ ·Η· ΑΙΤΙΑ ΔΙ ΗΝ ΠΑΡΕΣΤΕ

22 ΟΙ ΔΕ ΕΙΠΑΝ
ΚΟΡΝΗΛΙΟΣ ΕΚΑΤΟΝΤΑΡΧΗΣ
ΑΝΗΡ ΔΙΚΑΙΟΣ ΚΑΙ ΦΟΒΟΥΜΕΝΟΣ ΤΟΝ ΘΕΟΝ
ΜΑΡΤΥΡΟΥΜΕΝΟΣ ΤΕ ΥΠΟ ΟΛΟΥ ΤΟΥ ΕΘΝΟΥΣ ΤΩΝ ΙΟΥΔΑΙΩΝ
ΕΧΡΗΜΑΤΙΣΘΗ ΥΠΟ ΑΓΓΕΛΟΥ ΑΓΙΟΥ
ΜΕΤΑΠΕΜΨΑΣΘΑΙ ΣΕ ΕΙΣ ΤΟΝ ΟΙΚΟΝ ΑΥΤΟΥ
ΚΑΙ ΑΚΟΥΣΑΙ ΡΗΜΑΤΑ ΠΑΡΑ ΣΟΥ

23 ΕΙΣΚΑΛΕΣΑΜΕΝΟΣ ΟΥΝ ΑΥΤΟΥΣ ΕΞΕΝΙΣΕΝ

ΤΗ ΔΕ ΕΠΑΥΡΙΟΝ
ΑΝΑΣΤΑΣ ΕΞΗΛΘΕΝ ΣΥΝ ΑΥΤΟΙΣ
ΚΑΙ ΤΙΝΕΣ ΤΩΝ ΑΔΕΛΦΩΝ ΤΩΝ ΑΠΟ ΙΟΠΠΗΣ
ΣΥΝΗΛΘΟΝ ΑΥΤΩ

24 ΤΗ ΔΕ ΕΠΑΥΡΙΟΝ
ΕΙΣΗΛΘΕΝ ΕΙΣ ΤΗΝ ΚΑΙΣΑΡΕΙΑΝ

Ο ΔΕ ΚΟΡΝΗΛΙΟΣ
ΗΝ ΠΡΟΣΔΟΚΩΝ ΑΥΤΟΥΣ
ΣΥΓΚΑΛΕΣΑΜΕΝΟΣ ΤΟΥΣ ΣΥΓΓΕΝΕΙΣ -ΑΥΤΟΥ- ΚΑΙ ΤΟΥΣ ΑΝΑΓΚΑΙΟΥΣ ΦΙΛΟΥΣ

25 ΩΣ ΔΕ ΕΓΕΝΕΤΟ ΤΟΥ ΕΙΣΕΛΘΕΙΝ ΤΟΝ ΠΕΤΡΟΝ
ΣΥΝΑΝΤΗΣΑΣ ΑΥΤΩ Ο ΚΟΡΝΗΛΙΟΣ
ΠΕΣΩΝ ΕΠΙ ΤΟΥΣ ΠΟΔΑΣ ΠΡΟΣΕΚΥΝΗΣΕΝ

26 Ο ΔΕ ΠΕΤΡΟΣ ΗΡΕΙΡΕΝ ΑΥΤΟΝ ΛΕΓΩΝ
ΑΝΑΣΤΗΘΙ
ΚΑΙ ΕΓΩ ΑΥΤΟΣ ΑΝΘΡΩΠΟΣ ΕΙΜΙ

-ΔΙΑΚΡΙΝΟΜΕΝΟΣ-; ΔΙΑΚΡΕΙΝΟΜΕΝΟΣ 03만 이문지지. 정서법 문제.
·Η· 03만 이문지지. 관사 문제.
-ΑΥΤΟΥ-; ΑΥΤΟΥΣ 03만 이문지지. 실수로 보임.

27 ΚΑΙ -ΣΥΝΟΜΙΛΩΝ- ΑΥΤΩ ΕΙΣΗΛΘΕΝ
ΚΑΙ ΕΥΡΙΣΚΕΙ ΣΥΝΕΛΗΛΥΘΟΤΑΣ ΠΟΛΛΟΥΣ
28 ΕΦΗ ΤΕ ΠΡΟΣ ΑΥΤΟΥΣ
ΥΜΕΙΣ ΕΠΙΣΤΑΣΘΕ
ΩΣ ΑΘΕΜΙΤΟΝ ΕΣΤΙΝ ΑΝΔΡΙ ΙΟΥΔΑΙΩ
ΚΟΛΛΑΣΘΑΙ Η ΠΡΟΣΕΡΧΕΣΘΑΙ ΑΛΛΟΦΥΛΩ

ΚΑΜΟΙ Ο ΘΕΟΣ ΕΔΕΙΞΕΝ
ΜΗΔΕΝΑ ΚΟΙΝΟΝ Η ΑΚΑΘΑΡΤΟΝ ΛΕΓΕΙΝ ΑΝΘΡΩΠΟΝ

29 ΔΙΟ ΚΑΙ ΑΝΑΝΤΙΡΡΗΤΩΣ ΗΛΘΟΝ ΜΕΤΑΠΕΜΦΘΕΙΣ

ΠΥΝΘΑΝΟΜΑΙ ΟΥΝ ΤΙΝΙ ΛΟΓΩ ΜΕΤΕΠΕΜΨΑΣΘΕ ΜΕ

30 ΚΑΙ Ο ΚΟΡΝΗΛΙΟΣ ΕΦΗ
ΑΠΟ ΤΕΤΑΡΤΗΣ ΗΜΕΡΑΣ ΜΕΧΡΙ ΤΑΥΤΗΣ ΤΗΣ ΩΡΑΣ
ΗΜΗΝ ΤΗΝ ΕΝΑΤΗΝ ΠΡΟΣΕΥΧΟΜΕΝΟΣ ΕΝ ΤΩ ΟΙΚΩ ΜΟΥ
ΚΑΙ ΙΔΟΥ ΑΝΗΡ
ΕΣΤΗ ΕΝΩΠΙΟΝ ΜΟΥ ΕΝ ΕΣΘΗΤΙ ΛΑΜΠΡΑ
31 ΚΑΙ ΦΗΣΙΝ
ΚΟΡΝΗΛΙΕ
ΕΙΣΗΚΟΥΣΘΗ ΣΟΥ Η ΠΡΟΣΕΥΧΗ
ΚΑΙ ΑΙ ΕΛΕΗΜΟΣΥΝΑΙ ΣΟΥ ΕΜΝΗΣΘΗΣΑΝ ΕΝΩΠΙΟΝ ΤΟΥ ΘΕΟΥ

32 ΠΕΜΨΟΝ ΟΥΝ ΕΙΣ ΙΟΠΠΗΝ
ΚΑΙ ΜΕΤΑΚΑΛΕΣΑΙ ΣΙΜΩΝΑ
ΟΣ ΕΠΙΚΑΛΕΙΤΑΙ ΠΕΤΡΟΣ

ΟΥΤΟΣ ΞΕΝΙΖΕΤΑΙ
ΕΝ ΟΙΚΙΑ ΣΙΜΩΝΟΣ ΒΥΡΣΕΩΣ ΠΑΡΑ ΘΑΛΑΣΣΑΝ

33 ΕΞΑΥΤΗΣ ΟΥΝ ΕΠΕΜΨΑ ΠΡΟΣ ΣΕ
ΣΥ ΤΕ ΚΑΛΩΣ ΕΠΟΙΗΣΑΣ ΠΑΡΑΓΕΝΟΜΕΝΟΣ

ΝΥΝ ΟΥΝ ΠΑΝΤΕΣ ΗΜΕΙΣ ΕΝΩΠΙΟΝ ΤΟΥ ΘΕΟΥ ΠΑΡΕΣΜΕΝ
ΑΚΟΥΣΑΙ ΠΑΝΤΑ ΤΑ ΠΡΟΣΤΕΤΑΓΜΕΝΑ ΣΟΙ ΥΠΟ ΤΟΥ ΚΥΡΙΟΥ

34 ΑΝΟΙΞΑΣ ΔΕ ΠΕΤΡΟΣ ΤΟ ΣΤΟΜΑ ΕΙΠΕΝ
ΕΠ ΑΛΗΘΕΙΑΣ ΚΑΤΑΛΑΜΒΑΝΟΜΑΙ
ΟΤΙ ΟΥΚ ΕΣΤΙΝ ΠΡΟΣΩΠΟΛΗΜΠΤΗΣ Ο ΘΕΟΣ

35 ΑΛΛ ΕΝ ΠΑΝΤΙ ΕΘΝΕΙ

-ΣΥΝΟΜΙΛΩΝ-; ΣΥΝΟΜΕΙΛΩΝ 02 03 88만 이문지지, 다양한 이문 존재. 정서법 문제.

Ο ΦΟΒΟΥΜΕΝΟΣ ΑΥΤΟΝ ΚΑΙ ΕΡΓΑΖΟΜΕΝΟΣ ΔΙΚΑΙΟΣΥΝΗΝ
ΔΕΚΤΟΣ ΑΥΤΩ ΕΣΤΙΝ

36 ΤΟΝ ΛΟΓΟΝ
·ΟΝ· ΑΠΕΣΤΕΙΛΕΝ ΤΟΙΣ ΥΙΟΙΣ ΙΣΡΑΗΛ
ΕΥΑΓΓΕΛΙΖΟΜΕΝΟΣ ΕΙΡΗΝ̣Η̣Ν ΔΙΑ ΙΝΣΟΥ ΧΡΙΣΤΟΥ
ΟΥΤΟΣ ΕΣΤΙΝ ΠΑΝΤΩΝ ΚΥΡΙΟΣ
37 ·ΥΜΕΙΣ· ΟΙΔΑΤΕ
ΤΟ ΓΕΝΟΜΕΝΟΝ ΡΗΜΑ ΚΑΘ ΟΛΗΣ ΤΗΣ ΙΟΥΔΑΙΑΣ
ΑΡΞΑΜΕΝΟΣ ΑΠΟ ΤΗΣ -ΓΑΛΙΛΑΙΑΣ-
ΜΕΤΑ ΤΟ ΒΑΠΤΙΣΜΑ Ο ΕΚΗΡΥΞΕΝ ΙΩΑΝ·Ν·ΗΣ
38 ΙΝΣΟΥΝ ΤΟΝ ΑΠΟ ΝΑΖΑΡΕΘ
ΩΣ ΕΧΡΙΣΕΝ ΑΥΤΟΝ Ο ΘΕΟΣ ΠΝΕΥΜΑΤΙ ΑΓΙΩ ΚΑΙ ΔΥΝΑΜΕΙ
ΟΣ ΔΙΗΛΘΕΝ
ΕΥΕΡΓΕΤΩΝ ΚΑΙ ΙΩΜΕΝΟΣ
ΠΑΝΤΑΣ ΤΟΥΣ ΚΑΤΑΔΥΝΑΣΤΕΥΟΜΕΝΟΥΣ
ΥΠΟ ΤΟΥ ΔΙΑΒΟΛΟΥ
ΟΤΙ Ο ΘΕΟΣ ΗΝ ΜΕΤ ΑΥΤΟΥ

39 ΚΑΙ ΗΜΕΙΣ ΜΑΡΤΥΡΕΣ ΠΑΝΤΩΝ
ΩΝ ΕΠΟΙΗΣΕΝ
ΕΝ ΤΕ ΤΗ ΧΩΡΑ ΤΩΝ ΙΟΥΔΑΙΩΝ ΚΑΙ ·ΕΝ· ΙΕΡΟΥΣΑΛΗΜ

ΟΝ ΚΑΙ ΑΝΕΙΛΑΝ
ΚΡΕΜΑΣΑΝΤΕΣ ΕΠΙ ΞΥΛΟΥ
40 ΤΟΥΤΟΝ Ο ΘΕΟΣ ΗΡΕΙΡΕΝ
♀⋯♀ ΤΗ ΤΡΙΤΗ ΗΜΕΡΑ
ΚΑΙ ΕΔΩΚΕΝ ΑΥΤΟΝ ΕΜΦΑΝΗ ΓΕΝΕΣΘΑΙ
41 ΟΥ ΠΑΝΤΙ ΤΩ ΛΑΩ
ΑΛΛΑ -ΜΑΡΤΥΣΙΝ- ΤΟΙΣ ΠΡΟΚΕΧΕΙΡΟΤΟΝΗΜΕΝΟΙΣ ΥΠΟ ΤΟΥ ΘΕΟΥ
-ΗΜΙΝ-
ΟΙΤΙΝΕΣ ΣΥΝΕΦΑΓΟΜΕΝ ΚΑΙ ΣΥΝΕΠΙΟΜΕΝ ΑΥΤΩ
ΜΕΤΑ ΤΟ ΑΝΑΣΤΗΝΑΙ ΑΥΤΟΝ ΕΚ ΝΕΚΡΩΝ

42 ΚΑΙ ΠΑΡΗΓΓΕΙΛΕΝ ΗΜΙΝ

·ΟΝ· 02 03 81 1739만 이문지지. 관계대명사 유무 문제.
·ΥΜΕΙΣ· 03만 이문지지. 인칭대명사 문제, 실수로 보임.
-ΓΑΛΙΛΑΙΑΣ-; ΓΑΛΕΙΛΑΙΑΣ 03만 이문지지. 고유명사 음역 문제.
ΙΩΑΝ·Ν·ΗΣ 03 05만 이문지지. 이문 단어 용례 희박, 대하 28:12; 1에스 8:38.
·ΕΝ· 03 05 044 330 1505 2495만 이문지지, 판단 필요. 전치사 문제.
♀⋯♀; ΕΝ P127 01 04 69만 이문지지, 다른 이문 존재, 판단 필요. 전치사 문제.
-ΜΑΡΤΥΣΙΝ-; ΜΑΡΤΥΣΙ 04 08 025 1 33 81 1175 1646만 원문지지, 다른 이문 존재, 판단 필요. 변칙자음 뉘 문제.
-ΗΜΙΝ-; ΗΜΕΙΝ 02 03 05만 이문지지, 다양한 이문 존재. 인칭대명사 및 정서법 문제.

ΚΗΡΥΞΑΙ ΤΩ ΛΑΩ ΚΑΙ ΔΙΑΜΑΡΤΥΡΑΣΘΑΙ
ΟΤΙ ΟΥΤΟΣ ΕΣΤΙΝ
Ο ΩΡΙΣΜΕΝΟΣ ΥΠΟ ΤΟΥ ΘΕΟΥ
ΚΡΙΤΗΣ ΖΩΝΤΩΝ ΚΑΙ ΝΕΚΡΩΝ

43 ΤΟΥΤΩ ΠΑΝΤΕΣ ΟΙ ΠΡΟΦΗΤΑΙ ΜΑΡΤΥΡΟΥΣΙΝ
ΑΦΕΣΙΝ ΑΜΑΡΤΙΩΝ ΛΑΒΕΙΝ
ΔΙΑ ΤΟΥ ΟΝΟΜΑΤΟΣ ΑΥΤΟΥ
ΠΑΝΤΑ ΤΟΝ ΠΙΣΤΕΥΟΝΤΑ ΕΙΣ ΑΥΤΟΝ

44 ΕΤΙ ΛΑΛΟΥΝΤΟΣ ΤΟΥ ΠΕΤΡΟΥ ΤΑ ΡΗΜΑΤΑ ΤΑΥΤΑ
ΕΠΕΠΕΣΕΝ ΤΟ ΠΝΕΥΜΑ ΤΟ ΑΓΙΟΝ
ΕΠΙ ΠΑΝΤΑΣ ΤΟΥΣ ΑΚΟΥΟΝΤΑΣ ΤΟΝ ΛΟΓΟΝ

45 ΚΑΙ ΕΞΕΣΤΗΣΑΝ ΟΙ ΕΚ ΠΕΡΙΤΟΜΗΣ ΠΙΣΤΟΙ
-ΟΣΟΙ- ΣΥΝΗΛΘΑΝ ΤΩ ΠΕΤΡΩ
ΟΤΙ ΚΑΙ ΕΠΙ ΤΑ ΕΘΝΗ
Η ΔΩΡΕΑ ΤΟΥ -ΑΓΙΟΥ ΠΝΕΥΜΑΤΟΣ- ΕΚΚΕΧΥΤΑΙ

46 ΗΚΟΥΟΝ ΓΑΡ
ΑΥΤΩΝ
ΛΑΛΟΥΝΤΩΝ ΓΛΩΣΣΑΙΣ
ΚΑΙ ΜΕΓΑΛΥΝΟΝΤΩΝ ΤΟΝ ΘΕΟΝ

ΤΟΤΕ ΑΠΕΚΡΙΘΗ ΠΕΤΡΟΣ
47 ΜΗΤΙ ΤΟ ΥΔΩΡ ΔΥΝΑΤΑΙ ΚΩΛΥΣΑΙ ΤΙΣ
ΤΟΥ ΜΗ ΒΑΠΤΙΣΘΗΝΑΙ ΤΟΥΤΟΥΣ
ΟΙΤΙΝΕΣ ΤΟ ΠΝΕΥΜΑ ΤΟ ΑΓΙΟΝ ΕΛΑΒΟΝ
ΩΣ ΚΑΙ ΜΗΕΙΣ

48 ΠΡΟΣΕΤΑΞΕΝ ΔΕ ΑΥΤΟΥΣ
ΕΝ ΤΩ ΟΝΟΜΑΤΙ ΙΗΣΟΥ ΧΡΙΣΤΟΥ ΒΑΠΤΙΣΘΗΝΑΙ

ΤΟΤΕ ΗΡΩΤΗΣΑΝ ΑΥΤΟΝ
ΕΠΙΜΕΙΝΑΙ ΗΜΕΡΑΣ ΤΙΝΑΣ

-ΟΣΟΙ-; ΟΣ 03 1611만 이문지지, 다른 이문 존재. 상호관계대명사인가, 아니면 관계대명사인가의 문제.

-ΑΓΙΟΥ ΠΝΕΥΜΑΤΟΣ-; ΠΝΕΥΜΑΤΟΣ ΤΟΥ ΑΓΙΟΥ 03 05 044 1175 1611 2412만 이문지지, 다양한 이문 존재, 판단 필요. 성령에 대한 표현 및 관사 문제.

ια

11:1 ΗΚΟΥΣΑΝ ΔΕ ΟΙ ΑΠΟΣΤΟΛΟΙ
ΚΑΙ ΟΙ ΑΔΕΛΦΟΙ ΟΙ ΟΝΤΕΣ ΚΑΤΑ ΤΗΝ ΙΟΥΔΑΙΑΝ
ΟΤΙ ΚΑΙ ΤΑ ΕΘΝΗ ΕΔΕΞΑΝΤΟ ΤΟΝ ΛΟΓΟΝ ΤΟΥ ΘΕΟΥ

2 ΟΤΕ ΔΕ ΑΝΕΒΗ ΠΕΤΡΟΣ ΕΙΣ ΙΕΡΟΥΣΑΛΗΜ
-ΔΙΕΚΡΙΝΟΝΤΟ- ΠΡΟΣ ΑΥΤΟΝ ΟΙ ΕΚ ΠΕΡΙΤΟΜΗΣ
3 ΛΕΓΟΝΤΕΣ ΟΤΙ
-ΕΙΣΗΛΘΕΣ- ΠΡΟΣ ΑΝΔΡΑΣ ΑΚΡΟΒΥΣΤΙΑΝ ΕΧΟΝΤΑΣ
ΚΑΙ -ΣΥΝΕΦΓΕΣ- ΑΥΤΟΙΣ

4 ΑΡΞΑΜΕΝΟΣ ΔΕ ΠΕΤΡΟΣ
ΕΞΕΤΙΘΕΤΟ ΑΥΤΟΙΣ ΚΑΘΕΞΗΣ ΛΕΓΩΝ

5 ΕΓΩ ΗΜΗΝ ΕΝ ΠΟΛΕΙ ΙΟΠΠΗ ΠΡΟΣΕΥΧΟΜΕΝΟΣ
ΚΑΙ ΕΙΔΟΝ ΕΝ ΕΚΣΤΑΣΕΙ ΟΡΑΜΑ
ΚΑΤΑΒΑΙΝΟΝ ΣΚΕΥΟΣ ΤΙ
ΩΣ ΟΘΟΝΗΝ ΜΕΓΑΛΗΝ
ΤΕΣΣΑΡΣΙΝ ΑΡΧΑΙΣ ΚΑΘΙΕΜΕΝΗΝ
ΕΚ ΤΟΥ ΟΥΡΑΝΟΥ
ΚΑΙ ΗΛΘΕΝ ΑΧΡΙ ΕΜΟΥ

6 ΕΙΣ ΗΝ ΑΤΕΝΙΣΑΣ
ΚΑΤΕΝΟΟΥΝ
ΚΑΙ ΕΙΔΟΝ
ΤΑ ΤΕΤΡΑΠΟΔΑ ΤΗΣ ΓΗΣ
ΚΑΙ ΤΑ ΘΗΡΙΑ
ΚΑΙ ΤΑ ΕΡΠΕΤΑ
ΚΑΙ ΤΑ ΠΕΤΕΙΝΑ ΤΟΥ ΟΥΡΑΝΟΥ

7 ΗΚΟΥΣΑ ΔΕ ΚΑΙ ΦΩΝΗΣ ΛΕΓΟΥΣΗΣ ΜΟΙ
ΑΝΑΣΤΑΣ ΠΕΤΡΕ
ΘΥΣΟΝ ΚΑΙ ΦΑΓΕ

8 ΕΙΠΟΝ ΔΕ
ΜΗΔΑΜΩΣ ΚΥΡΙΕ

11장
-ΔΙΕΚΡΙΝΟΝΤΟ-; ΔΙΕΚΡΕΙΝΟΝΤΟ P45 03만 이문지지, 다른 이문 존재. 동사활용 및 정서법 문제.
-ΕΙΣΗΛΘΕΣ-; ΕΙΣΗΛΘΕΝ 03 020 33 81 1175만 이문지지, 다양한 이문 존재, 판단 필요. 직접화법과 간접화법의 문제. 직설법인가, 아니면 분사인가의 문제와 변칙자음 뉘 문제도 있음.
-ΣΥΝΕΦΓΕΣ-; ΣΥΝΕΦΓΕΝ 각각 다수 사본지지. 직접화법과 간접화법의 문제.

ΟΤΙ ΚΟΙΝΟΝ Η ΑΚΑΘΑΡΤΟΝ
ΟΥΔΕΠΟΤΕ ΕΙΣΗΛΘΕΝ ΕΙΣ ΤΟ ΣΤΟΜΑ ΜΟΥ

9 ΑΠΕΚΡΙΘΗ ΔΕ ˆΦΩΝΗ ΕΚ ΔΕΥΤΕΡΟΥˆ
ΕΚ ΤΟΥ ΟΥΡΑΝΟΥ
Α Ο ΘΕΟΣ ΕΚΑΘΑΡΙΣΕΝ
ΣΥ ΜΗ ΚΟΙΝΟΥ

10 ΤΟΥΤΟ ΔΕ ΕΓΕΝΕΤΟ ΕΠΙ ΤΡΙΣ
ΚΑΙ ΑΝΕΣΠΑΣΘΗ ΠΑΛΙΝ ΑΠΑΝΤΑ
ΕΙΣ ΤΟΝ ΟΥΡΑΝΟΝ

11 ΚΑΙ ΙΔΟΥ
ΕΞΑΥΤΗΣ ΤΡΕΙΣ ΑΝΔΡΕΣ ΕΠΕΣΤΗΣΑΝ
ΕΠΙ ΤΗΝ ΟΙΚΙΑΝ ΕΝ Η ΗΜΕΝ
ΑΠΕΣΤΑΛΜΕΝΟΙ ΑΠΟ ΚΑΙΣΑΡΕΙΑΣ ΠΡΟΣ ΜΕ

12 ΕΙΠΕΝ ΔΕ ΤΟ ΠΝΕΥΜΑ ΜΟΙ
ΣΥΝΕΛΘΕΙΝ ΑΥΤΟΙΣ
ΜΗΔΕΝ -ΔΙΑΚΡΙΝΑΝΤΑ-

ΗΛΘΟΝ ΔΕ ΣΥΝ ΕΠΟΙ
ΚΑΙ ΟΙ ΕΞ ΑΔΕΛΦΟΙ ΟΥΤΟΙ
ΚΑΙ ΕΙΣΗΛΘΟΜΕΝ ΕΙΣ ΤΟΝ ΟΙΚΟΝ ΤΟΥ ΑΝΔΡΟΣ

13 ΑΠΗΓΓΕΙΛΕΝ ΔΕ ΗΜΙΝ
ΠΩΣ ΕΙΔΕΝ
ΤΟΝ ΑΓΓΕΛΟΝ ΕΝ ΤΩ ΟΙΚΩ ΑΥΤΟΥ
ΣΤΑΘΕΝΤΑ ΚΑΙ ΕΙΠΟΝΤΑ
–ΑΠΟΣΤΕΙΛΟΝ– ΕΙΣ ΙΟΠΠΗΝ
ΚΑΙ ΜΕΤΑΠΕΜΨΑΙ ΣΙΜΩΝΑ
ΤΟΝ ΕΠΙΚΑΛΟΥΜΕΝΟΝ ΠΕΤΡΟΝ
14 ΟΣ ΛΑΛΗΣΕΙ ΡΗΜΑΤΑ ΠΡΟΣ ΣΕ
ΕΝ ΟΙΣ ΣΩΘΗΣΗ ΣΥ
ΚΑΙ ΠΑΣ Ο ΟΙΚΟΣ ΣΟΥ

15 ΕΝ ΔΕ ΤΩ ΑΡΞΑΣΘΑΙ ΜΕ ΛΑΛΕΙΝ
ΕΠΕΠΕΣΕΝ ΤΟ ΠΝΕΥΜΑ ΤΟ ΑΓΙΟΝ ΕΠ ΑΥΤΟΥΣ
ΩΣΠΕΡ ΚΑΙ ΕΦ ΗΜΑΣ ΕΝ ΑΡΧΗ

ˆΦΩΝΗ ΕΚ ΔΕΥΤΕΡΟΥˆ; ΕΚ ΔΕΥΤΕΡΟΥ ΦΩΝΗ 03 08 044 35만 이문지지, 다양한 이문 존재. 어순 문제.

-ΔΙΑΚΡΙΝΑΝΤΑ-; ΔΙΑΚΡΕΙΝΑΝΤΑ 03만 이문지지, 다양한 이문 존재, 판단 필요. 동사활용 및 정서법 문제. 부정과거 분사인가, 아니면 현재분사인가의 문제 등도 있음.

–ΑΠΟΣΤΕΙΛΟΝ–; ΠΕΜΨΟΝ 03만 이문지지, 다른 이문 존재. 비슷한 의미를 가진 다른 단어 사용 문제.

16 ΕΜΝΗΣΘΗΝ ΔΕ ΤΟΥ ΡΗΜΑΤΟΣ ΤΟΥ ΚΥΡΙΟΥ
ΩΣ ΕΛΕΓΕΝ
ΙΩΑΝ·Ν·ΗΣ ΜΕΝ ΕΒΑΠΤΙΣΕΝ ΥΔΑΤΙ
ΥΜΕΙΣ ΔΕ ΒΑΠΤΙΣΘΗΣΕΣΘΕ ΕΝ ΠΝΕΥΜΑΤΙ ΑΓΙΩ

17 ΕΙ ΟΥΝ ΤΗΝ ΙΣΗΝ ΔΩΡΕΑΝ ΕΔΩΚΕΝ ΑΥΤΟΙΣ Ο ΘΕΟΣ
ΩΣ ΚΑΙ ΗΜΙΝ ΠΙΣΤΕΥΣΑΣΙΝ
ΕΠΙ ΤΟΝ ΚΥΡΙΟΝ ΙΗΣΟΥΝ ΧΡΙΣΤΟΝ
ΕΓΩ ΤΙΣ
ΗΜΗΝ ΔΥΝΑΤΟΣ ΚΩΛΥΣΑΙ ΤΟΝ ΘΕΟΝ

18 ΑΚΟΥΣΑΝΤΕΣ ΔΕ ΤΑΥΤΑ
ΗΣΥΧΑΣΑΝ ΚΑΙ ΕΔΟΞΑΣΑΝ ΤΟΝ ΘΕΟΝ ΛΕΓΟΝΤΕΣ
ΑΡΑ ΚΑΙ ΤΟΙΣ ΕΘΝΕΣΙΝ
Ο ΘΕΟΣ ΤΗΝ ΜΕΤΑΝΟΙΑΝ ΕΙΣ ΖΩΗΝ ΕΔΩΚΕΝ

19 ΟΙ ΜΕΝ ΟΥΝ ΔΙΑΣΠΑΡΕΝΤΕΣ
ΑΠΟ ΤΗΣ ΘΛΙΨΕΩΣ ΤΗΣ ΓΕΝΟΜΕΝΗΣ ΕΠΙ ΣΤΕΦΑΝΩ
ΔΙΗΛΘΟΝ ΕΩΣ -ΦΟΙΝΙΚΗΣ- ΚΑΙ ΚΥΠΡΟΥ ΚΑΙ ΑΝΤΙΟΧΕΙΑΣ
ΜΗΔΕΝΙ ΛΑΛΟΥΝΤΕΣ ΤΟΝ ΛΟΓΟΝ
ΕΙ ΜΗ ΜΟΝΟΝ ΙΟΥΔΑΙΟΙΣ

20 ΗΣΑΝ ΔΕ ΤΙΝΕΣ ΕΞ ΑΥΤΩΝ
ΑΝΔΡΕΣ ΚΥΠΡΙΟΙ ΚΑΙ ΚΥΡΗΝΑΙΟΙ
ΟΙΤΙΝΕΣ ΕΛΘΟΝΤΕΣ ΕΙΣ ΑΝΤΙΟΧΕΙΑΝ
ΕΛΑΛΟΥΝ ΚΑΙ ΠΡΟΣ ΤΟΥΣ ΕΛΛΗΝΙΣΤΑΣ
ΕΥΑΓΓΕΛΙΖΟΜΕΝΟΙ ΤΟΝ ΚΥΡΙΟΝ ΙΗΣΟΥΝ

21 ΚΑΙ ΗΝ ΧΕΙΡ ΚΥΡΙΟΥ ΜΕΤ ΑΥΤΩΝ
ΠΟΛΥΣ ΤΕ ΑΡΙΘΜΟΣ Ο ΠΙΣΤΕΥΣΑΣ
ΕΠΕΣΤΡΕΨΕΝ ΕΠΙ ΤΟΝ ΚΥΡΙΟΝ

22 ΗΚΟΥΣΘΗ ΔΕ Ο ΛΟΓΟΣ
ΕΙΣ ΤΑ ΩΤΑ ΤΗΣ ΕΚΚΛΗΣΙΑΣ
ΤΗΣ ΟΥΣΗΣ ΕΝ ΙΕΡΟΥΣΑΛΗΜ
ΠΕΡΙ ΑΥΤΩΝ
ΚΑΙ ΕΞΑΠΕΣΤΕΙΛΑΝ ΒΑΡΝΑΒΑΝ
·ΔΙΕΛΘΕΙΝ· ΕΩΣ ΑΝΤΙΟΧΕΙΑΣ

23 ΟΣ ΠΑΡΑΓΕΝΟΜΕΝΟΣ ΚΑΙ ΙΔΩΝ

ΙΩΑΝ·Ν·ΗΣ 03만 이문지지. 이문 용례 희박, 대하 28:12; 1에스 8:38.

-ΦΟΙΝΙΚΗΣ-; ΦΟΙΝΕΙΚΗΣ 03 05만 이문지지, 다른 이문 존재. 고유명사 음역 문제.

·ΔΙΕΛΘΕΙΝ· P74 01 02 03 81 1739 1891만 이문지지, 다른 이문 존재, 판단 필요. 의미를 분명하게 하는 단어 추가 여부.

ΤΗΝ ΧΑΡΙΝ ΤΗΝ ΤΟΥ ΘΕΟΥ
ΕΧΑΡΗ
ΚΑΙ ΠΑΡΕΚΑΛΕΙ ΠΑΝΤΑΣ
ΤΗ ΠΡΟΘΕΣΕΙ ΤΗΣ ΚΑΡΔΙΑΣ ΠΡΟΣΜΕΝΕΙΝ ⋯ ΤΩ ΚΥΡΙΩ
24 ΟΤΙ ΗΝ ΑΝΗΡ ΑΓΑΘΟΣ
ΚΑΙ ΠΛΗΡΗΣ ΠΝΕΥΜΑΤΟΣ ΑΓΙΟΥ ΚΑΙ ΠΙΣΤΕΩΣ

ΚΑΙ ΠΡΟΣΕΤΕΘΗ ΟΧΛΟΣ ΙΚΑΝΟΣ Ṭ Ω̣ Ḳ Ỵ Ṛ Ị Ω̣

25 ΕΞΗΛΘΕΝ ΔΕ ΕΙΣ ΤΑΡΣΟΝ
ΑΝΑẒΗ̣ΤΗΣΑΙ ΣΑΥΛΟΝ
26 ΚΑΙ ΕΥΡΩΝ ΗΓΑΓΕΝ ΕΙΣ ΑΝΤΙΟΧΕΙΑΝ

ΕΓΕΝΕΤΟ ΔΕ ΑΥΤΟΙΣ
ΚΑΙ ΕΝΙΑΥΤΟΝ ΟΛΟΝ ΣΥΝΑΧΘΗΝΑΙ ΕΝ ΤΗ ΕΚΚΛΗΣΙΑ
ΚΑΙ ΔΙΔΑΞΑΙ ΟΧΛΟΝ ΙΚΑΝΟΝ
ΧΡΗΜΑΤΙΣΑΙ ΤΕ ΠΡΩΤΩΣ ΕΝ ΑΝΤΙΟΧΕΙΑ
ΤΟΥΣ ΜΑΘΗΤΑΣ -ΧΡΙΣΤΙΑΝΟΥΣ-

27 ΕΝ ·Τ·ΑΥΤΑΙΣ ΔΕ ΤΑΙΣ ΗΜΕΡΑΙΣ
ΚΑΤΗΛΘΟΝ ΑΠΟ ΙΕΡΟΣΟΛΥΜΩΝ
ΠΡΟΦΗΤΑΙ ΕΙΣ ΑΝΤΙΟΧΕΙΑΝ

28 ΑΝΑΣΤΑΣ ΔΕ ΕΙΣ ΕΧ ΑΥΤΩΝ ΟΝΟΜΑΤΙ ΑΓΑΒΟΣ
-ΕΣΗΜΑΝΕΝ- ΔΙΑ ΤΟΥ ΠΝΕΥΜΑΤΟΣ
-ΛΙΜΟΝ- ΜΕΓΑΛΗΝ ΜΕΛΛΕΙΝ ΕΣΕΣΘΑΙ
ΕΦ ΟΛΗΝ ΤΗΝ ΟΙΚΟΥΜΕΝΗΝ

ΗΤΙΣ ΕΓΕΝΕΤΟ ΕΠΙ ΚΛΑΥΔΙΟΥ

29 ΤΩΝ ΔΕ ΜΑΘΗΤΩΝ
ΚΑΘΩΣ ΕΥΠΟΡΕΙΤΟ ΤΙΣ
ΩΡΙΣΑΝ ΕΚΑΣΤΟΣ ΑΥΤΩΝ ΕΙΣ ΔΙΑΚΟΝΙΑΝ
ΠΕΜΨΑΙ ΤΟΙΣ ΚΑΤΟΙΚΟΥΣΙΝ ΕΝ ΤΗ ΙΟΥΔΑΙΑ ΑΔΕΛΦΟΙΣ

30 Ο ΚΑΙ ΕΠΟΙΗΣΑΝ ΑΠΟΣΤΕΙΛΑΝΤΕΣ
ΠΡΟΣ ΤΟΥΣ ΠΡΕΣΒΥΤΕΡΟΥΣ
ΔΙΑ ΧΕΙΡΟΣ ΒΑΡΝΑΒΑ ΚΑΙ ΣΑΥΛΟΥ

⋯; ΕΝ 03 044만 이문지지. 전치사 사용 여부.
-ΧΡΙΣΤΙΑΝΟΥΣ-; ΧΡΕΙΣΤΙΑΝΟΥΣ P74 01 03 05만 이문지지, 다양한 이문 존재. 정서법 문제.
·Τ·ΑΥΤΑΙΣ 03 323 614 1611 2412만 이문지지, 다양한 이문 존재. 근접지시대명사와 지시대명사 문제.
-ΕΣΗΜΑΝΕΝ-; ΕΣΗΜΑΙΝΕΝ 03만 이문지지, 다양한 이문 존재. 부정과거와 미완료과거, 변칙자음 뉘 등의 문제.
-ΛΙΜΟΝ-; ΛΕΙΜΟΝ P45 03 05만 이문지지. 정서법 문제.

ιβ

12:1 ΚΑΤ ΕΚΕΙΝΟΝ ΔΕ ΤΟΝ ΚΑΙΡΟΝ
ΕΠΕΒΑΛΕΝ ΗΡΩΔΗΣ Ο ΒΑΣΙΛΕΥΣ ΤΑΣ ΧΕΙΡΑΣ
ΚΑΚΩΣΑΙ ΤΙΝΑΣ ΤΩΝ ΑΠΟ ΤΗΣ ΕΚΚΛΗΣΙΑΣ

2 ΑΝΕΙΛΕΝ ΔΕ ΙΑΚΩΒΟΝ
ΤΟΝ ΑΔΕΛΦΟΝ ΙΩΑΝ·Ν·ΟΥ ϙΜΑΧΑΙΡΑϙ

3 ΙΔΩΝ ΔΕ
ΟΤΙ ΑΡΕΣΤΟΝ ΕΣΤΙΝ ΤΟΙΣ ΙΟΥΔΑΙΟΙΣ
ΠΡΟΣΕΘΕΤΟ ΣΥΛΛΑΒΕΙΝ ΚΑΙ ΠΕΤΡΟΝ

ΗΣΑΝ ΔΕ ·ΑΙ· ΤΩΝ ΑΖΥΜΩΝ

4 ΟΝ ΚΑΙ ΠΙΑΣΑΣ ΕΘΕΤΟ ΕΙΣ ΦΥΛΑΚΗΝ
ΠΑΡΑΔΟΥΣ ΤΕΣΣΑΡΣΙΝ ΤΕΤΡΑΔΙΟΙΣ ΣΤΡΑΤΙΩΤΩΝ
ΦΥΛΑΣΣΕΙΝ ΑΥΤΟΝ
ΒΟΥΛΟΜΕΝΟΣ ΜΕΤΑ ΤΟ ΠΑΣΧΑ
ΑΝΑΓΑΓΕΙΝ ΑΥΤΟΝ ΤΩ ΛΑΩ

5 Ο ΜΕΝ ΟΥΝ ΠΕΤΡΟΣ ΕΤΗΡΕΙΤΟ
ΕΝ ΤΗ ΦΥΛΑΚΗ

ΠΡΟΣΕΥΧΗ ΔΕ ΗΝ ΕΚΤΕΝΩΣ -ΓΙΝΟΜΕΝΗ-
ΥΠΟ ΤΗΣ ΕΚΚΛΗΣΙΑΣ
·ΠΡΟΣ ΤΟΝ ΘΕΟΝ·
ΠΕΡΙ ΑΥΤΟΥ

6 ΟΤΕ ΔΕ ΗΜΕΛΛΕΝ –ΠΡΟΑΓΑΓΕΙΝ– ΑΥΤΟΝ Ο ΗΡΩΔΗΣ
ΤΗ ΝΥΚΤΙ ΕΚΕΙΝΗ ΗΝ Ο ΠΕΤΟΡΣ
ΚΟΙΜΩΝΕΝΟΣ ΜΕΤΑΞΥ ΔΥΟ ΣΤΡΑΤΙΩΤΩΝ
ΔΕΔΕΜΕΝΟΣ ΑΛΥΣΕΣΙΝ ΔΥΣΙΝ
ΓΥΛΑΚΕΣ ΤΕ ΠΡΟ ΤΗΣ ΘΥΡΑΣ
ΕΤΗΡΟΥΝ ΤΗΝ ΦΥΛΑΚΗΝ

12장

ΙΩΑΝ·Ν·ΟΥ 03 05만 이문지지. 이문 용례 희박, 대하 28:12; 1에스 8:38.
ϙΜΑΧΑΙΡΑϙ; ΜΑΧΑΙΡΗ 판단 필요. 이문이 후기 형태.
·ΑΙ· 각각 다수 사본지지, 판단 필요. 관사 사용 문제.
-ΓΙΝΟΜΕΝΗ-; ΓΕΙΝΟΜΕΝΗ P127 03만 이문지지, 다른 이문 존재. 시제와 정서법 문제.
·ΠΡΟΣ ΤΟΝ ΘΕΟΝ· 03만 이문지지, 다른 이문 존재. 기도 대상 표현 여부 문제.
–ΠΡΟΑΓΑΓΕΙΝ–; ΠΡΟΣΑΓΑΓΕΙΝ 다양한 이문 존재, 판단 필요. 전치사, 시제, 순서 문제.

7 ΚΑΙ ΙΔΟΥ ΑΓΓΕΛΟΣ ΚΥΡΙΟΥ ΕΠΕΣΤΗ
ΚΑΙ ΦΩΣ ΕΛΑΜΨΕΝ ΕΝ ΤΩ ΟΙΚΗΜΑΤΙ

ΠΑΤΑΞΑΣ ΔΕ ΤΗΝ ΠΛΕΥΡΑΝ ΤΟΥ ΠΕΤΡΟΥ
ΗΓΕΙΡΕΝ ΑΥΤΟΝ ΛΕΓΩΝ
ΑΝΑΣΤΑ ΕΝ ΤΑΧΕΙ

ΚΑΙ ΕΞΕΠΕΣΑΝ ΑΥΤΟΥ ΑΙ ΑΛΥΣΕΙΣ ΕΚ ΤΩΝ ΧΕΙΡΩΝ

8 ΕΙΠΕΝ ΔΕ Ο ΑΓΓΕΛΟΣ ΠΡΟΣ ΑΥΤΟΝ
ΖΩΣΑΙ ΚΑΙ ΥΠΟΔΗΣΑΙ ΤΑ ΣΑΝΔΑΛΙΑ ΣΟΥ

ΕΠΟΙΗΣΕΝ ΔΕ ΟΥΤΩΣ

ΚΑΙ ΛΕΓΕΙ ΑΥΤΩ
ΠΕΡΙΒΑΛΟΥ ΤΟ ΙΜΑΤΙΟΝ ΣΟΥ
ΚΑΙ ΑΚΟΛΟΥΘΕΙ ΜΟΙ

9 ΚΑΙ ΕΞΕΛΘΩΝ ΗΚΟΛΟΥΘΕΙ
ΚΑΙ ΟΥΚ ΗΔΕΙ
ΟΤΙ ΑΛΗΘΕΣ ΕΣΤΙΝ
ΤΟ -ΓΙΝΟΜΕΝΟΝ- ΔΙΑ ΤΟΥ ΑΓΓΕΛΟΥ

ΕΔΟΚΕΙ ΔΕ ΟΡΑΜΑ ΒΛΕΠΕΙΝ

10 ΔΙΕΛΘΟΝΤΕΣ ΔΕ ΠΡΩΤΗΝ ΦΥΛΑΚΗΝ ΚΑΙ ΔΕΥΤΕΡΑΝ
ΗΛΘΑΝ ΕΠΙ ΤΗΝ ΠΥΛΗΝ ΤΗΝ ΣΙΔΗΡΑΝ
ΤΗΝ ΦΕΡΟΥΣΑΝ ΕΙΣ ΤΗΝ ΠΟΛΙΝ

ΗΤΙΣ ΑΥΤΟΜΑΤΗ ΗΝΟΙΓΗ ΑΥΤΟΙΣ

ΚΑΙ ΕΞΕΛΘΟΝΤΕΣ ΠΡΟΗΛΘΟΝ ΡΥΜΗΝ ΜΙΑΝ
ΚΑΙ ΕΥΘΕΩΣ ΑΠΕΣΤΗ Ο ΑΓΓΕΛΟΣ ΑΠ ΑΥΤΟΥ

11 ΚΑΙ Ο ΠΕΤΡΟΣ ΕΝ ΕΑΥΤΩ ΓΕΝΟΜΕΝΟΣ ΕΙΜΕΝ
ΝΥΝ ΟΙΔΑ ΑΛΗΘΩΣ
ΟΤΙ ΕΞΑΠΕΣΤΕΙΛΕΝ Ο ΚΥΡΙΟΣ ΤΟΝ ΑΓΓΕΛΟΝ ΑΥΤΟΥ
ΚΑΙ ΕΞΕΙΛΑΤΟ ΜΕ
ΕΚ ΧΕΙΡΟΣ ΗΡΩΔΟΥ
ΚΑΙ ΠΑΣΗΣ ΤΗΣ ΠΡΟΣΔΟΚΙΑΣ ΤΟΥ ΛΑΟΥ ΤΩΝ ΙΟΥΔΑΙΩΝ

12 ΣΥΝΙΔΩΝ ΤΕ ΗΛΘΕΝ

-ΓΙΝΟΜΕΝΟΝ-; ΓΕΙΝΟΜΕΝΟΝ 03 05만 이문지지, 다양한 이문 존재. 시제와 정서법 문제.

ΕΠΙ ΤΗΝ ΟΙΚΙΑΝ ΤΗΣ ΜΑΡΙΑΣ ΤΗΣ ΜΗΤΡΟΣ ΙΩΑΝ·Ν·ΟΥ
ΤΟΥ ΕΠΙΚΑΛΟΥΜΕΝΟΥ ΜΑΡΚΟΥ
ΟΥ ΗΣΑΝ ΙΚΑΝΟΙ
ΣΥΝΗΘΡΟΙΣΜΕΝΟΙ ΚΑΙ ΠΡΟΣΕΥΧΟΜΕΝΟΙ

13 ΚΡΟΥΣΑΝΤΟΣ ΔΕ ΑΥΤΟΥ ΤΗΝ ΘΥΡΑΝ ΤΟΥ ΠΥΛΩΝΟΣ
ΠΡΟΣΗΛΘΕ·Ν· ΠΑΙΔΙΣΚΗ ΥΠΑΚΟΥΣΑΙ
ΟΝΟΜΑΤΙ ΡΟΔΗ

14 ΚΑΙ ΕΠΙΓΝΟΥΣΑ ΤΗΝ ΦΩΝΗΝ ΤΟΥ ΠΕΤΡΟΥ
ΑΠΟ ΤΗΣ ΧΑΡΑΣ ΟΥΚ ΗΝΟΙΞΕΝ ΤΟΝ ΠΥΛΩΝΑ
ΕΙΣΔΡΑΜΟΥΣΑ ΔΕ ΑΠΗΓΓΕΙΛΕΝ
ΕΣΤΑΝΑΙ ΤΟΝ ΠΕΤΡΟΝ ΠΡΟ ΤΟΥ ΠΥΛΩΝΟΣ

15 ΟΙ ΔΕ ΠΡΟΣ ΑΥΤΗΝ ΕΙΠΑΝ
ΜΑΙΝΗ

Η ΔΕ ΔΙΙΣΧΥΡΙΖΕΤΟ
ΟΥΤΩΣ ΕΧΕΙΝ

ΟΙ ΔΕ -ΕΛΕΓΟΝ-
Ο ΑΓΓΕΛΟΣ ΕΣΤΙΝ ΑΥΤΟΥ

16 Ο ΔΕ ΠΕΤΡΟΣ ΕΠΕΜΕΝΕΝ ΚΡΟΥΩΝ

ΑΝΟΙΞΑΝΤΕΣ ΔΕ ΕΙΔΑΝ ΑΥΤΟΝ
ΚΑΙ ΕΞΕΣΤΗΣΑΝ

17 ΚΑΤΑΣΕΙΣΑΣ ΔΕ ΑΥΤΟΙΣ ΤΗ ΧΕΙΡΙ -ΣΙΓΑΝ-
ΔΙΗΓΗΣΑΤΟ ΑΥΤΟΙΣ
ΠΩΣ Ο ΚΥΡΙΟΣ ΑΥΤΟΝ ΕΞΗΓΑΓΕΝ
ΕΚ ΤΗΣ ΦΥΛΑΚΗΣ
ΕΙΠΕΝ ΤΕ
ΑΠΑΓΓΕΙΛΑΤΕ ΙΑΚΩΒΩ ΚΑΙ ΤΟΙΣ ΑΔΕΛΦΟΙΣ ΤΑΥΤΑ

ΚΑΙ ΕΞΕΛΘΩΝ ΕΠΟΡΕΥΘΗ
ΕΙΣ ΕΤΕΡΟΝ ΤΟΠΟΝ

18 ΓΕΝΟΜΕΝΗΣ ΔΕ ΗΜΕΡΑΣ

ΙΩΑΝ·Ν·ΟΥ 03 05만 이문지지. 이문 용례 희박, 대하 28:12; 1에스 8:38.
ΠΡΟΣΗΛΘΕ·Ν· 각각 다수 사본지지, 판단 필요. 변칙자음 뉘 문제.
-ΕΛΕΓΟΝ-; ΕΙΠΑΝ 03만 이문지지. 시제 문제.
-ΣΙΓΑΝ-; ΣΕΙΓΑΝ P45 03만 이문지지, 다른 이문 존재. 정서법 문제.

ΗΝ ΤΑΡΑΧΟΣ ΟΥΚ ΟΛΙΓΟΣ
ΕΝ ΤΟΙΣ ΣΤΡΑΤΙΩΤΑΙΣ
ΤΙ ΑΡΑ Ο ΠΕΤΡΟΣ ΕΓΕΝΕΤΟ

19 ΗΡΩΔΗΣ ΔΕ ΕΠΙΖΗΤΗΣΑΣ ΑΥΤΟΝ
ΚΑΙ ΜΗ ΕΥΡΩΝ
-ΑΝΑΚΡΙΝΑΣ- ΤΟΥΣ ΦΥΛΑΚΑΣ
ΕΚΕΛΕΥΣΕΝ ΑΠΑΧΘΗΝΑΙ

ΚΑΙ ΚΑΤΕΛΘΩΝ ΑΠΟ ΤΗΣ ΙΟΥΔΑΙΑΣ ΕΙΣ ΚΑΙΣΑΡΕΙΑΝ
ΔΙΕΤΡΙΒΕΝ

20 ΗΝ ΔΕ ΘΥΜΟΜΑΧΩΝ
ΤΥΡΙΟΙΣ ΚΑΙ -ΣΙΔΩΝΙΟΙΣ-
ΟΜΟΘΥΜΑΔΟΝ ΔΕ ΠΑΡΗΣΑΝ ΠΡΟΣ ΑΥΤΟΝ
ΚΑΙ ΠΕΙΣΑΝΤΕΣ ΒΛΑΣΤΟΝ
ΤΟΝ ΕΠΙ ΤΟΥ ΚΟΙΤΩΝΟΣ ΤΟΥ ΒΑΣΙΛΕΩΣ
ΗΤΟΥΝΤΟ ΕΙΡΗΝΗΝ
ΔΙΑ ΤΟ ΤΡΕΦΕΣΘΑΙ ΑΥΤΩΝ ΤΗΝ ΧΩΡΑΝ
ΑΠΟ ΤΗΣ ΒΑΣΙΛΙΚΗΣ

21 ΤΑΚΤΗ ΔΕ ΗΜΕΡΑ
Ο ΗΡΩΔΗΣ ΕΝΔΥΣΑΜΕΝΟΣ ΕΣΘΗΤΑ ΒΑΣΙΛΙΚΗΝ
·ΚΑΙ· ΚΑΘΙΣΑΣ ΕΠΙ ΤΟΥ ΒΗΜΑΤΟΣ
ΕΔΗΜΗΓΟΡΕΙ ΠΡΟΣ ΑΥΤΟΥΣ

22 Ο ΔΕ ΔΗΜΟΣ ΕΠΕΦΩΝΕΙ
ΘΕΟΥ ΦΩΝΗ ΚΑΙ ΟΥΚ ΑΝΘΡΩΠΟΥ

23 ΠΑΡΑΧΡΗΜΑ ΔΕ ΕΠΑΤΑΞΕΝ ΑΥΤΟΝ ΑΓΓΕΛΟΣ ΚΥΡΙΟΥ
ΑΝΘ ΩΝ ΟΥΚ ΕΔΩΚΕΝ ΤΗΝ ΔΟΞΑΝ ΤΩ ΘΕΩ,
ΚΑΙ ΓΕΝΟΜΕΝΟΣ ΣΚΩΛΗΚΟΒΡΩΤΟΣ ΕΞΕΨΥΞΕΝ

24 Ο ΔΕ ΛΟΓΟΣ ΤΟΥ –ΘΕΟΥ–
ΗΥΞΑΝΕΝ ΚΑΙ ΕΠΛΗΘΥΝΕΤΟ

25 ΒΑΡΝΑΒΑΣ ΔΕ ΚΑΙ ΣΑΥΛΟΣ
ΥΠΕΣΤΡΕΨΑΝ ΕΙΣ ΙΕΡΟΥΣΑΛΗΜ
ΠΛΗΡΩΣΑΝΤΕΣ ΤΗΝ ΔΙΑΚΟΝΙΑΝ

-ΑΝΑΚΡΙΝΑΣ-; ΑΝΑΚΡΕΙΝΑΣ 03 05만 이문지지. 정서법 문제.
-ΣΙΔΩΝΙΟΙΣ-; ΣΕΙΔΩΝΙΟΣ P45 03만 이문지지, 다양한 이문 존재. 고유명사 음역 문제.
·ΚΑΙ· 01 03 1175 1828만 이문지지, 판단 필요. 접속사 문제.
–ΘΕΟΥ–; ΚΥΡΙΟΥ 03 1837만 이문지지. 신명 문제.

ΣΥΝΠΑΡΑΛΑΒΟΝΤΕΣ ΙΩΑΝΝΗΝ
ΤΟΝ ΕΠΙΚΛΗΘΕΝΤΑ ΜΑΡΚΟΝ

ιγ

13:1 ΗΣΑΝ ΔΕ ΕΝ ΑΝΤΙΟΧΕΙΑ
ΚΑΤΑ ΤΗΝ ΟΥΣΑΝ ΕΚΚΛΗΣΙΑΝ
ΠΡΟΦΗΤΑΙ ΚΑΙ ΔΙΔΑΣΚΑΛΟΙ
Ο ΤΕ ΒΑΡΝΑΒΑΣ
ΚΑΙ ΣΥΜΕΩΝ Ο ΚΑΛΟΥΜΕΝΟΣ ΝΙΓΕΡ
ΚΑΙ ΛΟΥΚΙΟΣ Ο ΚΥΡΗΝΑΙΟΣ
ΜΑΝΑΗΝ ΤΕ ΗΡΩΔΟΥ ΤΟΥ ♀ΤΕΤΡΑΡΧΟΥ♀ ΣΥΝΤΡΟΦΟΣ
ΚΑΙ ΣΑΥΛΟΣ

2 ΛΕΙΤΟΥΡΓΟΥΝΤΩΝ ΔΕ ΑΥΤΩΝ ΤΩ ΚΥΡΙΩ
ΚΑΙ ΝΗΣΤΕΥΟΝΤΩΝ
ΕΙΠΕΝ ΤΟ ΠΕΥΜΑ ΤΟ ΑΓΙΟΝ
ΑΦΟΡΙΣΑΤΕ ΔΗ ΜΟΙ
ΤΟΝ ΒΑΡΝΑΒΑΝ ΚΑΙ ΣΑΥΛΟΝ
ΕΙΣ ΤΟ ΕΡΓΟΝ Ο ΠΡΟΣΚΕΚΛΗΜΑΙ ΑΥΤΟΥΣ

3 ΤΟΤΕ ΝΗΣΤΕΥΣΑΝΤΕΣ ΚΑΙ ΠΡΟΣΕΥΞΑΝΕΝΟΙ
ΚΑΙ ΕΠΙΘΕΝΤΕΣ ΤΑΣ ΧΕΙΡΑΣ ΑΥΤΟΙΣ ΑΠΕΛΥΣΑΝ

4ΑΥΤΟΙ ΜΕΝ ΟΥΝ ΕΚΠΕΜΦΘΕΝΤΕΣ
ΥΠΟ ΤΟΥ ΑΓΙΟΥ ΠΝΕΥΜΑΤΟΣ
ΚΑΤΗΛΘΟΝ ΕΙΣ ΣΕΛΕΥΚΕΙΑΝ
ΕΚΕΙΘΕΝ ΤΕ ΑΠΕΠΛΕΥΣΑΝ ΕΙΣ ΚΥΠΡΟΝ
5 ΚΑΙ ΓΕΝΟΜΕΝΟΙ ΕΝ -ΣΑΛΑΜΙΝΙ-
ΚΑΤΗΓΓΕΛΛΟΝ ΤΟΝ ΛΟΓΟΝ ΤΟΥ ΘΕΟΥ
ΕΝ ΤΑΙΣ ΑΥΝΑΓΩΓΑΙΣ ΤΩΝ ΙΟΥΔΑΙΩΝ

ΕΙΧΟΝ ΔΕ ΚΑΙ ΙΩΑΝΝΗΝ ΥΠΗΡΕΤΗΝ

6 ΔΙΕΛΘΟΝΤΕΣ ΔΕ ΟΛΗΝ ΤΗΝ ΝΗΣΟΝ
ΑΧΡΙ ΠΑΦΟΥ
ΕΥΡΟΝ ΑΝΔΡΑ ΤΙΝΑ

13장

♀ΤΕΤΡΑΡΧΟΥ♀; ΤΕΤΡΑΑΡΧΟΥ 01만 이문지지, 다른 이문 존재. 정서법, 관사, 접속사 문제. ΤΕΤΡΑΑΡΧΟΥ보다 ΤΕΤΡΑΡΧΟΥ가 신약기록 당시 철자에 더 부합됨, LSJ 참조. 관사대신 접속사가 쓰인 사본인 05 존재.

-ΣΑΛΑΜΙΝΙ- 다양한 이문 존재, 판단 필요. 정서법 문제.

ΜΑΓΟΝ ΨΕΥΔΟΠΡΟΦΗΤΗΝ ΙΟΥΔΑΙΟΝ
Ω ΟΝΑΜΑ -ΒΑΡΙΗΣΟΥ-

7 ΟΣ ΗΝ ΣΥΝ ΤΩ ΑΝΘΥΠΑΤΩ
ΣΕΡΓΙΩ ΠΑΥΛΩ
ΑΝΔΡΙ ΣΥΝΕΤΩ

ΟΥΤΟΣ ΠΡΟΣΚΑΛΕΣΑΜΕΝΟΣ ΒΑΡΝΑΒΑΝ ΚΑΙ ΣΑΥΛΟΝ
ΕΠΕΖΗΤΗΣΕΝ ΑΚΟΥΣΑΙ ΤΟΝ ΛΟΓΟΝ ΤΟΥ ΘΕΟΥ

8 ΑΝΘΙΣΤΑΤΟ ΔΕ ΑΥΤΟΙΣ
ΕΛΥΜΑΣ Ο ΜΑΓΟΣ
ΟΥΤΩΣ ΓΑΡ ΜΕΘΕΡΜΗΝΕΥΕΤΑΙ ΤΟ ΟΝΑΜΑ ΑΥΤΟΥ
ΖΗΤΩΝ ΔΙΑΣΤΡΕΨΑΙ ΤΟΝ ΑΝΘΥΠΑΣΟΝ ΑΠΟ ΤΗΣ ΠΙΣΤΕΩΣ

9 ΣΑΥΛΟΣ ΔΕ Ο ΚΑΙ ΠΑΥΛΟΣ
ΠΛΗΣΘΕΙΣ ΠΝΕΥΜΑΤΟΣ ΑΓΙΟΥ
ΑΤΕΝΙΣΑΣ ΕΙΣ ΑΥΤΟΝ 10 ΕΙΠΕΝ
Ω ΠΛΗΡΗΣ ΠΑΝΤΟΣ ΔΟΛΟΥ ΚΑΙ ΠΑΣΗΣ ΡΑΔΙΟΥΡΓΙΑΣ
ΥΙΕ ΔΙΑΒΟΛΟΥ
ΕΧΘΡΕ ΠΑΣΗΣ ΔΙΚΑΙΟΣΥΝΗΣ
ΟΥ ΠΑΥΣΗ ΔΙΑΣΤΡΕΦΩΝ
ΤΑΣ ΟΔΟΥΣ ΤΟΥ ΚΥΡΙΟΥ ΤΑΣ ΕΥΘΕΙΑΣ

11 ΚΑΙ ΝΥΝ ΙΔΟΥ
ΧΕΙΡ ΚΥΡΙΟΥ ΕΠΙ ΣΕ
ΚΑΙ ΕΣΗ ΤΥΦΛΟΣ
ΜΗ ΒΛΕΠΩΝ ΤΟΝ ΗΛΙΟΝ ΑΧΡΙ ΚΑΙΡΟΥ

ΠΑΡΑΧΡΗΜΑ –ΤΕ– ΕΠΕΣΕΝ ·ΕΠ ΑΥΤΟΝ·
ΑΧΛΥΣ ΚΑΙ ΣΚΟΤΟΣ
ΚΑΙ ΠΕΡΙΑΓΩΝ ΕΖΗΤΕΙ ΧΕΙΡΑΓΩΓΟΥΣ

12 ΤΟΤΕ ΙΔΩΝ Ο ΑΝΘΥΠΑΤΟΣ ΤΟ ΓΕΓΟΝΟΣ
ΕΠΙΣΤΕΥΣΕΝ
-ΕΚΠΛΗΣΣΟΜΕΝΟΣ- ΕΠΙ ΤΗ ΔΙΑΔΧΗ ΤΟΥ ΚΥΡΙΟΥ

13 -ΑΝΑΧΘΕΝΤΕΣ- ΔΕ ΑΠΟ ΤΗΣ ΠΑΦΟΥ

-ΒΑΡΙΗΣΟΥ-; ΒΑΡΙΗΣΟΥΣ P45 P74 01만 원문지지, 다양한 이문 존재, 판단 필요. 고유명사 음역 문제.

–ΤΕ–; ΔΕ 01 04 044 81 1175만 원문지지, 판단 필요. 접속사 문제.

·ΕΠ ΑΥΤΟΝ· 03만 이문지지. 의미를 분명하게 해주는 전치사구 문제.

-ΕΚΠΛΗΣΣΟΜΕΝΟΣ-; ΕΚΠΛΗΤΤΟΜΕΝΟΣ 각각 다수 사본지지, 판단 필요. 고전 헬라어 문체 문제, 이문은 애틱 방언 철자를 따름.

-ΑΝΑΧΘΕΝΤΕΣ-; ΑΝΕΧΘΕΝΤΕΣ 03만 이문지지. 오기로 보임.

ΟΙ ΠΕΡΙ ΠΑΥΛΟΝ ΗΛΘΟΝ ΕΙΣ ΠΕΡΓΗΝ ΤΗΣ ΠΑΜΦΥΛΙΑΣ
ΙΩΑΝ·Ν·ΗΣ ΔΕ ΑΠΟΧΩΡΗΣΑΣ ΑΠ ΑΥΤΩΝ
ΥΠΕΣΤΡΕΨΕΝ ΕΙΣ ΙΕΡΟΣΟΛΥΜΑ

14 ΑΥΤΟΙ ΔΕ ΔΙΕΛΘΟΝΤΕΣ ΑΠΟ ΤΗΣ ΠΕΡΓΗΣ
ΠΑΡΕΓΕΝΟΝΤΟ ΕΙΣ ΑΝΤΙΟΧΕΙΑΝ ΤΗΝ ΠΙΣΙΔΙΑΝ
ΚΑΙ ΕΙΣΕΛΘΟΝΤΕΣ ΕΙΣ ΤΗΝ ΣΥΝΑΓΩΓΗΝ ΤΗ ΗΜΕΡΑ ΤΩΝ ΣΑΒΒΑΤΩΝ
ΕΚΑΘΙΣΑΝ

15 ΜΕΤΑ ΔΕ ΤΗΝ ΑΝΑΓΝΩΣΙΝ ΤΟΥ ΝΟΜΟΥ ΚΑΙ ΤΩΝ ΠΡΟΦΗΤΩΝ
ΑΠΕΣΤΕΙΛΑΝ ΟΙ ΑΡΧΙΣΥΝΑΓΩΓΟΙ ΠΡΟΣ ΑΥΤΟΥΣ ΛΕΓΟΝΤΕΣ
ΑΝΔΡΕΣ ΑΔΕΛΦΟΙ
ΕΙ ΤΙΣ ΕΣΤΙΝ ΕΝ ΥΜΙΝ
ΛΟΓΟΣ ΠΑΡΑΚΛΗΣΕΩΣ ΠΡΟΣ ΤΟΝ ΛΑΟΝ
ΛΕΓΕΤΕ

16 ΑΝΑΣΤΑΣ ΔΕ ΠΑΥΛΟΣ
ΚΑΙ ΚΑΤΑΣΕΙΣΑΣ ΤΗ ΧΕΙΡΙ ΕΙΠΕΝ
ΑΝΔΡΕΣ -ΙΣΡΑΗΛΙΤΑΙ-
ΚΑΙ ΟΙ ΦΟΒΟΥΜΕΝΟΙ ΤΟΝ ΘΕΟΝ
ΑΚΟΥΣΑΤΕ

17 Ο ΘΕΟΣ ΤΟΥ ΛΑΟΥ –ΤΟΥΤΟΥ– ΙΣΡΑΗΛ
ΕΞΕΛΕΞΑΤΟ ΤΟΥΣ ΠΑΤΕΡΑΣ ΗΜΩΝ
ΚΑΙ ΤΟΝ ΛΑΟΝ ΥΨΩΣΕΝ
ΕΝ ΤΗ ΠΑΡΟΙΚΙΑ ΕΝ ΓΗ ΑΙΓΥΠΤΟΥ
ΚΑΙ ΜΕΤΑ -ΒΡΑΧΙΟΝΟΣ- ΥΨΗΛΟΥ
ΕΞΗΓΑΓΕΝ ΑΥΤΟΥΣ ΕΞ ΑΥΤΗΣ

18 ΚΑΙ ΩΣ ΤΕΣΣΕΡΑΚΟΝΤΑΕΤΗ ΧΡΟΝΟΝ
ΕΤΡΟΠΟΦΟΡΗΣΕΝ ΑΥΤΟΥΣ ΕΝ ΤΗ ΕΡΗΜΩ
19 ·ΚΑΙ· ΚΑΘΕΛΩΝ ΕΘΝΗ ΕΠΤΑ ΕΝ ΓΗ ΧΑΝΑΑΝ
ΚΑΤΕΚΛΗΡΟΝΟΜΗΣΕΝ ΤΗΝ ΓΗΝ ΑΥΤΩΝ
20 ΩΣ ΕΤΕΣΙ·Ν· ΤΕΤΡΑΚΟΣΙΟΙΣ ΚΑΙ ΠΕΝΤΗΚΟΝΤΑ

ΚΑΙ ΜΕΤΑ ΤΑΥΤΑ
ΕΔΩΚΕΝ ΚΡΙΤΑΣ

ΙΩΑΝ·Ν·ΗΣ 03 05만 이문지지. 고유명사 음역 문제. 바티칸 사본 내에서 사도 요한 이름이 통일되지 않음.

-ΙΣΡΑΗΛΙΤΑΙ-; ΙΣΡΑΗΛΕΙΤΑΙ 02 03 04 1175 1646만 이문지지, 다양한 이문 존재. 고유명사 음역 문제. 바티칸 사본 내 통일성 결여. 2:22, 3:12, 13:16은 ΙΣΤΡΑΗΛΕΙΤΑΙ; 5:35, 21:28은 ΙΣΡΑΗΛΕΙΤΑΙ.

–ΤΟΥΤΟΥ–; ΤΟΥ 03 044 1175만 이문지지, 다른 이문 존재. 지시대명사와 관사 사용 문제.

-ΒΡΑΧΙΟΝΟΣ-; ΒΡΑΧΕΙΟΝΟΣ 01 03 05 81만 이문지지, 다양한 이문 존재. 정서법 문제.

·ΚΑΙ· 03 05 81만 이문지지. 접속사 문제.

ΕΤΕΣΙ·Ν· 각각 다수 사본지지, 판단 필요. 변칙자음 뉘 문제.

ΕΩΣ ΣΑΜΟΥΗΛ ·ΤΟΥ· ΠΡΟΦΗΤΟΥ

21 ΚΑΚΕΙΘΕΝ ΗΤΗΣΑΝΤΟ ΒΑΣΙΛΕΑ
ΚΑΙ ΕΔΩΚΕΝ ΑΥΤΟΙΣ Ο ΘΕΟΣ
ΤΟΝ ΣΑΟΥΛ ΥΙΟΝ -ΚΙΣ-
ΑΝΔΡΑ ΕΚ ΦΥΛΗΣ -ΒΕΝΙΑΜΙΝ-
ΕΤΗ ΤΕΣΣΕΡΑΚΟΝΤΑ

22 ΚΑΙ ΜΕΤΑΣΤΗΣΑΣ ΑΥΤΟΝ
ΗΓΕΙΡΕΝ ΤΟΝ -ΔΑΥΙΔ- ΑΥΤΟΙΣ ΕΙΣ ΒΑΣΙΛΕΑ
Ω ΚΑΙ ΕΙΠΕΝ ΜΑΡΤΥΡΗΣΑΣ
ΕΥΡΟΝ -ΔΑΥΙΔ- ΤΟΝ ΤΟΥ ΙΕΣΣΑΙ
·ΑΝΔΡΑ· ΚΑΤΑ ΤΗΝ ΚΑΡΔΙΑΝ ΜΟΥ
ΟΣ ΠΟΙΗΣΕΙ ΠΑΝΤΑ ΤΑ ΘΕΛΗΜΑΤΑ ΜΟΥ

23 ΤΟΥΤΟΥ Ο ΘΕΟΣ ΑΠΟ ΤΟΥ ΣΠΕΡΜΑΤΟΣ
ΚΑΤ ΕΠΑΓΓΕΛΙΑΝ
ΗΓΑΓΕΝ ΤΩ ΙΣΡΑΗΛ ΣΩΤΗΡΑ ΙΗΣΟΥΝ
24 ΠΡΟΚΗΡΥΞΑΝΤΟΣ ΙΩΑΝ·Ν·ΟΥ
ΠΡΟ ΠΡΟΣΩΠΟΥ ΤΗΣ ΕΙΣΟΔΟΥ ΑΥΤΟΥ
ΒΑΠΤΙΣΜΑ ΜΕΤΑΝΟΙΑΣ
ΠΑΝΤΙ ΤΩ ΛΑΩ ΙΣΡΑΗΛ

25 ΩΣ ΔΕ ΕΠΛΗΡΟΥ ΙΩΑΝΝΗΣ ΤΟΝ ΔΡΟΜΟΝ
ΕΛΕΓΕΝ
ΤΙ ΕΜΕ ΥΠΟΝΟΕΙΤΕ ΕΙΝΑΙ
ΟΥΚ ΕΙΜΙ ΕΓΩ
ΑΛΛ ΙΔΟΥ
ΕΡΧΕΤΑΙ ΜΕΤ ΕΜΕ
ΟΥ ΟΥΚ ΕΙΜΙ ΑΞΙΟΣ
ΤΟ ΥΠΟΔΗΜΑ ΤΩΝ ΠΟΔΩΝ ΛΥΣΑΙ

26 ΑΝΔΡΕΣ ΑΔΕΛΦΟΙ
ΥΙΟΙ ΓΕΝΟΥΣ ΑΒΡΑΑΜ

·ΤΟΥ· P74 01 02 03 81만 이문지지. 관사 사용 문제.

-ΚΙΣ-; ΚΕΙΣ 01 02 03 04 05 88 1837 2344만 이문지지. 고유명사 음역 문제.

-ΒΕΝΙΑΜΙΝ-; ΒΕΝΙΑΜΕΙΝ P74 01 02 03 04 044 33 88 1837만 이문지지, 다양한 이문 존재, 판단 필요. 고유명사 음역 문제.

-ΔΑΥΙΔ-; ΔΑΥΕΙΔ 01 03 05가 이문지지. 고유명사 음역 문제.

-ΔΑΥΙΔ-; ΔΑΥΕΙΔ 03 05가 이문지지. 고유명사 음역 문제.

·ΑΝΔΡΑ· 03만 이문지지. 마소라 사본과 칠십인역 표현과 관련된 단어 문제. 삼상 13:14 참조.

ΙΩΑΝ·Ν·ΟΥ 03 05 049만 이문지지. 고유명사 음역 문제. 바티칸 사본 내에서 세례 요한 이름이 통일되지 않음. 13:15의 용례와 비교.

·ΚΑΙ· ΟΙ ΕΝ ΥΜΙΝ ΦΟΒΟΥΜΕΝΟΙ ΤΟΝ ΘΕΟΝ
ΗΜΙΝ Ο ΛΟΓΟΣ ΤΗΣ ΣΩΤΗΡΙΑΣ ΤΑΥΤΗΣ ΕΞΑΠΕΣΤΑΛΗ

27 ΟΙ ΓΑΡ ΚΑΤΟΙΚΟΥΝΤΕΣ ΕΝ ΙΕΡΟΥΣΑΛΗΜ
ΚΑΙ ΟΙ ΑΡΧΟΝΤΕΣ ΑΥΤΩΝ
ΤΟΥΤΟΝ ΑΓΝΟΗΣΑΝΤΕΣ
ΚΑΙ ΤΑΣ ΦΩΝΑΣ ΤΩΝ ΠΡΟΦΗΤΩΝ
ΤΑΣ ΚΑΤΑ ΠΑΝ ΣΑΒΒΑΤΟΝ -ΑΝΑΓΙΝΩΣΚΟΜΕΝΑΣ-
-ΚΡΙΝΑΝΤΕΣ- ΕΠΛΗΡΩΣΑΝ
28 ΚΑΙ ΜΗΔΕΜΙΑΝ ΑΙΤΙΑΝ ΘΑΝΑΤΟΥ ΕΥΡΟΝΤΕΣ
ΗΤΗΣΑΝΤΟ -ΠΙΛΑΤΟΝ-
ΑΝΑΙΡΕΘΗΝΑΙ ΑΥΤΟΝ

29 ΩΣ ΔΕ ΕΤΕΛΕΣΑΝ
ΠΑΝΤΑ ΤΑ ^ΠΕΡΙ ΑΥΤΟΥ ΓΕΓΡΑΜΜΕΝΑ^
ΚΑΘΕΛΟΝΤΕΣ ΑΠΟ ΤΟΥ ΞΥΛΟΥ
ΕΘΗΚΑΝ ΕΙΣ ΜΝΗΜΕΙΟΝ

30 Ο ΔΕ ΘΕΟΣ ΗΓΕΙΡΕΝ ΑΥΤΟΝ ΕΚ ΝΕΚΡΩΝ

31 ΟΣ ΩΦΘΗ ΕΠΙ ΗΜΕΡΑΣ ΠΛΕΙΟΥΣ
ΤΟΙΣ ΣΥΝΑΝΑΒΑΣΙΝ ΑΥΤΩ
ΑΠΟ ΤΗΣ -ΓΑΛΙΛΑΙΑΣ- ΕΙΣ ΙΕΡΟΥΣΑΛΗΜ
ΟΙΤΙΝΕΣ ·ΝΥΝ· ΕΙΣΙ·Ν· ΜΑΡΤΥΡΕΣ ΑΥΤΟΥ
ΠΡΟΣ ΤΟΝ ΛΑΟΝ

32 ΚΑΙ ΗΜΕΙΣ ΥΜΑΣ ΕΥΑΓΓΕΛΙΖΟΜΕΘΑ
ΤΗΝ ΠΡΟΣ ΤΟΥΣ ΠΑΤΕΡΑΣ ΕΠΑΓΓΕΛΙΑΝ ΓΕΝΟΜΕΝΗΝ

33 ΟΤΙ ΤΑΥΤΗΝ Ο ΘΕΟΣ ΕΚΠΕΠΛΗΡΩΚΕΝ
ΤΟΙΣ ΤΕΚΝΟΙΣ ·ΑΥΤΩΝ· -ΗΜΙΝ-
ΑΝΑΣΤΗΣΑΣ ΙΗΣΟΥΝ
ΩΣ ΚΑΙ ΕΝ ΤΩ ΨΑΛΜΩ ΓΕΓΡΑΠΤΑΙ ΤΩ ΔΕΥΤΕΡΩ
ΥΙΟΣ ΜΟΥ ΕΙ ΣΥ

·ΚΑΙ· P45 03만 이문지지. 접속사 문제.
-ΑΝΑΓΙΝΩΣΚΟΜΕΝΑΣ-; ΑΝΑΓΕΙΝΩΣΚΟΜΕΝΑΣ 03 05만 이문지지. 정서법 문제.
-ΚΡΙΝΑΝΤΕΣ-; ΚΡΕΙΝΑΝΤΕΣ P45 03만 이문지지. 정서법 문제.
-ΠΙΛΑΤΟΝ-; ΠΕΙΛΑΤΟΝ P45 03 1891만 이문지지, 다른 이문 존재. 고유명사 음역 문제.
^ΠΕΡΙ ΑΥΤΟΥ ΓΕΓΡΑΜΜΕΝΑ^; ΓΕΓΡΑΜΜΕΝΑ ΠΕΡΙ ΑΥΤΟΥ 03만 이문지지. 전치사구 순서 문제.
-ΓΑΛΙΛΑΙΑΣ-; ΓΑΛΕΙΛΑΙΑΣ 03 1891만 이문지지. 고유명사 음역 문제.
·ΝΥΝ· 각각 다수 사본지지, 판단 필요. 시간을 표현하는 부사 문제.
ΕΙΣΙ·Ν· 각각 다수 사본지지, 판단 필요. 변칙자음 뉘 문제.
·ΑΥΤΩΝ· P74 01 02 03 04 05 044만 이문지지, 다른 이문 존재. 인칭대명사 문제.
-ΗΜΙΝ-; ΗΜΩΝ P74 01 02 03 04 05만 이문지지, 다른 이문 존재. 인칭대명사 문제. 앞 단어와 연관됨.

ΕΓΩ ΣΗΜΕΡΟΝ ΓΕΓΕΝΝΗΚΑ ΣΕ

34 ΟΤΙ ΔΕ ΑΝΕΣΤΗΣΕΝ ΑΥΤΟΝ ΕΚ ΝΕΚΡΩΝ
ΜΗΚΕΤΙ ΜΕΛΛΟΝΤΑ ΥΠΟΣΤΡΕΦΕΙΝ ΕΙΣ ΔΙΑΦΘΟΡΑΝ

ΟΥΤΩΣ ΕΙΡΗΚΕΝ ΟΤΙ
ΔΩΣΩ ΥΜΙΝ ΤΑ ΟΣΙΑ -ΔΑΥΙΔ- ΤΑ ΠΙΣΤΑ

35 ΔΙΟΤΙ ΚΑΙ ΕΝ ΕΤΕΡΩ ΛΕΓΕΙ
ΟΥ ΔΩΣΕΙΣ ΤΟΝ ΟΣΙΟΝ ΣΟΥ
ΙΔΕΙΝ ΔΙΑΦΘΟΡΑΝ

36 -ΔΑΥΙΔ- ΜΕΝ ΓΑΡ ΙΔΙΑ ΓΕΝΕΑ
ΥΠΗΡΕΤΗΣΑΣ ΤΗ ΤΟΥ ΘΕΟΥ ΒΟΥΛΗ
ΕΚΟΙΜΗΘΗ
ΚΑΙ ΠΡΟΣΕΤΕΘΗ ΠΡΟΣ ΤΟΥΣ ΠΑΤΕΡΑΣ ΑΥΤΟΥ
ΚΑΙ ΕΙΔΕΝ ΔΙΑΦΘΟΡΑΝ

37 ΟΝ ΔΕ Ο ΘΕΟΣ ΗΓΕΙΡΕΝ
ΟΥΚ ΕΙΔΕΝ ΔΙΑΦΘΟΡΑΝ

38 ΓΝΩΣΤΟΝ ΟΥΝ ΕΣΤΩ ΥΜΙΝ
ΑΝΔΡΕΣ ΑΔΕΛΦΟΙ
ΟΤΙ ΔΙΑ ΤΟΥΤΟΥ ΥΜΙΝ
ΑΦΕΣΙΣ ΑΜΑΡΤΙΩΝ ΚΑΤΑΓΓΕΛΛΕΤΑΙ

ΚΑΙ ΑΠΟ ΠΑΝΤΩΝ
ΩΝ ΟΥΚ ΗΔΥΝΗΘΗΤΕ
ΕΝ ΝΟΜΩ ΜΩΥΣΕΩΣ ΔΙΚΑΙΩΘΗΝΑΙ
39 ΕΝ ΤΟΥΤΩ
ΠΑΣ Ο ΠΙΣΤΕΥΩΝ ΔΙΚΑΙΟΥΤΑΙ

40 ΒΛΕΠΕΤΕ ΟΥΝ
ΜΗ ΕΠΕΛΘΗ
ΤΟ ΕΙΡΗΜΕΝΟΝ ΕΝ ΤΟΙΣ ΠΡΟΦΗΤΑΙΣ

41 ΙΔΕΤΕ ΟΙ ΚΑΤΑΦΡΟΝΗΤΑΙ
ΚΑΙ ΘΑΥΜΑΣΑΤΕ ΚΑΙ ΑΦΑΝΙΣΘΗΤΕ
ΟΤΙ ΕΡΓΟΝ ΕΡΓΑΖΟΜΑΙ
ΕΓΩ ΕΝ ΤΑΙΣ ΗΜΕΡΑΙΣ ΥΜΩΝ
ΕΡΓΟΝ Ο ΟΥ ΜΗ ΠΙΣΤΕΥΣΗΤΕ

-ΔΑΥΙΔ-; ΔΑΥΕΙΔ 03 05만 이문지지. 고유명사 음역 문제.
-ΔΑΥΙΔ-; ΔΑΥΕΙΔ 03 05만 이문지지. 고유명사 음역 문제.

ΕΑΝ ΤΙΣ ΕΚΔΙΗΓΗΤΑΙ ΥΜΙΝ

42 ΕΞΙΟΝΤΩΝ ΔΕ ΑΥΤΩΝ
·ΠΑΡΕΚΑΛΟΥΝ·
ΕΙΣ ΤΟ ΜΕΤΑΞΥ ΣΑΒΒΑΤΟΝ ………… ΛΑΛΗΘΗΝΑΙ ΑΥΤΟΙΣ
ΤΑ ΡΗΜΑΤΑ ΤΑΥΤΑ

43 ΛΥΘΕΙΣΗΣ ΔΕ ΣΥΝΑΓΩΓΗΣ
ΗΚΟΛΟΥΘΗΣΑΝ ΠΟΛΛΟΙ
ΤΩΝ ΙΟΥΔΑΙΩΝ
ΚΑΙ ΤΩΝ ΣΕΒΟΜΕΝΩΝ ΠΡΟΣΗΛΥΤΩΝ
ΤΩ ΠΑΥΛΩ ΚΑΙ ΤΩ ΒΑΡΝΑΒΑ

ΟΙΤΙΝΕΣ ΠΡΟΣΛΑΛΟΥΝΤΕΣ ΑΥΤΟΙΣ
ΕΠΕΙΘΟΝ ΑΥΤΟΥΣ
ΠΡΟΣΜΕΝΕΙΝ ΤΗ ΧΑΡΙΤΙ ΤΟΥ ΘΕΟΥ

44 ΤΩ –ΔΕ– ΕΡΧΟΜΕΝΩ ΣΑΒΒΑΤΩ
ΣΧΕΔΟΝ ΠΑΣΑ Η ΠΟΛΙΣ
ΣΥΝΗΧΘΗ ΑΚΟΥΣΑΙ ΤΟΝ ΛΟΓΟΝ ΤΟΥ –ΚΥΡΙΟΥ–

45 ΙΔΟΝΤΕΣ ΔΕ ΟΙ ΙΟΥΔΑΙΟΙ ΤΟΥΣ ΟΧΛΟΥΣ
ΕΠΛΗΣΘΗΣΑΝ ΖΗΛΟΥ
ΚΑΙ ΑΝΤΕΛΕΓΟΝ ΤΟΙΣ ΥΠΟ ΠΑΥΛΟΥ ΛΑΛΟΥΜΕΝΟΙΣ
ΒΛΑΣΦΗΜΟΥΝΤΕΣ

46 ΠΑΡΡΗΣΙΑΣΑΜΕΝΟΙ ΤΕ Ο ΠΑΥΛΟΣ ΚΑΙ Ο ΒΑΡΝΑΒΑΣ ΕΙΠΑΝ
ΥΜΙΝ ΗΝ ΑΝΑΓΚΑΙΟΝ ΠΡΩΤΟΝ ΛΑΛΗΘΗΝΑΙ
ΤΟΝ ΛΟΓΟΝ ΤΟΥ ΘΕΟΥ

ΕΠΕΙΔΗ ΑΠΩΘΕΙΣΘΕ ΑΥΤΟΝ
ΚΑΙ ΟΥΚ ΑΞΙΟΥΣ ΚΡΙΝΕΤΕ ΕΑΥΤΟΥΣ ΤΗΣ ΑΙΩΝΙΟΥ ΖΩΗΣ
ΙΔΟΥ ΣΤΡΕΦΟΜΕΘΑ ΕΙΣ ΤΑ ΕΘΝΗ

47 ΟΥΤΩ·Σ· ΓΑΡ ΕΝΤΕΤΑΛΤΑΙ ΗΜΙΝ Ο ΚΥΡΙΟΣ
ΤΕΘΕΙΚΑ ΣΕ ΕΙΣ ΦΩΣ ΕΘΝΩΝ
ΤΟΥ ΕΙΝΑΙ ΣΕ ΕΙΣ ΣΩΤΗΡΙΑΝ
ΕΩΣ ΕΣΧΑΤΟΥ ΤΗΣ ΓΗΣ

·ΠΑΡΕΚΑΛΟΥΝ· 03만 이문지지. 다른 주동사 사용. 이어지는 항목과 연관됨.
…………; ΗΞΙΟΥΝ 03만 이문지지. 다른 주동사 사용. 앞선 항목과 연관됨. 13:46의 ΑΞΙΟΥΣ와 비교.
–ΔΕ–; ΤΕ 각각 다수 사본지지, 다양한 이문 존재, 판단 필요. 접속사 문제.
–ΚΥΡΙΟΥ–; ΘΕΟΥ 각각 다수 사본지지, 판단 필요. 신명 문제.
ΟΥΤΩ·Σ· 각각 다수 사본지지, 판단 필요. 부사 문제.

48 ΑΚΟΥΟΝΤΑ ΔΕ ΤΑ ΕΘΝΗ ΕΧΑΙΡΟΝ
ΚΑΙ ΕΔΟΞΑΖΟΝ ΤΟΝ ΛΟΓΟΝ ΤΟΥ –ΚΥΡΙΟΥ–

ΚΑΙ ΕΠΙΣΤΕΥΣΑΝ
ΟΣΟΙ ΗΣΑΝ ΤΕΤΑΓΜΕΝΟΙ ΕΙΣ ΖΩΗΝ ΑΙΩΝΙΟΝ

49 ΔΙΕΦΕΡΕΤΟ ΔΕ Ο ΛΟΓΟΣ ΤΟΥ ΚΥΡΙΟΥ
ΔΙ ΟΛΗΣ ΤΗΣ ΧΩΡΑΣ

50 ΟΙ ΔΕ ΙΟΥΔΑΙΟΙ ΠΑΡΩΤΡΥΝΑΝ
ΤΑΣ ΣΕΒΟΜΕΝΑΣ ΓΥΝΑΙΚΑΣ ΤΑΣ ΕΥΣΧΗΜΟΝΑΣ
ΚΑΙ ΤΟΥΣ ΠΡΩΤΟΥΣ ΤΗΣ ΠΟΛΕΩΣ
ΚΑΙ ΕΠΗΓΕΙΡΑΝ ΔΙΩΓΜΟΝ
ΕΠΙ ΤΟΝ ΠΑΥΛΟΝ ΚΑΙ ΒΑΡΝΑΒΑΝ
ΚΑΙ ΕΞΕΒΑΛΟΝ ΑΥΤΟΥΣ
ΑΠΟ ΤΩΝ ΟΡΙΩΝ ·ΑΥΤΩΝ·

51 ΟΙ ΔΕ ΕΚΤΙΝΑΞΑΜΕΝΟΙ
ΤΟΝ ΚΟΝΙΟΡΤΟΝ ΤΩΝ ΠΟΔΩΝ ΕΠ ΑΥΤΟΥΣ
ΗΛΘΟΝ ΕΙΣ -ΙΚΟΝΙΟΝ-
52 ΟΙ ΤΕ ΜΑΘΗΤΑΙ ΕΠΛΗΡΟΥΝΤΟ
ΧΑΡΑΣ ΚΑΙ ΠΝΕΥΜΑΤΟΣ ΑΓΙΟΥ

ιδ

14:1 ΕΓΕΝΕΤΟ ΔΕ ΕΝ -ΙΚΟΝΙΩ- ΚΑΤΑ ΤΟ ΑΥΤΟ
ΕΙΣΕΛΘΕΙΝ ΑΥΤΟΥΣ
ΕΙΣ ΤΗΝ ΣΥΝΑΓΩΓΗΝ ΤΩΝ ΙΟΥΔΑΙΩΝ
ΚΑΙ ΛΑΛΗΣΑΙ ΟΥΤΩΣ
ΩΣΤΕ ΠΙΣΤΕΥΣΑΙ
ΙΟΥΔΑΙΩΝ ΤΕ ΚΑΙ ΕΛΛΗΝΩΝ ΠΟΛΥ ΠΛΗΘΟΣ

2 ΟΙ ΔΕ ΑΠΕΙΘΗΣΑΝΤΕΣ ΙΟΥΔΑΙΟΙ
ΕΠΗΓΕΙΡΑΝ ΚΑΙ ΕΚΑΚΩΣΑΝ
ΤΑΣ ΨΥΧΑΣ ΤΩΝ ΕΘΝΩΝ
ΚΑΤΑ ΤΩΝ ΑΔΕΛΦΩΝ

–ΚΥΡΙΟΥ–; ΘΕΟΥ 각각 다수 사본지지, 다양한 이문 존재, 판단 필요. 신명 문제.
·ΑΥΤΩΝ· 03만 이문지지, 다양한 이문 존재. 인칭대명사 문제.
-ΙΚΟΝΙΟΝ-; ΕΙΚΟΝΙΟΝ 03 05 33 88 1175 2147 2344만 이문지지, 다양한 이문 존재. 고유명사 음역 문제.

14장
-ΙΚΟΝΙΩ-; ΕΙΚΟΝΙΩ 01 03 04 33 88만 이문지지, 다른 이문 존재. 고유명사 음역 문제.

3 ΙΚΑΝΟΝ ΜΕΝ ΟΥΝ ΧΡΟΝΟΝ -ΔΙΕΤΡΙΨΑΝ-
ΠΑΡΡΗΣΙΑΖΟΜΕΝΟΙ ΕΠΙ ΤΩ ΚΥΡΙΩ
ΤΩ ΜΑΡΤΥΡΟΥΝΤΙ ♀ ♀ ΤΩ ΛΟΓΩ ΤΗΣ ΧΑΡΙΤΟΣ ΑΥΤΟΥ
ΔΙΔΟΝΤΙ ΣΗΜΕΙΑ ΚΑΙ ΤΕΡΑΤΑ -ΓΙΝΕΣΘΑΙ-
ΔΙΑ ΤΩΝ ΧΕΙΡΩΝ ΑΥΤΩΝ

4 ΕΣΧΙΣΘΗ ΔΕ ΤΟ ΠΛΗΘΟΣ ΤΗΣ ΠΟΛΕΩΣ
ΚΑΙ ΟΙ ΜΕΝ ΗΣΑΝ ΣΥΝ ΤΟΙΣ ΙΟΥΔΑΙΟΙΣ
ΟΙ ΔΕ ΣΥΝ ΤΟΙΣ ΑΠΟΣΤΟΛΟΙΣ

5 ΩΣ ΔΕ ΕΓΕΝΕΤΟ
ΟΡΜΗ ΤΩΝ ΕΘΝΩΝ ΤΕ ΚΑΙ ΙΟΥΔΑΙΩΝ
ΣΥΝ ΤΟΙΣ ΑΡΧΟΥΣΙΝ̣ ΑΥΤΩΝ
ΥΒΡΙΣΑΙ ΚΑΙ ΛΙΘΟΒΟΛΗΣΑΙ ΑΥΤΟΥΣ
6 ΣΥΝΙΔΟΝΤΕΣ ΚΑΤΕΦΥΓΟΝ
ΕΙΣ ΤΑΣ ΠΟΛΕΙΣ ΤΗΣ ΛΥΚΑΟΝΙΑΣ
ΛΥΣΤΡΑΝ ΚΑΙ ΔΕΡΒΗΝ ΚΑΙ ΤΗΝ ΠΕΡΙΧΩΡΟΝ
7 ΚΑΚΕΙ ΕΥΑΓΓΕΛΙΖΟΜΕΝΟΙ ΗΣΑΝ

8 ΚΑΙ ΤΙΣ ΑΝΗΡ ΑΔΥΝΑΤΟΣ ΕΝ ΛΥΣΤΡΟΙΣ ΤΟΙΣ ΠΟΣΙΝ
ΕΚΑΘΗΤΟ
ΧΩΛΟΣ ΕΚ ΚΟΙΛΙΑΣ ΜΗΤΡΟΣ ΑΥΤΟΥ
ΟΣ ΟΥΔΕΠΟΤΕ ΠΕΡΙΕΠΑΤΗΣΕΝ

9 ΟΥΤΟΣ -ΗΚΟΥΣΕΝ- ΤΟΥ ΠΑΥΛΟΥ ΛΑΛΟΥΝΤΟΣ

ΟΣ ΑΤΕΝΙΣΑΣ ΑΥΤΩ
ΚΑΙ ΙΔΩΝ ΟΤΙ ΕΧΕΙ ΠΙΣΤΙΝ ΤΟΥ ΣΩΘΗΝΑΙ
10 ΕΙΠΕΝ ΜΕΓΑΛΗ ΦΩΝΗ
ΑΝΑΣΤΗΘΙ ΕΠΙ ΤΟΥΣ ΠΟΔΑΣ ΣΟΥ ΟΡΘΟΣ

ΚΑΙ ΗΛΑΤΟ ΚΑΙ ΠΕΡΙΕΠΑΤΕΙ

11 ΟΙ ΤΕ ΟΧΛΟΙ
ΙΔΟΝΤΕΣ Ο ΕΠΟΙΗΣΕΝ ΠΑΥΛΟΣ
ΕΠΗΡΑΝ ΤΗΝ ΦΩΝΗΝ ΑΥΤΩΝ
ΛΥΚΑΟΝΙΣΤΙ ΛΕΓΟΝΤΕΣ
ΟΙ ΘΕΟΙ ΟΜΟΙΩΘΕΝΤΕΣ ΑΝΘΡΩΠΟΙΣ
ΚΑΤΕΒΗΣΑΝ ΠΡΟΣ ΗΜΑΣ

-ΔΙΕΤΡΙΨΑΝ-; ΔΙΕΤΡΕΙΨΑΝ 03 2344만 이문지지, 다양한 이문 존재. 정서법, 시제, 법 문제.

♀ ♀; ΕΠΙ 01 02만 이문지지. 전치사 반복 문제.

-ΓΙΝΕΣΘΑΙ-; ΓΕΙΝΕΣΘΑΙ 01 02 03 05만 이문지지, 다른 이문 존재. 정서법과 법 문제.

-ΗΚΟΥΣΕΝ-; ΗΚΟΥΕΝ 각각 다수 사본지지, 다양한 이문 존재, 판단 필요. 시제 및 변칙자음 뉘 문제.

12 ΕΚΑΛΟΥΝ ΤΕ ΤΟΝ ΒΑΡΝΑΒΑΝ ΔΙΑ
ΤΟΝ ΔΕ ΠΑΥΛΟΝ ΕΡΜΗΝ
ΕΠΕΙΔΗ ΑΥΤΟΣ ΗΝ
Ο ΗΓΟΥΜΕΝΟΣ ΤΟΥ ΛΟΓΟΥ

13 Ο ΤΕ ΙΕΡΕΥΣ ΤΟΥ ΔΙΟΣ ΤΟΥ ΟΝΤΟΣ ΠΡΟ ΤΗΣ ΠΟΛΕΩΣ
ΤΑΥΡΟΥΣ ΚΑΙ ΣΤΕΜΜΑΤΑ
ΕΠΙ ΤΟΥΣ ΠΥΛΩΝΑΣ ΕΝΕΓΚΑΣ
ΣΥΝ ΤΟΙΣ ΟΧΛΟΙΣ ΗΘΕΛΕΝ ΘΥΕΙΝ

14 ΑΚΟΥΣΑΝΤΕΣ ΔΕ ΟΙ ΑΠΟΣΤΟΛΟΙ ΒΑΡΝΑΒΑΣ ΚΑΙ ΠΑΥΛΟΣ
ΔΙΑΡΡΗΞΑΝΤΕΣ ΤΑ ΙΜΑΤΙΑ –ΑΥΤΩΝ–
ΕΞΕΠΗΔΗΣΑΝ ΕΙΣ ΤΟΝ ΟΧΛΟΝ
ΚΡΑΖΟΝΤΕΣ 15 ΚΑΙ ΛΕΓΟΝΤΕΣ

ΑΝΔΡΕΣ ΤΙ ΤΑΥΤΑ ΠΟΙΕΙΤΕ

ΚΑΙ ΗΜΕΙΣ ΟΜΟΙΟΠΑΘΕΙΣ ΕΣΜΕΝ ΥΜΙΝ ΑΝΘΡΩΠΟΙ
ΕΥΑΓΓΕΛΙΖΟΜΕΝΟΙ ΥΜΑΣ
ΑΠΟ ΤΟΥΤΩΝ ΤΩΝ ΜΑΤΑΙΩΝ
ΕΠΙΣΤΡΕΦΕΙΝ ΕΠΙ ΘΕΟΝ ΖΩΝΤΑ
ΟΣ ΕΠΟΙΗΣΕΝ
ΤΟΝ ΟΥΡΑΝΟΝ ΚΑΙ ΤΗΝ ΓΗΝ ΚΑΙ ΤΗΝ ΘΑΛΑΣΣΑΝ
ΚΑΙ ΠΑΝΑ ΤΑ ΕΝ ΑΥΤΟΙΣ
16 ΟΣ ΕΝ ΤΑΙΣ ΠΑΡΩΧΗΜΕΝΑΙΣ ΓΕΝΕΑΙΣ
ΕΙΑΣΕΝ ΠΑΝΤΑ ΤΑ ΕΘΝΗ
ΠΟΡΕΥΕΣΘΑΙ ΤΑΙΣ ΟΔΟΙΣ ΑΥΤΩΝ

17 ΚΑΙΤΟΙ ΟΥΚ ΑΜΑΡΤΥΡΟΝ ΑΥΤΟΝ
ΑΦΗΚΕΝ
ΑΓΑΘΟΥΡΓΩΝ
ΟΥΡΑΝΟΘΕΝ ΥΜΙΝ ΥΕΤΟΥΣ ΔΙΔΟΥΣ
ΚΑΙ ΚΑΙΡΟΥΣ ΚΑΡΠΟΦΟΡΟΥΣ
ΕΜΠΙΠΛΩΝ ΤΡΟΦΗΣ ΚΑΙ ΕΥΦΡΟΣΥΝΗΣ
ΤΑΣ ΚΑΡΔΙΑΣ ΥΜΩΝ

18 ΚΑΙ ΤΑΥΤΑ ΛΕΓΟΝΤΕΣ
ΜΟΛΙΣ ΚΑΤΕΠΑΥΣΑΝ ΤΟΥΣ ΟΧΛΟΥΣ
ΤΟΥ ΜΗ ΘΥΕΙΝ ΑΥΤΟΙΣ

19 ΕΠΗΛΘΑΝ ΔΕ ΑΠΟ ΑΝΤΙΟΧΕΙΑΣ ΚΑΙ -ΙΚΟΝΙΟΥ- ΙΟΥΔΑΙΟΙ

–ΑΥΤΩΝ–; ΕΑΥΤΩΝ 01 02 03 33 1270 1854만 이문지지, 다른 이문 존재. 인칭대명사인지, 재귀대명사인지의 문제.
-ΙΚΟΝΙΟΥ-; ΕΙΚΟΝΙΟΥ P74 03 88만 이문지지. 고유명사 음역 문제.

ΚΑΙ ΠΕΙΣΑΝΤΕΣ ΤΟΥΣ ΟΧΛΟΥΣ
ΚΑΙ ΛΙΘΑΣΑΝΤΕΣ ΤΟΝ ΠΑΥΛΟΝ
ΕΣΥΡΟΝ ΕΞΩ ΤΗΣ ΠΟΛΕΩΣ
ΝΟΜΙΖΟΝΤΕΣ ΑΥΤΟΝ ΤΕΘΝΗΚΕΝΑΙ

20 ΚΥΚΛΩΣΑΝΤΩΝ ΔΕ ΤΩΝ ΜΑΘΗΤΩΝ ΑΥΤΟΝ
ΑΝΑΣΤΑΣ ΕΙΣΗΛΘΕΝ ΕΙΣ ΤΗΝ ΠΟΛΙΝ

ΚΑΙ ΤΗ ΕΠΑΥΡΙΟΝ ΕΞΗΛΘΕΝ
ΣΥΝ ΤΩ ΒΑΡΝΑΒΑ
ΕΙΣ ΔΕΡΒΗΝ

21 ΕΥΑΓΓΕΛΙΣΑΜΕΝΟΙ ΤΕ ΤΗΝ ΠΟΛΙΝ ΕΚΕΙΝΗΝ
ΚΑΙ ΜΑΘΗΤΕΥΣΑΝΤΕΣ ΙΚΑΝΟΥΣ
ΥΠΕΣΤΡΕΨΑΝ ΕΙΣ ΤΗΝ ΛΥΣΤΡΑΝ
ΚΑΙ ΕΙΣ -ΙΚΟΝΙΟΝ-
ΚΑΙ ·ΕΙΣ· ΑΝΤΙΟΧΕΙΑΝ
22 ΕΠΙΣΤΗΡΙΖΟΝΤΕΣ ΤΑΣ ΨΥΧΑΣ ΤΩΝ ΜΑΘΗΤΩΝ
ΠΑΡΑΚΑΛΟΥΝΤΕΣ
-ΕΜΜΕΝΕΙΝ- ΤΗ ΠΙΣΤΕΙ
ΚΑΙ ΟΤΙ ΔΙΑ ΠΟΛΛΩΝ -ΘΛΙΨΕΩΝ- ΔΕΙ
ΗΜΑΣ ΕΙΣΕΛΘΕΙΝ
ΕΙΣ ΤΗΝ ΒΑΣΙΛΕΙΑΝ ΤΟΥ ΘΕΟΥ

23 ΧΕΙΡΟΤΟΝΗΣΑΝΤΕΣ ΔΕ ΑΥΤΟΙΣ ΚΑΤ ΕΚΚΛΗΣΙΑΝ ΠΡΕΣΒΥΤΕΡΟΥΣ
ΠΡΟΣΕΥΞΑΜΕΝΟΙ ΜΕΤΑ ΝΗΣΤΕΙΩΝ
ΠΑΡΕΘΕΝΤΟ ΑΥΤΟΥΣ ΤΩ ΚΥΡΙΩ
ΕΙΣ ΟΝ ΠΕΠΙΣΤΕΥΚΕΙΣΑΝ

24 ΚΑΙ ΔΙΕΛΘΟΝΤΕΣ ΤΗΝ ΠΙΣΙΔΙΑΝ
ΗΛΘΟΝ ΕΙΣ ΤΗΝ ΠΑΜΦΥΛΙΑΝ
25 ΚΑΙ ΛΑΛΗΣΑΝΤΕΣ ΕΝ ΠΕΡΓΗ ΤΟΝ ΛΟΓΟΝ
ΚΑΤΕΒΗΣΑΝ ΕΙΣ ΑΤΤΑΛẸΙΑΝ

26 ΚΑΚΕΙΘΕΝ ẠΠ̣Ẹ̣Π̣ΛẸỴΣ̣ẠΝ̣ ΕΙΣ ΑΝΤΙΟΧΕΙΑΝ
ΟΘΕΝ ΗΣΑΝ ΠΑΡΑΔΕΔΟΜΕΝΟΙ
ΤΗ ΧΑΡΙΤΙ ΤΟΥ ΘΕΟΥ
ΕΙΣ ΤΟ ΕΡΓΟΝ Ο ΕΠΛΗΡΩΣΑΝ

-ΙΚΟΝΙΟΝ-; ΕΙΚΟΝΙΟΝ 01 03 05 88만 이문지지. 고유명사 음역 문제.
·ΕΙΣ· 각각 다수 사본지지. 전치사 반복 문제.
-ΕΜΜΕΝΕΙΝ-; ΕΝΜΕΝΕΙΝ 03만 이문지지, 다양한 이문 존재. 전치사의 자음동화 문제.
-ΘΛΙΨΕΩΝ-; ΘΛΕΙΨΕΩΝ 03 04 05만 이문지지, 다양한 이문 존재. 정서법 문제.

27 ΠΑΡΑΓΕΝΟΜΕΝΟΙ ΔΕ
ΚΑΙ ΣΥΝΑΓΑΓΟΝΤΕΣ ΤΗΝ ΕΚΚΛΗΣΙΑΝ ΑΝΗΓΓΕΛΛΟΝ
ΟΣΑ ΕΠΟΙΗΣΕΝ Ο ΘΕΟΣ ΜΕΤ ΑΥΤΩΝ
ΚΑΙ ΟΤΙ ΗΝΟΙΞΕΝ ΤΟΙΣ ΕΘΝΕΣΙΝ ΘΥΡΑΝ ΠΙΣΤΕΩΣ

28 -ΔΙΕΤΡΙΒΟΝ- ΔΕ ΧΡΟΝΟΝ ΟΥΚ ΟΛΙΓΟΝ
ΣΥΝ ΤΟΙΣ ΜΑΘΗΤΑΙΣ

ΙΕ

15:1 ΚΑΙ ΤΙΝΕΣ ΚΑΤΕΛΘΟΝΤΕΣ ΑΠΟ ΤΗΣ ΙΟΥΔΑΙΑΣ
ΕΔΙΔΑΣΚΟΝ ΤΟΥΣ ΑΔΕΛΦΟΥΣ ΟΤΙ
ΕΑΝ ΜΗ ΠΕΡΙΤΜΗΘΗΤΕ ΤΩ ΕΘΕΙ ΤΩ ΜΩΥΣΕΩΣ
ΟΥ ΔΥΝΑΣΘΕ ΣΩΘΗΝΑΙ

2 ΓΕΝΟΜΕΝΗΣ ΔΕ ΣΤΑΣΕΩΣ ΚΑΙ ΖΗΤΗΣΕΩΣ ΟΥΚ ΟΛΙΓΗΣ
ΤΩ ΠΑΥΛΩ ΚΑΙ ΤΩ ΒΑΡΝΑΒΑ ΠΡΟΣ ΑΥΤΟΥΣ
ΕΤΑΞΑΝ ΑΝΑΒΑΙΝΕΙΝ
ΠΑΥΛΟΝ ΚΑΙ ΒΑΡΝΑΒΑΝ
ΚΑΙ ΤΙΝΑΣ ΑΛΛΟΥΣ ΕΞ ΑΥΤΩΝ
ΠΡΟΣ ΤΟΥΣ ΑΠΟΣΤΟΛΟΥΣ ΚΑΙ ΠΡΕΣΒΥΤΕΡΟΥΣ
ΕΙΣ ΙΕΡΟΥΣΑΛΗΜ
ΠΕΡΙ ΤΟΥ ΖΗΤΗΜΑΤΟΣ ΤΟΥΤΟΥ

3 ΟΙ ΜΕΝ ΟΥΝ ΠΡΟΠΕΜΦΘΕΝΤΕΣ
ΥΠΟ ΤΗΣ ΕΚΚΛΗΣΙΑΣ
ΔΙΗΡΧΟΝΤΟ ΤΗΝ ΤΕ ΦΟΙΝΙΚΗΝ ΚΑΙ ΣΑΜΑΡΕΙΑΝ
ΕΚΔΙΗΓΟΥΜΕΝΟΙ ΤΗΝ ΕΠΙΣΤΡΟΦΗΝ ΤΩΝ ΕΘΝΩΝ
ΚΑΙ ΕΠΟΙΟΥΝ ΧΑΡΑΝ ΜΕΓΑΛΗΝ ♀ΠΑΣΙ♀ ΤΟΙΣ ΑΔΕΛΦΟΙΣ

4 ΠΑΡΑΓΕΝΟΜΕΝΟΙ ΔΕ ΕΙΣ ♀ΙΕΡΟΣΟΛΥΜΑ♀
ΠΑΡΕΔΕΧΘΗΣΑΝ ΑΠΟ ΤΗΣ ΕΚΚΛΗΣΙΑΣ ΚΑΙ ΤΩΝ ΑΠΟΣΤΟΛΩΝ ΚΑΙ ΤΩΝ ΠΡΕΣΒΥΤΕΡΩΝ
ΑΝΗΓΓΕΙΛΑΝ ΤΕ
ΟΣΑ Ο ΘΕΟΣ ΕΠΟΙΗΣΕΝ ΜΕΤ ΑΥΤΩΝ

5 ΕΞΑΝΕΣΤΗΣΑΝ ΔΕ
ΤΙΝΕΣ ΤΩΝ ΑΠΟ ΤΗΣ ΑΙΡΕΣΕΩΣ ΤΩΝ -ΦΑΡΙΣΑΙΩΝ- ΠΕΠΙΣΤΕΥΚΟΤΕΣ

-ΔΙΕΤΡΙΒΟΝ-; ΔΙΕΤΡΕΙΒΟΝ 03만 이문지지. 정서법 문제.

15장

♀ΠΑΣΙ♀; ΠΑΣΙΝ 02 04 05 08 014 025 1175만 이문지지. 변칙자음 뉘 문제.
♀ΙΕΡΟΣΟΛΥΜΑ♀; ΙΕΡΟΥΣΑΛΗΜ 각각 다수 사본지지. 예루살렘 지명 문제.
-ΦΑΡΙΣΑΙΩΝ-; ΦΑΡΕΙΣΑΙΩΝ P45 03만 이문지지. 고유명사 음역 문제.

ΛΕΓΟΝΤΕΣ
ΟΤΙ ΔΕΙ ΠΕΡΙΤΕΜΝΕΙΝ ΑΥΤΟΥΣ
ΠΑΡΑΓΓΕΛΛΕΙΝ ΤΕ ΤΗΡΕΙΝ ΤΟΝ ΝΟΜΟΝ ΜΩΥΣΕΩΣ

6 ΣΥΝΗΧΘΗΣΑΝ ΤΕ ΟΙ ΑΠΟΣΤΟΛΟΙ ΚΑΙ ΟΙ ΠΡΕΣΒΥΤΕΡΟΙ
ΙΔΕΙΝ ΠΕΡΙ ΤΟΥ ΛΟΓΟΥ ΤΟΥΤΟΥ

7 ΠΟΛΛΗΣ ΔΕ ΖΗΤΗΣΕΩΣ ΓΕΝΟΜΕΝΗΣ
ΑΝΑΣΤΑΣ ΠΕΤΡΟΣ ΕΙΠΕΝ ΠΡΟΣ ΑΥΤΟΥΣ
ΑΝΔΡΕΣ ΑΔΕΛΦΟΙ
ΥΜΕΙΣ ΕΠΙΣΤΑΣΘΕ ΟΤΙ
ΑΦ ΗΜΕΡΩΝ ΑΡΧΑΙΩΝ
ΕΝ ΥΜΙΝ ΕΞΕΛΕΞΑΤΟ Ο ΘΕΟΣ
ΔΙΑ ΤΟΥ ΣΤΟΜΑΤΟΣ ΜΟΥ
ΑΚΟΥΣΑΙ ΤΑ ΕΘΝΗ ΤΟΝ ΛΟΓΟΝ ΤΟΥ ΕΥΑΓΓΕΛΙΟΥ
ΚΑΙ ΠΙΣΤΕΥΣΑΙ

8 ΚΑΙ Ο ΚΑΡΔΙΟΓΝΩΣΤΗΣ ΘΕΟΣ ΕΜΑΡΤΥΡΗΣΕΝ
ΑΥΤΟΙΣ ΔΟΥΣ ΤΟ ΠΝΕΥΜΑ ΤΟ ΑΓΙΟΝ
ΚΑΘΩΣ ΚΑΙ ΗΜΙΝ

9 ΚΑΙ ΟΥΘΕΝ -ΔΙΕΚΡΙΝΕΝ-
ΜΕΤΑΞΥ ΗΜΩΝ ΤΕ ΚΑΙ ΑΥΤΩΝ
ΤΗ ΠΙΣΤΕΙ ΚΑΘΑΡΙΣΑΣ ΤΑΣ ΚΑΡΔΙΑΣ ΑΥΤΩΝ

10 ΝΥΝ ΟΥΝ ΤΙ ΠΕΙΡΑΖΕΤΕ ΤΟΝ ΘΕΟΝ
ΕΠΙΘΕΙΝΑΙ ΖΥΓΟΝ ΕΠΙ ΤΟΝ ΤΡΑΧΗΛΟΝ ΤΩΝ ΜΑΘΗΤΩΝ
ΟΝ ΟΥΤΕ ΟΙ ΠΑΤΕΡΕΣ ΗΜΩΝ ΟΥΤΕ ΗΜΕΙΣ
ΙΣΧΥΣΑΜΕΝ ΒΑΣΤΑΣΑΙ

11 ΑΛΛΑ ΔΙΑ ΤΗΣ ΧΑΡΙΤΟΣ ΤΟΥ ΚΥΡΙΟΥ ΙΗΣΟΥ
ΠΙΣΤΕΥΟΜΕΝ ΣΩΘΗΣΑΙ
ΚΑΘ ΟΝ ΤΡΟΠΟΝ ΚΑΚΕΙΝΟΙ

12 -ΕΣΙΓΗΣΕΝ- ΔΕ ΠΑΝ ΤΟ ΠΛΗΘΟΣ
ΚΑΙ ΗΚΟΥΟΝ
ΒΑΡΝΑΒΑ ΚΑΙ ΠΑΥΛΟΥ ΕΞΗΓΟΥΜΕΝΩΝ
ΟΣΑ ΕΠΟΙΗΣΕΝ Ο ΘΕΟΣ ΣΗΜΕΙΑ ΚΑΙ ΤΕΡΑΤΑ
ΕΝ ΤΟΙΣ ΕΘΝΕΣΙΝ ΔΙ ΑΥΤΩΝ

-ΔΙΕΚΡΙΝΕΝ-; ΔΙΕΚΡΕΙΝΕΝ 03만 이문지지, 다양한 이문 존재, 판단 필요. 정서법 및 변칙자음 뉘 문제.
-ΕΣΙΓΗΣΕΝ-; ΕΣΕΙΓΗΣΕΝ 03 05만 이문지지, 다양한 이문 존재. 정서법 문제.

13 ΜΕΤΑ ΔΕ ΤΟ -ΣΙΓΗΣΑΙ- ΑΥΤΟΥΣ
ΑΠΕΚΡΙΘΗ ΙΑΚΩΒΟΣ ΛΕΓΩΝ
ΑΝΔΡΕΣ ΑΔΕΛΦΟΙ ΑΚΟΥΣΑΤΕ ΜΟΥ

14 ΣΥΜΕΩΝ ΕΞΗΓΗΣΑΤΟ
ΚΑΘΩΣ ΠΡΩΤΟΝ Ο ΘΕΟΣ ΕΠΕΣΚΕΨΑΤΟ
ΛΑΒΕΙΝ ΕΞ ΕΘΝΩΝ ΛΑΟΝ ΤΩ ΟΝΟΜΑΤΙ ΑΥΤΟΥ

15 ΚΑΙ ΤΟΥΤΩ ΣΥΜΦΩΝΟΥΣΙΝ ΟΙ ΛΟΓΟΙ ΤΩΝ ΠΡΟΦΗΤΩΝ
ΚΑΘΩΣ ΓΕΓΡΑΠΤΑΙ
16 ΜΕΤΑ ΔΕ ΤΑΥΤΑ ΑΝΑΣΤΡΕΨΩ
ΚΑΙ ΑΝΟΙΚΟΔΟΜΗΣΩ
ΤΗΝ ΣΚΗΝΗΝ -ΔΑΥΙΔ- ΤΗΝ ΠΕΠΤΩΚΥΙΑΝ
ΚΑΙ ΤΑ –ΚΑΤΕΣΚΑΜΜΕΝΑ– ΑΥΤΗΣ
ΑΝΟΙΚΟΔΟΜΗΣΩ
ΚΑΙ ΑΝΟΡΘΩΣΩ ΑΥΤΗΝ
17 ΟΠΩΣ ΑΝ ΕΚΖΗΤΗΣΩΣΙΝ
ΟΙ ΚΑΤΑΛΟΙΠΟΙ ΤΩΝ ΑΝΘΡΩΠΩΝ ΤΟΝ ΚΥΡΙΟΝ

ΚΑΙ ΠΑΝΤΑ ΤΑ ΕΘΝΗ
ΕΦ ΟΥΣ ΕΠΙΚΕΚΛΗΤΑΙ ΤΟ ΟΝΟΜΑ ΜΟΥ
ΕΠ ΑΥΤΟΥΣ
ΛΕΓΕΙ ΚΥΡΙΟΣ ΠΟΙΩΝ ΤΑΥΤΑ
18 ΓΝΩΣΤΑ ΑΠ ΑΙΩΝΟΣ

19 ΔΙΟ ΕΓΩ -ΚΡΙΝΩ-
ΜΗ ΠΑΡΕΝΟΧΛΕΙΝ
ΤΟΙΣ ΑΠΟ ΤΩΝ ΕΘΝΩΝ ΕΠΙΣΤΡΕΦΟΥΣΙΝ ΕΠΙ ΤΟΝ ΘΕΟΝ
20 -ΑΛΛΑ- ΕΠΙΣΤΕΙΛΑΙ ΑΥΤΟΙΣ
ΤΟΥ ΑΠΕΧΕΣΘΑΙ
ΤΩΝ ΑΛΙΣΓΗΑΜΤΩΝ ΤΩΝ ΕΙΔΩΛΩΝ
ΚΑΙ ΤΗΣ ΠΟΡΝΕΙΑΣ
ΚΑΙ ΠΝΙΚΤΟΥ
ΚΑΙ ΤΟΥ ΑΙΜΑΤΟΣ

21 ΜΩΥΣΗΣ ΓΑΡ
ΕΚ ΓΕΝΕΩΝ ΑΡΧΑΙΩΝ ΚΑΤΑ ΠΟΛΙΝ
ΤΟΥΣ ΚΗΡΥΣΣΟΝΤΑΣ ΑΥΤΟΝ ΕΧΕΙ

-ΣΙΓΗΣΑΙ-; ΣΕΙΓΗΣΑΙ 03 05만 이문지지, 다양한 이문 존재. 정서법 문제.
-ΔΑΥΙΔ-; ΔΑΥΕΙΔ 03 05가 이문지지, 다른 사본들은 약어로 표기됨. 고유명사 음역 문제.
–ΚΑΤΕΣΚΑΜΜΕΝΑ–; ΚΑΤΕΣΤΡΕΜΜΕΝΑ 03만 이문지지, 다양한 이문 존재. 단어 및 정서법 문제.
-ΚΡΙΝΩ-; ΚΡΕΙΝΩ 03 05만 이문지지. 정서법 문제.
-ΑΛΛΑ-; ΑΛΛ 각각 다수 사본지지, 판단 필요. 정서법 문제.

ΕΝ ΤΑΙΣ ΣΥΝΑΓΩΓΑΙΣ ΚΑΤΑ ΠΑΝ ΣΑΒΒΑΤΟΝ
-ΑΝΑΓΙΝΩΣΚΟΜΕΝΟΣ-

22 ΤΟΤΕ ΕΔΟΞΕ ΤΟΙΣ ΑΠΟΣΤΟΛΟΙΣ ΚΑΙ ΤΟΙΣ ΠΡΕΣΒΥΤΕΡΟΙΣ ΣΥΝ ΟΛΗ ΤΗ ΕΚΚΛΗΣΙΑ
ΕΚΛΕΞΑΜΕΝΟΥΣ ΑΝΔΡΑΣ ΕΞ ΑΥΤΩΝ
ΠΕΜΨΑΙ ΕΙΣ ΑΝΤΙΟΧΕΙΑΝ ΣΥΝ ΤΩ ΠΑΥΛΩ ΚΑΙ ΒΑΡΝΑΒΑ
ΙΟΥΔΑΝ ΤΟΝ ΚΑΛΟΥΜΕΝΟΝ ΒΑΡΣΑΒΒΑΝ ΚΑΙ -ΣΙΛΑΝ-
ΑΝΔΡΑΣ ΗΓΟΥΜΕΝΟΥΣ ΕΝ ΤΟΙΣ ΑΔΕΛΦΟΙΣ
23 ΓΡΑΨΑΝΤΕΣ ΔΙΑ ΧΕΙΡΟΣ ΑΥΤΩΝ

ΟΙ ΑΠΟΣΤΟΛΟΙ ΚΑΙ ΟΙ ΠΡΕΣΒΥΤΕΡΟΙ ΑΔΕΛΦΟΙ
ΤΟΙΣ ΚΑΤΑ ΤΗΝ ΑΝΤΙΟΧΕΙΑΝ ΚΑΙ ΣΥΡΙΑΝ ΚΑΙ ΚΙΛΙΚΙΑΝ ΑΔΕΛΦΟΙΣ
ΤΟΙΣ ΕΞ ΕΘΝΩΝ
ΧΑΙΡΕΙΝ

24 ΕΠΕΙΔΗ ΗΚΟΥΣΑΜΕΝ
ΟΤΙ ΤΙΝΕΣ ΕΞ ΗΜΩΝ
·ΕΞΕΛΘΟΝΤΕΣ· ΕΤΑΡΑΞΑΝ ΥΜΑΣ
ΛΟΓΟΙΣ
ΑΝΑΣΕΚΥΑΖΟΝΤΕΣ ΤΑΣ ΨΥΧΑΣ ΥΜΩΝ
ΟΙΣ ΟΥ ΔΙΕΣΤΕΙΛΑΜΕΘΑ
25 ΕΔΟΞΕΝ ΗΜΙΝ
ΓΕΝΟΜΕΝΟΙΣ ΟΜΟΘΥΜΑΔΟΝ ΕΚΛΕΞΑΜΕΝΟΙΣ ΑΝΔΡΑΣ
ΠΕΜΨΑΙ ΠΡΟΣ ΥΜΑΣ
ΣΥΝ ΤΟΙΣ ΑΓΑΠΗΤΟΙΣ ΗΜΩΝ ΒΑΡΝΑΒΑ ΚΑΙ ΠΑΥΛΩ
26 ΑΝΘΡΩΠΟΙΣ ΠΑΡΑΔΕΔΩΚΟΣΙ ΤΑΣ ΨΥΧΑΣ ΑΥΤΩΝ
ΥΠΕΡ ΤΟΥ ΟΝΟΜΑΤΟΣ
ΤΟΥ ΚΥΡΙΟΥ ΗΜΩΝ ΙΗΣΟΥ ΧΡΙΣΤΟΥ

27 ΑΠΕΣΤΑΛΚΑΜΕΝ ΟΥΝ
ΙΟΥΔΑΝ ΚΑΙ -ΣΙΛΑΝ-
ΚΑΙ ΑΥΤΟΥΣ ΔΙΑ ΛΟΓΟΥ ΑΠΑΓΓΕΛΛΟΝΤΑΣ ΤΑ ΑΥΤΑ

28 ΕΔΟΞΕΝ ΦΑΡ ΤΩ ΠΝΕΥΜΑΤΙ ΤΩ ΑΓΙΩ ΚΑΙ ΗΜΙΝ
ΜΗΔΕΝ ΠΛΕΟΝ ΕΠΙΤΙΘΕΣΘΑΙ ΥΜΙΝ ΒΑΡΟΣ
ΠΛΗΝ ΤΟΥΤΩΝ ΤΩΝ ΕΠΑΝΑΓΚΕΣ
29 ΑΠΕΧΕΣΘΑΙ ΕΙΔΩΛΟΘΥΤΩΝ ΚΑΙ ΑΙΜΑΤΟΣ ΚΑΙ ΠΝΙΚΤΩΝ ΚΑΙ ΠΟΡΝΕΙΑΣ
ΕΞ ΩΝ ΔΙΑΤΗΡΟΥΝΤΕΣ ΕΑΥΤΟΥΣ
ΕΥ ΠΡΑΞΕΤΕ
ΕΡΡΩΣΘΕ

-ΑΝΑΓΙΝΩΣΚΟΜΕΝΟΣ-; ΑΝΑΓΕΙΝΩΣΚΟΜΕΝΟΣ P45 03 05만 이문지지, 다른 이문 존재. 정서법 문제.
-ΣΙΛΑΝ-; ΣΕΙΛΑΝ P45 03 05만 이문지지. 정서법 문제.
·ΕΞΕΛΘΟΝΤΕΣ· 01 03 88 1175만 이문지지, 다양한 이문 존재. 이동을 의미하는 동사 생략 문제.
-ΣΙΛΑΝ-; ΣΕΙΛΑΝ 03만 이문지지. 고유명사 음역 문제.

30 ΟΙ ΜΕΝ ΟΥΝ ΑΠΟΛΥΘΕΝΤΕΣ
ΚΑΤΗΛΘΟΝ ΕΙΣ ΑΝΤΙΟΧΕΙΑΝ
ΚΑΙ ΣΥΝΑΓΑΓΟΝΤΕΣ ΤΟ ΠΛΗΘΟΣ
ΕΠΕΔΩΚΑΝ ΤΗΝ ΕΠΙΣΤΟΛΗΝ

31 ΑΝΑΓΝΟΝΤΕΣ ΔΕ ΕΧΑΡΗΣΑΝ
ΕΠΙ ΤΗ ΠΑΡΑΚΛΗΣΕΙ

32 ΙΟΥΔΑΣ ΤΕ ΚΑΙ -ΣΙΛΑΣ-
ΚΑΙ ΑΥΤΟΙ ΠΡΟΦΗΤΑΙ ΟΝΤΕΣ
ΔΙΑ ΛΟΓΟΥ ΠΟΛΛΟΥ
ΠΑΡΕΚΑΛΕΣΑΝ ΤΟΥΣ ΑΔΕΛΦΟΥΣ ΚΑΙ ΕΠΕΣΤΗΡΙΞΑΝ

33 ΠΟΙΗΣΑΝΤΕΣ ΔΕ ΧΡΟΝΟΝ
ΑΠΕΛΥΘΗΣΑΝ ΜΕΤ ΕΙΡΗΝΗΣ
ΑΠΟ ΤΩΝ ΑΔΕΛΦΩΝ
ΠΡΟΣ ΤΟΥΣ ΑΠΟΣΤΕΙΛΑΝΤΑΣ ΑΥΤΟΥΣ

35 ΠΑΥΛΟΣ ΔΕ ΚΑΙ ΒΑΡΝΑΒΑΣ
-ΔΙΕΤΡΙΒΟΝ- ΕΝ ΑΝΤΙΟΧΕΙΑ
ΔΙΔΑΣΚΟΝΤΕΣ ΚΑΙ ΕΥΑΓΓΕΛΙΖΟΜΕΝΟΙ
ΜΕΤΑ ΚΑΙ ΕΤΕΡΩΝ ΠΟΛΛΩΝ
ΤΟΝ ΛΟΓΟΝ ΤΟΥ ΚΥΡΙΟΥ

36 ΜΕΤΑ ΔΕ ΤΙΝΑΣ ΗΜΕΡΑΣ
ΕΙΠΕΝ ΠΡΟΣ ΒΑΡΝΑΒΑΝ ΠΑΥΛΟΣ
ΕΠΙΣΤΡΕΨΑΝΤΕΣ ΔΗ ΕΠΙΣΚΕΨΩΜΕΘΑ ΤΟΥΣ ΑΔΕΛΦΟΥΣ
ΚΑΤΑ ΠΟΛΙΝ ΠΑΣΑΝ
ΕΝ ΑΙΣ ΚΑΤΗΓΓΕΙΛΑΜΕΝ ΤΟΝ ΛΟΓΟΝ ΤΟΥ ΚΥΡΙΟΥ
ΠΩΣ ΕΧΟΥΣΙΝ

37 ΒΑΡΝΑΒΑΣ ΔΕ ΕΒΟΥΛΕΤΟ
ΣΥΜΠΑΡΑΛΑΒΕΙΝ ΚΑΙ ΤΟΝ ΙΩΑΝΝΗΝ ΤΟΝ ΚΑΛΟΥΜΕΝΟΝ ΜΑΡΚΟΝ

38 ΠΑΥΛΟΣ ΔΕ ΗΞΙΟΥ
ΤΟΝ ΑΠΟΣΤΑΝΤΑ ΑΠ ΑΥΤΩΝ ΑΠΟ ΠΑΜΦΥΛΙΑΣ
ΚΑΙ ΜΗ ΣΥΝΕΛΘΟΝΤΑ ΑΥΤΟΙΣ ΕΙΣ ΤΟ ΕΡΓΟΝ
ΜΗ ΣΥΜΠΑΡΑΛΑΜΒΑΝΕΙΝ
ΤΟΥΤΟΝ

39 ΕΓΕΝΕΤΟ ΔΕ ΠΑΡΟΞΥΣΜΟΣ

-ΣΙΛΑΣ-; ΣΕΙΛΑΣ 03 05만 이문지지. 고유명사 음역 문제.

-ΔΙΕΤΡΙΒΟΝ-; ΔΙΕΤΡΕΙΝΟΝ 03 05만 이문지지. 정서법 문제.

ΩΣΤΕ ΑΠΟΧΩΡΙΣΘΗΝΑΙ ΑΥΤΟΥΣ ΑΠ ΑΛΛΗΛΩΝ
ΤΟΝ ΤΕ ΒΑΡΝΑΒΑΝ
ΠΑΡΑΛΑΒΟΝΤΑ ΤΟΝ ΜΑΡΚΟΝ
ΕΚΠΛΕΥΣΑΙ ΕΙΣ ΚΥΠΡΟΝ

40 ΠΑΥΛΟΣ ΔΕ ΕΠΙΛΕΞΑΜΕΝΟΣ -ΣΙΛΑΝ- ΕΞΗΛΘΕΝ
ΠΑΡΑΔΟΘΕΙΣ ΤΗ ΧΑΡΙΤΙ ΤΟΥ ΚΥΡΙΟΥ
ΥΠΟ ΤΩΝ ΑΔΕΛΦΩΝ

41 ΔΙΗΡΧΕΤΟ ΔΕ ΤΗΝ ΣΥΡΙΑΝ ΚΑΙ ΤΗΝ ΚΙΛΙΚΙΑΝ
ΕΠΙΣΤΗΡΙΖΩΝ ΤΑΣ ΕΚΚΛΗΣΙΑΣ

ΙϚ

16:1 ΚΑΤΗΝΤΗΣΕΝ ΔΕ
ΚΑΙ ΕΙΣ ΔΕΡΒΗΝ ΚΑΙ ΕΙΣ ΛΥΣΤΡΑΝ

ΚΑΙ ΙΔΟΥ ΜΑΘΗΤΗΣ ΤΙΣ
ΗΝ ΕΚΕΙ ΟΝΟΜΑΤΙ ΤΙΜΟΘΕΟΣ
ΥΙΟΣ ΓΥΝΑΙΚΟΣ ΙΟΥΔΑΙΑΣ ΠΙΣΤΗΣ
ΠΑΤΡΟΣ ΔΕ ΕΛΛΗΝΟΣ

2 ΟΣ ΕΜΑΡΤΥΡΕΙΤΟ
ΥΠΟ ΤΩΝ ΕΝ ΛΥΣΤΡΟΙΣ ΚΑΙ -ΙΚΟΝΙΩ- ΑΔΕΛΦΩΝ

3 ΤΟΥΤΟΝ ΗΘΕΛΗΣΕΝ Ο ΠΑΥΛΟΣ ΣΥΝ ΑΥΤΩ ΕΞΕΛΘΕΙΝ
ΚΑΙ ΛΑΒΩΝ ΠΕΡΙΕΤΕΜΕΝ ΑΥΤΟΝ
ΔΙΑ ΤΟΥΣ ΙΟΥΔΑΙΟΥΣ ΤΟΥΣ ΟΝΤΑΣ ΕΝ ΤΟΙΣ ΤΟΠΟΙΣ ΕΚΕΙΝΟΙΣ

ΗΔΕΙΣΑΝ ΓΑΡ ΑΠΑΝΤΕΣ
ΟΤΙ ΕΛΛΗΝ Ο ΠΑΤΗΡ ΑΥΤΟΥ ΥΠΗΡΧΕΝ

4 ΩΕ ΔΕ ΔΙΕΠΟΡΕΥΟΝΤΟ ΤΑΣ ΠΟΛΕΙΣ
ΠΑΡΕΔΙΔΟΣΑΝ ΑΥΤΟΙΣ ΦΥΛΑΣΣΕΙΝ
ΤΟ ΔΟΓΜΑΤΑ ΤΑ ΚΕΚΡΙΜΕΝΑ
ΥΠΟ ΤΩΝ ΑΠΟΣΤΟΛΩΝ ΚΑΙ ΠΡΕΣΒΥΤΕΡΩΝ ΤΩΝ ΕΝ ΙΕΡΟΣΟΛΥΜΟΙΣ

5 ΑΙ ΜΕΝ ΟΥΝ ΕΚΚΛΗΣΙΑΙ

-ΣΙΛΑΝ-; ΣΕΙΛΑΝ 03 05만 이문지지, 다른 이문 존재. 고유명사 음역 문제.

16장
-ΙΚΟΝΙΩ-; ΕΙΚΟΝΙΩ 03 04 05 33 88만 이문지지, 다양한 이문 존재. 고유명사 음역 문제.

ΕΣΤΕΡΕΟΥΝΤΟ ΤΗ ΠΙΣΤΕΙ
ΚΑΙ ΕΠΕΡΙΣΣΕΥΟΝ ΤΩ ΑΡΙΘΜΩ ΚΑΘ ΗΜΕΡΑΝ

6 ΔΙΗΛΘΟΝ ΔΕ ΤΗΝ ΦΡΥΓΙΑΝ ΚΑΙ ΓΑΛΑΤΙΚΗΝ ΧΩΡΑΝ
ΚΩΛΥΘΕΝΤΕΣ ΥΠΟ ΤΟΥ ΑΓΙΟΥ ΠΝΕΥΜΑΤΟΣ
ΛΑΛΗΣΑΙ ΤΟΝ ΛΟΓΟΝ ΕΝ ΤΗ ΑΣΙΑ

7 ΕΛΘΟΝΤΕΣ ΔΕ ΚΑΤΑ ΤΗΝ ΜΥΣΙΑΝ
ΕΠΕΙΡΑΖΟΝ ΕΙΣ ΤΗΝ -ΒΙΘΥΝΙΑΝ- ΠΟΡΕΥΘΗΝΑΙ
ΚΑΙ ΟΥΚ ΕΙΑΣΕΝ ΑΥΤΟΥΣ
ΤΟ ΠΝΕΥΜΑ ΙΗΣΟΥ

8 ΠΑΡΕΛΘΟΝΤΕΣ ΔΕ ΤΗΝ ΜΥΣΙΑΝ
ΚΑΤΕΒΗΣΑΝ ΕΙΣ ΤΡΩΑΔΑ .

9 ΚΑΙ ΟΡΑΜΑ ΔΙΑ ·ΤΗΣ· ΝΥΚΤΟΣ ΤΩ ΠΑΥΛΩ ΩΦΘΗ
ΑΝΗΡ ΜΑΚΕΔΩΝ ΤΙΣ ΗΝ ΕΣΤΩΣ
ΚΑΙ ΠΑΡΑΚΑΛΩΝ ΑΥΤΟΝ ΚΑΙ ΛΕΓΩΝ
ΔΙΑΒΑΣ ΕΙΣ ΜΑΚΕΔΟΝΙΑΝ
ΒΟΗΘΗΣΟΝ ΗΜΙΝ

10 ΩΣ ΔΕ ΤΟ ΟΡΑΜΑ ΕΙΔΕΝ
ΕΥΘΕΩΣ ΕΖΗΤΗΣΑΜΕΝ ΕΞΕΛΘΕΙΝ ΕΙΣ ΜΑΚΕΔΟΝΙΑΝ
ΣΥΜΒΙΒΑΖΟΝΤΕΣ ΟΤΙ
ΠΡΟΣΚΕΚΛΗΤΑΙ ΗΜΑΣ Ο ΘΕΟΣ
ΕΥΑΓΓΕΛΙΣΑΣΘΑΙ ΑΥΤΟΥΣ

11 ΑΝΑΧΘΕΝΤΕΣ –ΔΕ– ΑΠΟ ΤΡΩΑΔΟΣ
ΕΥΘΥΔΡΟΜΗΣΑΜΕΝ ΕΙΣ ΣΑΜΟΘΡΑΚΗΝ
ΤΗ -ΔΕ- ΕΠΙΟΥΣΗ ΕΙΣ ΝΕΑΝ ΠΟΛΙΝ
12 ΚΑΚΕΙΘΕΝ ΕΙΣ ΦΙΛΙΠΠΟΥΣ
ΗΤΙΣ ΕΣΤΙΝ ♀ΠΡΩΤΗ♀ ♀·ΤΗΣ·♀ ΜΕΡΙΔΟΣ ΤΗΣ ΜΑΚΕΔΟΝΙΑΣ ΠΟΛΙΣ
ΚΟΛΩΝΙΑ

ΗΜΕΝ ΔΕ ΕΝ ΤΑΥΤΗ ΤΗ ΠΟΛΕΙ
-ΔΙΑΤΡΙΒΟΝΤΕΣ- ΗΜΕΡΑΣ ΤΙΝΑΣ

-ΒΙΘΥΝΙΑΝ-; ΒΕΙΘΥΝΙΑΝ 03만 이문지지, 다양한 이문 존재. 고유명사 음역 문제.

·ΤΗΣ· 02 03 05 88 1175만 이문지지, 다른 이문 존재. 관사 문제.

–ΔΕ–; OUN 각각 다수 사본지지, 판단 필요. 접속사 문제.

-ΔΕ-; Δ 03만 이문지지, 다양한 이문 존재. 정서법 및 접속사 문제.

♀ΠΡΩΤΗ♀; ΠΡΩΤΗΣ 이문을 지지하는 사본 없음, 판단 필요. 빌립보가 '마게도냐 지역의 첫 성'인지, '마게도냐에서 첫째가는 구역의 도시'인지의 문제.

♀·ΤΗΣ·♀ 03 08만 이문지지, 판단 필요. 관사 문제.

-ΔΙΑΤΡΙΒΟΝΤΕΣ-; ΔΙΑΤΡΕΙΒΟΝΤΕΣ 03 05만 이문지지. 정서법 문제.

13 ΤΗ ΤΕ ΗΜΕΡΑ ΤΩΝ ΣΑΒΒΑΤΩΝ
ΕΞΗΛΘΟΜΕΝ ΕΞΩ ΤΗΣ ΠΥΛΗΣ
ΠΑΡΑ ΠΟΤΑΜΟΝ
ΟΥ ΕΝΟΜΙΖΟΜΕΝ ♀ΠΡΟΣΕΥΧΗ♀ ΕΙΝΑΙ
ΚΑΙ ΚΑΘΙΣΑΝΤΕΣ ΕΛΑΛΟΥΜΕΝ
ΤΑΙΣ ΣΥΝΕΛΘΟΥΣΑΙΣ ΓΥΝΑΙΞΙΝ

14 ΚΑΙ ΤΙΣ ΓΥΝΗ ΟΝΟΜΑΤΙ ΛΥΔΙΑ
ΠΟΡΦΥΡΟΠΩΛΙΣ ΠΟΛΕΩΣ ΘΥΑΤΕΙΡΩΝ
ΣΕΒΟΜΕΝΗ ΤΟΝ ΘΕΟΝ
ΗΚΟΥΕΝ

ΗΣ Ο ΚΥΡΙΟΣ ΔΙΗΝΟΙΞΕΝ ΤΗΝ ΚΑΡΔΙΑΝ
ΠΡΟΣΕΧΕΙΝ ΤΟΙΣ ΛΑΛΟΥΜΕΝΟΙΣ
ΥΠΟ ΠΑΥΛΟΥ

15 ΩΣ ΔΕ ΕΒΑΠΤΙΣΘΗ ΚΑΙ Ο ΟΙΚΟΣ ΑΥΤΗΣ
ΠΑΡΕΚΑΛΕΣΕΝ ΛΕΓΟΥΣΑ
ΕΙ ΚΕΚΡΙΚΑΤΕ ΜΕ ΠΙΣΤΗΝ ΤΩ ΚΥΡΙΩ ΕΙΝΑΙ
ΕΙΣΕΛΘΟΝΤΕΣ ΕΙΣ ΤΟΝ ΟΙΚΟΝ ΜΟΥ ΜΕΝΕΤΕ

ΚΑΙ ΠΑΡΕΒΙΑΣΑΤΟ ΗΜΑΣ

16 ΕΓΕΝΕΤΟ ΔΕ ΠΟΡΕΥΟΜΕΝΩΝ ΗΜΩΝ ΕΙΣ ΤΗΝ ΠΡΟΣΕΥΧΗΝ
ΠΑΙΔΙΣΚΗΝ ΤΙΝΑ ΕΧΟΥΣΑΝ ΠΝΕΥΜΑ ΠΥΘΩΝΑ
ΥΠΑΝΤΗΣΑΙ ΗΜΙΝ
ΗΤΙΣ ΕΡΓΑΣΙΑΝ ΠΟΛΛΗΝ ΠΑΡΕΙΧΕΝ ΤΟΙΣ ΚΥΡΙΟΙΣ ΑΥΤΗΣ
ΜΑΝΤΕΥΟΜΕΝΗ

17 ΑΥΤΗ ΚΑΤΑΚΟΛΟΥΘΟΥΣΑ ·ΤΩ· ΠΑΥΛΩ ΚΑΙ ΗΜΙΝ
ΕΚΡΑΖΕΝ ΛΕΓΟΥΣΑ
ΟΥΤΟΙ ΟΙ ΑΝΘΡΩΠΟΙ
ΔΟΥΛΟΙ ΤΟΥ ΘΕΟΥ ΤΟΥ ΥΨΙΣΤΟΥ ΕΙΣΙΝ
ΟΙΤΙΝΕΣ ΚΑΤΑΓΓΕΛΛΟΥΣΙΝ ΥΜΙΝ ΟΔΟΝ ΣΩΤΗΡΙΑΣ

18 ΤΟΥΤΟ ΔΕ ΕΠΟΙΕΙ ΕΠΙ ΠΟΛΛΑΣ ΗΜΕΡΑΣ

ΔΙΑΠΟΝΗΘΕΙΣ ΔΕ ΠΑΥΛΟΣ
ΚΑΙ ΕΠΙΣΤΡΕΨΑΣ ΤΩ ΠΝΕΥΜΑΤΙ ΕΙΠΕΝ
ΠΑΡΑΓΓΕΛΛΩ ΣΟΙ ΕΝ ΟΝΟΜΑΤΙ ΙΗΣΟΥ ΧΡΙΣΤΟΥ

♀ΠΡΟΣΕΥΧΗ♀; ΠΡΟΣΕΥΧΗΝ 01 04 044 33 81 1837 2344만 이문지지, 다른 이문 존재, 판단 필요. 부정사의 의미상의 주어가 어떤 격을 취하느냐의 문제.

·ΤΩ· P127 03만 이문지지. 관사 문제.

ΕΞΕΛΘΕΙΝ ΑΠ ΑΥΤΗΣ

ΚΑΙ ΕΞΗΛΘΕΝ ΑΥΤΗ ΤΗ ΩΡΑ

19 –ΙΔΟΝΤΕΣ ΔΕ– ΟΙ ΚΥΡΙΟΙ ΑΥΤΗΣ
ΟΤΙ ΕΞΗΛΘΕΝ Η ΕΛΠΙΣ ΤΗΣ ΕΡΓΑΣΙΑΣ ΑΥΤΩΝ
ΕΠΙΛΑΒΟΜΕΝΟΙ ΤΟΝ ΠΑΥΛΟΝ ΚΑΙ ΤΟΝ -ΣΙΛΑΝ-
ΕΙΛΚΥΣΑΝ ΕΙΣ ΤΗΝ ΑΓΟΡΑΝ ΕΠΙ ΤΟΥΣ ΑΡΧΟΝΤΑΣ

20 ΚΑΙ ΠΡΟΣΑΓΑΓΟΝΤΕΣ ΑΥΤΟΥΣ ΤΟΙΣ ΣΤΡΑΤΗΓΟΙΣ
ΕΙΠΑΝ
ΟΥΤΟΙ ΟΙ ΑΝΘΡΩΠΟΙ
ΕΚΤΑΡΑΣΣΟΥΣΙΝ ΗΜΩΝ ΤΗΝ ΠΟΛΙΝ
ΙΟΥΔΑΙΟΙ ΥΠΑΡΧΟΝΤΕΣ
21 ΚΑΙ ΚΑΤΑΓΓΕΛΛΟΥΣΙΝ ΕΘΗ
Α ΟΥΚ ΕΞΕΣΤΙΝ ΗΜΙΝ
ΠΑΡΑΔΕΧΕΣΘΑΙ ΟΥΔΕ ΠΟΙΕΙΝ
ΡΩΜΑΙΟΙΣ ΟΥΣΙΝ

22 ΚΑΙ ΣΥΝΕΠΕΣΤΗ Ο ΟΧΛΟΣ ΚΑΤ ΑΥΤΩΝ
ΚΑΙ ΟΙ ΣΤΡΑΤΗΓΟΙ ΠΕΡΙΡΗΞΑΝΤΕΣ ΑΥΤΩΝ ΤΑ ΙΜΑΤΙΑ
ΕΚΕΛΕΥΟΝ ΡΑΒΔΙΖΕΙΝ

23 ΠΟΛΛΑΣ –ΤΕ– ΕΠΙΘΕΝΤΕΣ ΑΥΤΟΙΣ ΠΛΗΓΑΣ
ΕΒΑΛΟΝ ΕΙΣ ΦΥΛΑΚΗΝ
ΠΑΡΑΓΓΕΙΛΑΝΤΕΣ ΤΩ ΔΕΣΜΟΦΥΛΑΚΙ
ΑΣΦΑΛΩΣ ΤΗΡΕΙΝ ΑΥΤΟΥΣ
24 ΟΣ ΠΑΡΑΓΓΕΛΙΑΝ ΤΟΙΑΥΤΗΝ ΛΑΒΩΝ
ΕΒΑΛΕΝ ΑΥΤΟΥΣ
ΕΙΣ ΤΗΝ ΕΣΩΤΕΡΑΝ ΦΥΛΑΚΗΝ
ΚΑΙ ΤΟΥΣ ΠΟΔΑΣ ΗΣΦΑΛΙΣΑΤΟ ΑΥΤΩΝ
ΕΙΣ ΤΟ ΞΥΛΟΝ

25 ΚΑΤΑ ΔΕ ΤΟ ΜΕΣΟΝΥΚΤΙΟΝ
ΠΑΥΛΟΣ ΚΑΙ -ΣΙΛΑΣ- ΠΡΟΣΕΥΧΟΜΕΝΟΙ
ΥΜΝΟΥΝ ΤΟ ΘΕΟΝ
ΕΠΗΚΡΟΩΝΤΟ ΔΕ ΑΥΤΩΝ
ΟΙ ΔΕΣΜΙΟΙ

–ΙΔΟΝΤΕΣ ΔΕ–; ΚΑΙ ΙΔΟΝΤΕΣ 03만 이문지지, 다양한 이문 존재. 접속사 문제.
-ΣΙΛΑΝ-; ΣΕΙΛΑΝ P45 P127 03만 이문지지. 고유명사 음역 문제.
–ΤΕ–; ΔΕ 03 81 1175만 이문지지. 접속사 문제.
-ΣΙΛΑΣ-; ΣΕΙΛΑΣ 03만 이문지지, 다른 이문 존재. 고유명사 음역 문제.

26 ΑΦΝΩ ΔΕ ΣΕΙΣΜΟΣ ΕΓΕΝΕΤΟ ΜΕΓΑΣ
ΩΣΤΕ ΣΑΛΕΥΘΗΝΑΙ
ΤΑ ΘΕΜΕΛΙΑ ΤΟΥ ΔΕΣΜΩΤΗΡΙΟΥ

ΗΝΕΩΧΘΗΣΑΝ ΔΕ ·ΠΑΡΑΧΡΗΜΑ· ΑΙ ΘΥΡΑΙ ΠΑΣΑΙ
ΚΑΙ ΠΑΝΤΩΝ ΤΑ ΔΕΣΜΑ ΑΝΕΘΗ

27 ΕΞΥΠΝΟΣ ΔΕ ΓΕΝΟΜΕΝΟΣ Ο ΔΕΣΜΟΦΥΛΑΞ
ΚΑΙ ΙΔΩΝ ΑΝΕΩΓΜΕΝΑΣ ΤΑΣ ΘΥΡΑΣ ΤΗΣ ΦΥΛΑΚΗΣ
ΣΠΑΣΑΜΕΝΟΣ ΤΗΝ ΜΑΧΑΙΡΑΝ
ΗΜΕΛΛΕΝ ΕΑΥΤΟΝ ΑΝΑΙΡΕΙΝ
ΝΟΜΙΖΩΝ ΕΚΠΕΦΕΥΓΕΝΑΙ ΤΟΥΣ ΔΕΣΜΙΟΥΣ

28 ΕΦΩΝΗΣΕΝ ΔΕ ^ΜΕΓΑΛΗ ΦΩΝΗ ·Ο· ΠΑΥΛΟΣ^ ΛΕΓΩΝ
ΜΗΔΕΝ ΠΡΑΞΗΣ ΣΕΑΥΤΩ ΚΑΚΟΝ
ΑΠΑΝΤΕΣ ΓΑΡ ΕΣΜΕΝ ΕΝΘΑΔΕ

29 ΑΙΤΗΣΑΣ ΔΕ ΦΩΤΑ
ΕΙΣΕΠΗΔΗΣΕΝ
ΚΑΙ ΕΝΤΡΟΜΟΣ ΓΕΝΟΜΕΝΟΣ
ΠΡΟΣΕΠΕΣΕΝ ΤΩ ΠΑΥΛΩ ΚΑΙ ·ΤΩ· -ΣΙΛΑ-
30 ΚΑΙ ΠΡΟΑΓΑΓΩΝ ΑΥΤΟΥΣ ΕΞΩ
ΕΦΗ
ΚΥΡΙΟΙ
ΤΙ ΜΕ ΔΕΙ ΠΟΙΕΙΝ
ΙΝΑ ΣΩΘΩ

31 ΟΙ ΔΕ ΕΙΠΑΝ
ΠΙΣΤΕΥΣΟΝ ΕΠΙ ΤΟΝ ΚΥΡΙΟΝ ΙΗΣΟΥΝ
ΚΑΙ ΣΩΘΗΣΗ ΣΥ ΚΑΙ Ο ΟΙΚΟΣ ΣΟΥ

32 ΚΑΙ ΕΛΑΛΗΣΑΝ ΑΥΤΩ ΤΟΝ ΛΟΓΟΝ ΤΟΥ –ΚΥΡΙΟΥ–
ΣΥΝ ΠΑΣΙΝ ΤΟΙΣ ΕΝ ΤΗ ΟΙΚΙΑ ΑΥΤΟΥ

33 ΚΑΙ ΠΑΡΑΛΑΒΩΝ ΑΥΤΟΥΣ
ΕΝ ΕΚΕΙΝΗ ΤΗ ΩΡΑ ΤΗΣ ΝΥΚΤΟΣ
ΕΛΟΥΣΕΝ ΑΠΟ ΤΩΝ ΠΛΗΓΩΝ
ΚΑΙ ΕΒΑΠΤΙΣΘΗ ΑΥΤΟΣ ΚΑΙ ΟΙ ΑΥΤΟΥ –ΠΑΝΤΕΣ– ΠΑΡΑΧΡΗΜΑ

·ΠΑΡΑΧΡΗΜΑ· 03만 이문지지. 부사 문제.
^ΜΕΓΑΛΗ ΦΩΝΗ ·Ο· ΠΑΥΛΟΣ^; ΠΑΥΛΟΣ ΜΕΓΑΛΗ ΦΩΝΗ 03만 이문지지, 다양한 이문 존재, 판단 필요. 순서 및 관사 문제.
·ΤΩ· -ΣΙΛΑ-; ΣΕΙΛΑ 03만 이문지지, 다양한 이문 존재, 판단 필요. 관사 및 고유명사 음역 문제.
–ΚΥΡΙΟΥ–; ΘΕΟΥ 01 03만 이문지지, 다른 이문 존재. 신명 문제.
–ΠΑΝΤΕΣ–; ΑΠΑΝΤΕΣ 각각 다수 사본지지, 다른 이문 존재, 판단 필요. 강조표현 문제.

34 ΑΝΑΓΑΓΩΝ ΤΕ ΑΥΤΟΥΣ ΕΙΣ ΤΟΝ ΟΙΚΟΝ
ΠΑΡΕΘΗΚΕΝ ΤΡΑΠΕΖΑΝ
ΚΑΙ ΗΓΑΛΛΙΑΣΑΤΟ ΠΑΝΟΙΚΕΙ
ΠΕΠΙΣΤΕΥΚΩΣ ΤΩ ΘΕΩ

35 ΗΜΕΡΑΣ ΔΕ ΓΕΝΟΜΕΝΗΣ
ΑΠΕΣΤΕΙΛΑΝ ΟΙ ΣΤΡΑΤΗΓΟΙ ΤΟΥΣ ΡΑΒΔΟΥΧΟΥΣ ΛΕΓΟΝΤΕΣ
ΑΠΟΛΥΣΟΝ ΤΟΥΣ ΑΝΘΡΩΠΟΥΣ ΕΚΕΙΝΟΥΣ

36 ΑΠΗΓΓΕΙΛΕΝ ΔΕ Ο ΔΕΣΜΟΦΥΛΑΞ
ΤΟΥΣ ΛΟΓΟΥΣ ·ΤΟΥΤΟΥΣ· ΠΡΟΣ ΤΟΝ ΠΑΥΛΟΝ ΟΤΙ
ΑΠΕΣΤΑΛΚΑΝ ΟΙ ΣΤΡΑΤΗΓΟΙ
ΙΝΑ ΑΠΟΛΥΘΗΤΕ

ΝΥΝ ΟΥΝ ΕΞΕΛΘΟΝΤΕΣ
ΠΟΡΕΥΕΣΘΕ ΕΝ ΕΙΡΗΝΗ

37 Ο ΔΕ ΠΑΥΛΟΣ ΕΦΗ ΠΡΟΣ ΑΥΤΟΥΣ
ΔΕΙΡΑΝΤΕΣ ΗΜΑΣ ΔΗΜΟΣΙΑ ΑΚΑΤΑΚΡΙΤΟΥΣ
ΑΝΘΡΩΠΟΥΣ ΡΩΜΑΙΟΥΣ ΥΠΑΡΧΟΝΤΑΣ
ΕΒΑΛΑΝ ΕΙΣ ΦΥΛΑΚΗΝ
ΚΑΙ ΝΥΝ ΛΑΘΡΑ ΗΜΑΣ ΕΚΒΑΛΛΟΥΣΙΝ

ΟΥ ΓΑΡ
ΑΛΛΑ ΕΛΘΟΝΤΕΣ ΑΥΤΟΙ
ΗΜΑΣ ΕΞΑΓΑΓΕΤΩΣΑΝ

38 ΑΠΗΓΓΕΙΛΑΝ ΔΕ ΤΟΙΣ ΣΤΡΑΤΗΓΟΙΣ
ΟΙ ΡΑΒΔΟΥΧΟΙ ΤΑ ΡΗΜΑΤΑ ΤΑΥΤΑ

ΕΦΟΒΗΘΗΣΑΝ ΔΕ
ΑΚΟΥΣΑΝΤΕΣ ΟΤΙ ΡΩΜΑΙΟΙ ΕΙΣΙΝ
39 ΚΑΙ ΕΛΘΟΝΤΕΣ ΠΑΡΕΚΑΛΕΣΑΝ ΑΥΤΟΥΣ
ΚΑΙ ΕΞΑΓΑΓΟΝΤΕΣ ΗΡΩΤΩΝ
ΑΠΕΛΘΕΙΝ ΑΠΟ ΤΗΣ ΠΟΛΕΩΣ

40 ΕΞΕΛΘΟΝΤΕΣ ΔΕ ΑΠΟ ΤΗΣ ΦΥΛΑΚΗΣ
ΕΙΣΗΛΘΟΝ ΠΡΟΣ ΤΗΝ ΛΥΔΙΑΝ
ΚΑΙ ΙΔΟΝΤΕΣ ΠΑΡΕΚΑΛΕΣΑΝ ΤΟΥΣ ΑΔΕΛΦΟΥΣ
ΚΑΙ ϙΕΞΗΛΘΟΝϙ

·ΤΟΥΤΟΥΣ· P45 03 04 05 35 1891만 이문지지. 지시대명사 문제.
ϙΕΞΗΛΘΟΝϙ; ΕΞΗΛΘΑΝ 01 05만 이문지지, 다른 이문 존재. 제2부정과거 3인칭 복수 어미 문제.

ιζ

17:1 ΔΙΟΔΕΥΣΑΝΤΕΣ ΔΕ ΤΗΝ ΑΜΦΙΠΟΛΙΝ
ΚΑΙ ΤΗΝ ΑΠΟΛΛΩΝΙΑΝ
ΗΛΘΟΝ ΕΙΣ ⸋⸌ -ΘΕΣΣΑΛΟΝΙΚΗΝ-
ΟΠΟΥ ΗΝ ΣΥΝΑΓΩΓΗ ΤΩΝ ΙΟΥΔΑΙΩΝ

2 ΚΑΤΑ ΔΕ ΤΟ ΕΙΩΘΟΣ ΤΩ ΠΑΥΛΩ
ΕΙΣΗΛΘΕΝ ΠΡΟΣ ΑΥΤΟΥΣ
ΚΑΙ ΕΠΙ ΣΑΒΒΑΤΑ ΤΡΙΑ
ΔΙΕΛΕΞΑΤΟ ΑΥΤΟΙΣ ΑΠΟ ΤΩΝ ΓΡΑΦΩΝ
3 ΔΙΑΝΟΙΓΩΝ ΚΑΙ ΠΑΡΑΤΙΘΕΜΕΝΟΣ
ΟΤΙ ΤΟΝ ΧΡΙΣΤΟΝ
ΕΔΕΙ ΠΑΘΕΙΝ
ΚΑΙ ΑΝΑΣΤΗΝΑΙ ΕΚ ΝΕΚΡΩΝ
ΚΑΙ ΟΤΙ ΟΥΤΟΣ ΕΣΤΙΝ Ο ΧΡΙΣΤΟΣ
Ο ΙΗΣΟΥΣ ΟΝ ΕΓΩ ΚΑΤΑΓΓΕΛΛΩ ΥΜΙΝ

4 ΚΑΙ ΤΙΝΕΣ ΕΞ ΑΥΤΩΝ ΕΠΕΙΣΘΗΣΑΝ
ΚΑΙ ΠΡΟΣΕΚΛΗΡΩΘΗΣΑΝ ΤΩ ΠΑΥΛΩ ΚΑΙ ·ΤΩ· -ΣΙΛΑ-
ΤΩΝ ΤΕ ΣΕΒΟΜΕΝΩΝ ΕΛΛΗΝΩΝ
ΠΛΗΘΟΣ ΠΟΛΥ
ΓΥΝΑΙΚΩΝ ΤΕ ΤΩΝ ΠΡΩΤΩΝ
ΟΥΚ̣ ΟΛΙΓΑΙ

5 ΖΗΛΩΣΑΝΤΕΣ ΔΕ ΟΙ ΙΟΥΔΑΙΟΙ
ΚΑΙ ΠΡΟΣΛΑΒΟΜΕΝΟΙ ΤΩΝ ΑΓΟΡΑΙΩΝ ΑΝΔΡΑΣ ΤΙΝΑΣ ΠΟΝΗΡΟΥΣ
ΚΑΙ ΟΧΛΟΠΟΙΗΣΑΝΤΕΣ
ΕΘΟΡΥΒΟΥΝ ΤΗΝ ΠΟΛΙΝ
ΚΑΙ ΕΠΙΣΤΑΝΤΕΣ ΤΗ ΟΙΚΙΑ ΙΑΣΟΝΟΣ
ΕΖΗΤΟΥΝ ΑΥΤΟΥΣ
ΠΡΟΑΓΑΓΕΙΝ ΕΙΣ ΤΟΝ ΔΗΜΟΝ

6 ΜΗ ΕΥΡΟΝΤΕΣ ΔΕ ΑΥΤΟΥΣ
ΕΣΥΡΟΝ ΙΑΣΟΝΑ ΚΑΙ ΤΙΝΑΣ ΑΔΕΛΦΟΥΣ ΕΠΙ ΤΟΥΣ ΠΟΛΙΤΑΡΧΑΣ
ΒΟΩΝΤΕΣ ΟΤΙ
ΟΙ ΤΗΝ ΟΙΚΟΥΜΕΝΗΝ ΑΝΑΣΤΑΤΩΣΑΝΤΕΣ
ΟΥΤΟΙ ΚΑΙ ΕΝΘΑΔΕ ΠΑΡΕΙΣΙΝ
7 ΟΥΣ ΥΠΟΔΕΔΕΚΤΑΙ ΙΑΣΩΝ

17장

⸋⸌ -ΘΕΣΣΑΛΟΝΙΚΗΝ-; ΤΗΝ ΘΕΣΣΑΛΟΝΕΙΚΗΝ 03만 이문지지, 다양한 이문 존재. 관사 및 고유명사 음역 문제.
·ΤΩ· -ΣΙΛΑ-; ΣΕΙΛΑ 03만 이문지지, 다양한 이문 존재. 관사 및 고유명사 음역 문제.

ΚΑΙ ΟΥΤΟΙ ΠΑΝΤΕΣ ΑΠΕΝΑΝΤΙ ΤΩΝ ΔΟΓΜΑΤΩΝ ΚΑΙΣΑΡΟΣ ΠΡΑΣΣΟΥΣΙΝ
ΒΑΣΙΛΕΑ ΕΤΕΡΟΝ ΛΕΓΟΝΤΕΣ ΕΙΝΑΙ ΙΝΣΟΥΝ

8 ΕΤΑΡΑΞΑΝ ΔΕ ΤΟΝ ΟΧΛΟΝ
ΚΑΙ ΤΟΥΣ ΠΟΛΙΤΑΡΧΑΣ ΑΚΟΥΟΝΤΑΣ ΤΑΥΤΑ

9 ΚΑΙ ΛΑΒΟΝΤΕΣ ΤΟ ΙΚΑΝΟΝ
ΠΑΡΑ ΤΟΥ ΙΑΣΟΝΟΣ ΚΑΙ ΤΩΝ ΛΟΙΠΩΝ
ΑΠΕΛΥΣΑΝ ΑΥΤΟΥΣ

10 ΟΙ ΔΕ ΑΔΕΛΦΟΙ ΕΥΘΕΩΣ ΔΙΑ ΝΥΚΤΟΣ
ΕΞΕΠΕΜΨΑΝ ΤΟΝ ΤΕ ΠΑΥΛΟΝ ΚΑΙ ΤΟΝ ΣΙΛΑΝ ΕΙΣ ΒΕΡΟΙΑΝ
ΟΙΤΙΝΕΣ ΠΑΡΑΓΕΝΟΜΕΝΟΙ
ΕΙΣ ΤΗΝ ΣΥΝΑΓΩΓΗΝ ΤΩΝ ΙΟΥΔΑΙΩΝ ΑΠΗΕΣΑΝ

11 ΟΥΤΟΙ ΔΕ
ΗΣΑΝ ΕΥΓΕΝΕΣΤΕΡΟΙ ΤΩΝ ΕΝ -ΘΕΣΣΑΛΟΝΙΚΗ-
ΟΙΤΙΝΕΣ ΕΔΕΞΑΝΤΟ ΤΟΝ ΛΟΓΟΝ ΜΕΤΑ ΠΑΣΗΣ ΠΡΟΘΥΜΙΑΣ ΚΑΘ ΗΜΕΡΑΝ
-ΑΝΑΚΡΙΝΟΝΤΕΣ- ΤΑΣ ΓΡΑΦΑΣ
ΕΙ ΕΧΟΙ ΤΑΥΤΑ ΟΥΤΩΣ

12 ΠΟΛΛΟΙ ΜΕΝ ΟΥΝ ΕΞ ΑΥΤΩΝ ΕΠΙΣΤΕΥΣΑΝ
ΚΑΙ ΤΩΝ ΕΛΛΗΔΙΔΩΝ ΓΥΝΑΙΚΩΝ ΤΩΝ ΕΥΣΧΗΜΟΝΩΝ ΚΑΙ ΑΝΔΡΩΝ
ΟΥΚ ΟΛΙΓΟΙ

13 ΩΣ ΔΕ ΕΓΝΩΣΑΝ
ΟΙ ΑΠΟ ΤΗΣ -ΘΕΣΣΑΛΟΝΙΚΗΣ- ΙΟΥΔΑΙΟΙ
ΟΤΙ ΚΑΙ ΕΝ ΤΗ ΒΕΡΟΙΑ ΚΑΤΗΓΓΕΛΗ
ΥΠΟ ΤΟΥ ΠΑΥΛΟΥ
Ο ΛΟΓΟΣ ΤΟΥ ΘΕΟΥ
ΗΛΘΟΝ ΚΑΚΕΙ
ΣΑΛΕΥΟΝΤΕΣ ΚΑΙ ΤΑΡΑΣΣΟΝΤΕΣ ΤΟΥΣ ΟΧΛΟΥΣ

14 ΕΥΘΕΩΣ ΔΕ ΤΟΤΕ ΤΟΝ ΠΑΥΛΟΝ
ΕΞΑΠΕΣΤΕΙΛΑΝ ΟΙ ΑΔΕΛΦΟΙ
ΠΟΡΕΥΕΣΘΑΙ ΕΩΣ ΕΠΙ ΤΗΝ ΘΑΛΑΣΣΑΝ
ΥΠΕΜΕΙΝΑΝ ΤΕ Ο ΤΕ -ΣΙΛΑΣ- ΚΑΙ Ο ΤΙΜΟΘΕΟΣ ΕΚΕΙ

15 ΟΙ ΔΕ ΚΑΘΙΣΤΑΝΟΝΤΕΣ

-ΘΕΣΣΑΛΟΝΙΚΗ-; ΘΕΣΣΑΛΟΝΕΙΚΗ P45 03만 이문지지, 다양한 이문 존재. 고유명사 음역 문제.
-ΑΝΑΚΡΙΝΟΝΤΕΣ-; ΑΝΑΚΡΙΝΟΝΤΕΣ P45 03 05만 이문지지, 다른 이문 존재. 정서법 문제.
-ΘΕΣΣΑΛΟΝΙΚΗΣ-; ΘΕΣΣΑΛΟΝΕΙΚΗΣ 03만 이문지지, 다양한 이문 존재. 고유명사 음역 문제.
-ΣΙΛΑΣ-; ΣΕΙΛΑΣ P45 03 05만 이문지지. 고유명사 음역 문제.

ΤΟΝ ΠΑΥΛΟΝ ΗΓΑΓΟΝ ΕΩΣ ΑΘΗΝΩΝ
ΚΑΙ ΛΑΒΟΝΤΕΣ ΕΝΤΟΛΗΝ ΠΡΟΣ ΤΟΝ -ΣΙΛΑΝ- ΚΑΙ ΤΟΝ ΤΙΜΟΘΕΟΝ
ΙΝΑ ΩΣ ΤΑΧΙΣΤΑ ΕΛΘΩΣΙΝ ΠΡΟΣ ΑΥΤΟΝ
ΕΞΗΕΣΑΝ

16 ΕΝ ΔΕ ΤΑΙΣ ΑΘΗΝΑΙΣ ΕΚΔΕΧΟΜΕΝΟΥ ΑΥΤΟΥΣ
ΤΟΥ ΠΑΥΛΟΥ
ΠΑΡΩΞΥΝΕΤΟ ΤΟ ΠΝΕΥΜΑ ΑΥΤΟΥ ΕΝ ΑΥΤΩ
ΘΕΩΡΟΥΝΤΟΣ ΚΑΤΕΙΔΩΛΟΝ ΟΥΣΑΝ ΤΗΝ ΠΟΛΙΝ

17 ΔΙΕΛΕΓΕΤΟ ΜΕΝ ΟΥΝ
ΕΝ ΤΗ ΣΥΝΑΓΩΓΗ
ΤΟΙΣ ΙΟΥΔΑΙΟΙΣ ΚΑΙ ΤΟΙΣ ΣΕΒΟΜΕΝΟΙΣ
ΚΑΙ ΕΝ ΤΗ ΑΓΟΡΑ ΚΑΤΑ ΠΑΣΑΝ ΗΜΕΡΑΝ
ΠΡΟΣ ΤΟΥΣ ΠΑΡΑΤΥΓΧΑΝΟΝΤΑΣ

18 ΤΙΝΕΣ ΔΕ ΚΑΙ ΤΩΝ ΕΠΙΚΟΥΡẸΙΩΝ ΚΑΙ -ΣΤΟΙΚΩΝ- ΦΙΛΟΣΟΦΩΝ
ΣΥΝΕΒΑΛΛΟΝ ΑΥΤΩ

ΚΑΙ ΤΙΝΕΣ ΕΛΕΓΟΝ
ΤΙ ΑΝ ΘΕΛΟΙ
Ο ΣΠΕΡΜΟΛΟΓΟΣ ΟΥΤΟΣ
ΛΕΓΕΙΝ

ΟΙ ΔΕ
ΞΕΝΩΝ ΔΑΙΜΟΝΙΩΝ ΔΟΚΕΙ ΚΑΤΑΓΓΕΛΕΥΣ ΕΙΝΑΙ
ΟΤΙ ΤΟΝ ΙΝΣΟΥΝ ΚΑΙ ΤΗΝ ΑΝΑΣΤΑΣΙΝ ΕΥΗΓΓΕΛΙΖΕΤΟ

19 ΕΠΙΛΑΒΟΜΕΝΟΙ –ΤΕ– ΑΥΤΟΥ
ΕΠΙ ΤΟΝ ΑΡΕΙΟΝ ΠΑΓΟΝ ΗΓΑΓΟΝ
ΛΕΓΟΝΤΕΣ
ΔΥΝΑΜΕΘΑ ΓΝΩΝΑΙ
ΤΙΣ Η ΚΑΙΝΗ ΑΥΤΗ
·Η· ΥΠΟ ΞΟΥ ΛΑΛΟΥΜΕΝΗ ΔΙΔΑΧΗ

20 ΞΕΝΙΖΟΝΤΑ ΓΑΡ ΤΙΝΑ
ΕΙΣΦΕΡΕΙΣ ΕΙΣ ΤΑΣ ΑΚΟΑΣ ΗΜΩΝ
ΒΟΥΛΟΜΕΘΑ ΟΥΝ ΓΝΩΝΑΙ
ΤΙΝΑ ΘΕΛΕΙ ΤΑΥΤΑ ΕΙΝΑΙ

-ΣΙΛΑΝ-; ΣΕΙΛΑΝ P45 03 05만 이문지지, 다른 이문 존재. 고유명사 음역 문제
-ΣΤΟΙΚΩΝ-; ΣΤΩΙΚΩΝ 각각 다수 사본지지, 다른 이문 존재, 판단 필요. 철자 문제.
–ΤΕ–; ΔΕ 03 044 33 81 1241 1837 2344만 이문지지, 다른 이문 존재. 접속사 문제.
·Η· 03 05 1243만 이문지지. 관사 문제.

21 ΑΘΗΝΑΙΟΙ ΔΕ ΠΑΝΤΕΣ ΚΑΙ ΟΙ ΕΠΙΔΗΜΟΥΝΤΕΣ ΞΕΝΟΙ
ΕΙΣ ΟΥΔΕΝ ΕΤΕΡΟΝ ΗΥΚΑΙΡΟΥΝ
Η ΛΕΓΕΙΝ ΤΙ Η ΑΚΟΥΕΙΝ ΤΙ ΚΑΙΝΟΤΕΡΟΝ

22 ΣΤΑΘΕΙΣ ΔΕ ·Ο· ΠΑΥΛΟΣ ΕΝ ΜΕΣΩ ΤΟΥ ΑΡΕΙΟΥ ΠΑΓΟΥ
ΕΦΗ
ΑΝΔΡΕΣ ΑΘΗΝΑΙΟΙ
ΚΑΤΑ ΠΑΝΤΑ
ΩΣ ΔΕΙΣΙΔΑΙΜΟΝΕΣΤΕΡΟΥΣ
ΥΜΑΣ ΘΕΩΡΩ

23 ΔΙΕΡΧΟΜΕΝΟΣ ΓΑΡ
ΚΑΙ ΑΝΑΘΕΩΡΩΝ ΤΑ ΣΕΒΑΣΜΑΤΑ ΥΜΩΝ
ΕΥΡΟΝ
ΚΑΙ ΒΩΜΟΝ ΕΝ Ω ΕΠΕΓΕΓΡΑΠΤΟ
ΑΓΝΩΣΤΩ ΘΕΩ

Ο ΟΥΝ ΑΓΝΟΟΥΝΤΕΣ ΕΥΣΕΘΕΙΤΕ
ΤΟΥΤΟ ΕΓΩ ΚΑΤΑΓΓΕΛΛΩ ΥΜΙΝ

24 Ο ΘΕΟΣ
Ο ΠΟΙΗΣΑΣ ΤΟΝ ΚΟΣΜΟΝ ΚΑΙ ΠΑΝΤΑ ΤΑ ΕΝ ΑΥΤΩ
ΟΥΤΟΣ
ΟΥΡΑΝΟΥ ΚΑΙ ΓΗΣ ΥΠΑΡΧΩΝ ΚΥΡΙΟΣ
ΟΥΚ ΕΝ ΧΕΙΡΟΠΟΙΗΤΟΙΣ ΝΑΟΙΣ ΚΑΤΟΙΚΕΙ

25 ΟΥΔΕ ΥΠΟ ΧΕΙΡΩΝ ΑΝΘΡΩΠΙΝΩΝ ΘΕΡΑΠΕΥΕΤΑΙ
ΠΡΟΣΔΕΟΜΕΝΟΣ ΤΙΝΟΣ
ΑΥΤΟΣ ΔΙΔΟΥΣ ΠΑΣΙ
ΖΩΗΝ ΚΑΙ ΠΝΟΗΝ ΚΑΙ ΤΑ ΠΑΝΤΑ
26 ΕΠΟΙΗΣΕΝ ΤΕ ΕΞ ΕΝΟΣ
ΠΑΝ ΕΘΝΟΣ ΑΝΘΡΩΠΩΝ
ΚΑΤΟΙΚΕΙΝ ΕΠΙ ΠΑΝΤΟΣ ΠΡΟΣΩΠΟΥ ΤΗΣ ΓΗΣ
ΟΡΙΣΑΣ ΠΡΟΣΤΕΤΑΓΜΕΝΟΥΣ ΚΑΙΡΟΥΣ
ΚΑΙ ΤΑΣ ΟΡΟΘΕΣΙΑΣ ΤΗΣ ΚΑΤΟΙΚΙΑΣ ΑΥΤΩΝ
27 ΖΗΤΕΙΝ ΤΟΝ ΘΕΟΝ
ΕΙ ΑΡΑ ΓΕ ΨΗΛΑΦΗΣΕΙΑΝ ΑΥΤΟΝ
ΚΑΙ ΕΥΡΟΙΕΝ
ΚΑΙ ΓΕ ΟΥ ΜΑΚΡΑΝ ΑΠΟ ΕΝΟΣ ΕΚΑΣΤΟΥ ΗΜΩΝ ΥΠΑΡΧΟΝΤΑ

28 ΕΝ ΑΥΤΩ ΓΑΡ ΖΩΜΕΝ

·Ο· 01 02 03 1245 1837만 이문지지, 판단 필요. 관사 문제.

ΚΑΙ -ΚΙΝΟΥΜΕΘΑ- ΚΑΙ ΕΣΜΕΝ
ΩΣ ΚΑΙ ΤΙΝΕΣ ΤΩΝ ΚΑΘ –ΥΜΑΣ– ΠΟΙΗΤΩΝ ΕΙΡΗΚΑΣΙΝ
ΤΟΥ ΓΑΡ ΚΑΙ ΓΕΝΟΣ ΕΣΜΕΝ

29 ΓΕΝΟΣ ΟΥΝ ΥΠΑΡΧΟΝΤΕΣ ΤΟΥ ΘΕΟΥ
ΟΥΚ ΟΦΕΙΛΟΜΕΝ ΝΟΜΙΖΕΙΝ
ΧΡΥΣΩ Η ΑΡΓΥΡΩ Η ΛΙΘΩ
ΧΑΡΑΓΜΑΤΙ ΤΕΧΝΗΣ ΚΑΙ ΕΝΘΥΜΗΣΕΩΣ ΑΝΘΡΩΠΟΥ
ΤΟ ΘΕΙΟΝ ΕΙΝΑΙ ΟΜΟΙΟΝ

30 ΤΟΥΣ ΜΕΝ ΟΥΝ ΧΡΟΝΟΥΣ ΤΗΣ ΑΓΝΟΙΑΣ ΥΠΕΡΙΔΩΝ Ο ΘΕΟΣ
ΤΑ ΝΥΝ –ΠΑΡΑΓΓΕΛΛΕΙ– ΤΟΙΣ ΑΝΘΡΩΠΟΙΣ
ΠΑΝΤΑΣ ΠΑΝΤΑΧΟΥ ΜΕΤΑΝΟΕΙΝ
31 ΚΑΘΟΤΙ ΕΣΤΗΣΕΝ ΗΜΕΡΑΝ
ΕΝ Η ΜΕΛΛΕΙ -ΚΡΙΝΕΙΝ- ΤΗΝ ΟΙΚΟΥΜΕΝΗΝ
ΕΝ ΔΙΚΑΙΟΣΥΝΗ
ΕΝ ΑΝΔΡΙ Ω ΩΡΙΣΕΝ
ΠΙΣΤΙΝ ΠΑΡΑΣΧΩΝ ΠΑΣΙΝ̣
ΑΝΑΣΤΗΣΑΣ ΑΥΤΟΝ ΕΚ ΝΕΚΡΩΝ

32 ΑΚΟΥΣΑΝΤΕΣ ΔΕ ΑΝΑΣΤΑΣΙΝ ΝΕΚΡΩΝ
ΟΙ ΜΕΝ ΕΧΛΕΥΑΖΟΝ
ΟΙ ΔΕ ΕΙΠΑΝ
ΑΚΟΥΣΟΜΕΘΑ ΣΟΥ ΠΕΡΙΤΟΥΤΟΥ ΚΑΙ ΠΑΛΙΝ

33 ΟΥΤΩΣ Ο ΠΑΥΛΟΣ ΕΞΗΛΘΕΝ ΕΚ ΜΕΣΟΥ ΑΥΤΩΝ

34 ΤΙΝΕΣ ΔΕ ΑΝΔΡΕΣ ΚΟΛΛΗΘΕΝΤΕΣ ΑΥΤΩ ΕΠΙΣΤΕΥΣΑΝ
ΕΝ ΟΙΣ ΚΑΙ ΔΙΟΝΥΣΙΟΣ ·Ο· -ΑΡΕΟΠΑΓΙΤΗΣ-
ΚΑΙ ΓΥΝΗ ΟΝΟΜΑΤΙ ΔΑΜΑΡΙΣ
ΚΑΙ ΕΤΕΡΟΙ ΣΥΝ ΑΥΤΟΙΣ

ιη

18:1 ΜΕΤ̣Α̣ ΤΑΥΤΑ
ΧΩΡΙΣΘΕΙΣ ΕΚ ΤΩΝ ΑΘΗΝΩΝ
ΗΛΘΕΝ ΕΙΣ ΚΟΡΙΝΘΟΝ

-ΚΙΝΟΥΜΕΘΑ-; ΚΕΙΝΟΥΜΕΘΑ 02 03 05만 이문지지. 정서법 문제.

–ΥΜΑΣ–; ΗΜΑΣ 각각 다수 사본지지, 판단 필요. 인칭대명사 문제. 앞뒤 문맥의 인칭과 바울의 출생지를 고려할 때 1인칭 복수도 가능.

–ΠΑΡΑΓΓΕΛΛΕΙ–; ΑΠΑΓΓΕΛΛΕΙ 01 03만 이문지지, 다양한 이문 존재. 접두어 문제.

-ΚΡΙΝΕΙΝ-; ΚΡΕΙΝΕΙΝ 03만 이문지지, 다양한 이문 존재. 정서법 문제.

·Ο· -ΑΡΕΟΠΑΓΙΤΗΣ-; ΑΡΕΟΠΑΓΕΙΤΗΣ 03만 이문지지, 다양한 이문 존재. 고유명사 음역 문제.

2 ΚΑΙ ΕΥΡΩΝ ΤΙΝΑ ΙΟΥΔΑΙΟΝ ΟΝΟΜΑΤΙ ΑΚΥΛΑΝ
ΠΟΝΤΙΚΟΝ ΤΩ ΓΕΝΕΙ
ΠΡΟΣΦΑΤΩΣ ΕΛΗΛΥΘΟΤΑ ΑΠΟ ΤΗΣ ΙΤΑΛΙΑΣ
ΚΑΙ ΠΡΙΣΚΙΛΛΑΝ ΓΥΝΑΙΚΑ ΑΥΤΟΥ
ΔΙΑ ΤΟ ΔΙΑΤΕΤΑΧΕΝΑΙ ·ΚΛΑΥΔΙΟΝ·
ΧΩΡΙΖΕΣΘΑΙ ΠΑΝΤΑΣ ΤΟΥΣ ΙΟΥΔΑΙΟΥΣ
ΑΠΟ ΤΗΣ ΡΩΜΗΣ
ΠΡΟΣΗΛΘΕΝ ΑΥΤΟΙΣ
3 ΚΑΙ ΔΙΑ ΤΟ ΟΜΟΤΕΧΝΟΝ ΕΙΝΑΙ
ΕΜΕΝΕΝ ΠΑΡ ΑΥΤΟΙΣ
ΚΑΙ -ΗΡΓΑΖΕΤΟ-
ΗΣΑΝ ΓΑΡ ΣΚΗΝΟΠΟΙΟΙ ΤΗ ΤΕΧΝΗ

4 ΔΙΕΛΕΓΕΤΟ ΔΕ ΕΝ ΤΗ ΣΥΝΑΓΩΓΗ
ΚΑΤΑ ΠΑΝ ΣΑΒΒΑΤΟΝ
ΕΠΕΙΘΕΝ ΤΕ ΙΟΥΔΑΙΟΥΣ ΚΑΙ ΕΛΛΗΝΑΣ

5 ΩΣ ΔΕ ΚΑΤΗΛΘΟΝ ΑΠΟ ΤΗΣ ΜΑΚΕΔΟΝΙΑΣ
Ο ΤΕ -ΣΙΛΑΣ- ΚΑΙ Ο ΤΙΜΟΘΕΟΣ
ΣΥΝΕΙΧΕΤΟ ΤΩ ΛΟΓΩ Ο ΠΑΥΛΟΣ
ΔΙΑΜΑΡΤΥΡΟΜΕΝΟΣ ΤΟΙΣ ΙΟΥΔΑΙΟΙΣ
ΕΙΝΑΙ ΤΟΝ ΧΡΙΣΤΟΝ ΙΗΣΟΥΝ

6 ΑΝΤΙΤΑΣΣΟΜΕΝΩΝ ΔΕ ΑΥΤΩΝ ΚΑΙ ΒΛΑΣΦΗΜΟΥΝΤΩΝ
ΕΚΤΙΝΑΞΑΜΕΝΟΣ ΤΑ ΙΜΑΤΙΑ ΕΙΠΕΝ ΠΡΟΣ ΑΥΤΟΥΣ
ΤΟ ΑΙΜΑ ΥΜΩΝ
ΕΠΙ ΤΗΝ ΚΕΦΑΛΗΝ ΥΜΩΝ
ΚΑΘΑΡΟΣ ΕΓΩ
ΑΠΟ ΤΟΥ ΝΥΝ
ΕΙΣ ΤΑ ΕΘΝΗ ΠΟΡΕΥΣΟΜΑΙ

7ΚΑΙ ΜΕΤΑΒΑΣ ΕΚΕΙΘΕΝ
–ΕΙΣΗΛΘΕΝ– ΕΙΣ ΟΙΚΙΑΝ
ΤΙΝΟΣ ΟΝΟΜΑΤΙ ΤΙΤΙΟΥ ΙΟΥΣΤΟΥ
ΣΕΒΟΜΕΝΟΥ ΤΟΝ ΘΕΟΝ
ΟΥ Η ΟΙΚΙΑ ΗΝ ΣΥΝΟΜΟΡΟΥΣΑ ΤΗ ΣΥΝΑΓΩΓΗ

8 -ΚΡΙΣΠΟΣ- ΔΕ ΑΡΧΙΣΥΝΑΓΩΓΟΣ

18장
·ΚΛΑΥΔΙΟΝ· 03만 이문지지, 다른 이문 존재. 고유명사 문제.
-ΗΡΓΑΖΕΤΟ-; ΗΡΓΑΖΟΝΤΟ 01 03만 이문지지, 다양한 이문 존재, 판단 필요. 인칭과 수의 일치 및 정서법 문제.
-ΣΙΛΑΣ-; ΣΕΙΛΑΣ 03만 이문지지, 다른 이문 존재. 고유명사 음역 문제.
–ΕΙΣΗΛΘΕΝ–; ΗΛΘΕΝ 각각 다수 사본지지, 다른 이문 존재, 판단 필요. 접두어 문제.
-ΚΡΙΣΠΟΣ-; ΚΡΕΙΣΠΟΣ 03만 이문지지. 고유명사 음역 문제.

ΕΠΙΣΤΕΥΣΕΝ ΤΩ ΚΥΡΙΩ
ΣΥΝ ΟΛΩ ΤΩ ΟΙΚΩ ΑΥΤΟΥ
ΚΑΙ ΠΟΛΛΟΙ ΤΩΝ ΚΟΡΙΝΘΙΩΝ ΑΚΟΥΟΝΤΕΣ ΕΠΙΣΤΕΥΟΝ
ΚΑΙ ΕΒΑΠΤΙΖΟΝΤΟ

9 ΕΙΠΕΝ ΔΕ Ο ΚΥΡΙΟΣ ΕΝ ΝΥΚΤΙ ΔΙ ΟΡΑΜΑΤΟΣ ΤΩ ΠΑΥΛΩ
ΜΗ ΦΟΒΟΥ
ΑΛΛΑ ΛΑΛΕΙ ΚΑΙ ΜΗ ΣΙΩΤΗΣΗΣ
10 ΔΙΟΤΙ ΕΓΩ ΕΙΜΙ ΜΕΤΑ ΣΟΥ
ΚΑΙ ΟΥΔΕΙΣ ΕΠΙΘΗΣΕΤΑΙ ΣΟΙ
ΤΟΥ ΚΑΚΩΣΑΙ ΣΕ
ΔΙΟΤΙ ΛΑΟΣ ΕΣΤΙ ΜΟΙ ΠΟΛΥΣ
ΕΝ ΤΗ ΠΟΛΕΙ ΤΑΥΤΗ

11 ΕΚΑΘΙΣΕΝ ΔΕ ΕΝΙΑΥΤΟΝ ΚΑΙ ΜΗΝΑΣ ΕΞ
ΔΙΔΑΣΚΩΝ ΕΝ ΑΥΤΟΙΣ ΤΟΝ ΛΟΓΟΝ ΤΟΥ ΘΕΟΥ

12 ΓΑΛΛΙΩΝΟΣ ΔΕ ΑΝΘΥΠΑΤΟΥ ΟΝΤΟΣ ΤΗΣ ΑΧΑΙΑΣ
ΚΑΤΕΠΕΣΤΗΣΑΝ ˆΟΜΟΘΥΜΑΔΟΝ
ΟΙ ΙΟΥΔΑΙΟΙˆ ΤΩ ΠΑΥΛΩ
ΚΑΙ ΗΓΑΓΟΝ ΑΥΤΟΝ ΕΠΙ ΤΟ ΒΗΜΑ
13 ΛΕΓΟΝΤΕΣ ΟΤΙ
ΠΑΡΑ ΤΟΝ ΝΟΜΟΝ
ΑΝΑΠΕΙΘΕΙ ΟΥΤΟΣ ΤΟΥΣ ΑΝΘΡΩΠΟΥΣ
ΣΕΒΕΣΘΑΙ ΤΟΝ ΘΕΟΝ

14 ΜΕΛΛΟΝΤΟΣ ΔΕ ΤΟΥ ΠΑΥΛΟΥ ΑΝΟΙΓΕΙΝ ΤΟ ΣΤΟΜΑ
ΕΙΠΕΝ Ο ΓΑΛΛΙΩΝ ΠΡΟΣ ΤΟΥΣ ΙΟΥΔΑΙΟΥΣ
ΕΙ ΜΕΝ ΗΝ ΑΔΙΚΗΜΑ ΤΙ Η ΡΑΔΙΟΥΡΓΗΜΑ ΠΟΝΗΡΟΝ
Ω ΙΟΥΔΑΙΟΙ
ΚΑΤΑ ΛΟΓΟΝ ΑΝ ΑΝΕΣΧΟΜΗΝ ΥΜΩΝ

15 ΕΙ ΔΕ ΖΗΤΗΜΑΤΑ ΕΣΤΙΝ
ΠΕΡΙ ΛΟΓΟΥ ΚΑΙ ΟΝΟΜΑΤΩΝ ΚΑΙ ΝΟΜΟΥ ΤΟΥ ΚΑΘ ΥΜΑΣ
ΟΨΕΣΘΕ ΑΥΤΟΙ

ΚΡΙΤΗΣ ΕΓΩ ΤΟΥΤΩΝ
ΟΥ ΒΟΥΛΟΜΑΙ ΕΙΝΑΙ

ˆΟΜΟΘΥΜΑΔΟΝ ΟΙ ΙΟΥΔΑΙΟΙˆ; ΟΙ ΙΟΥΔΑΙΟΙ ΟΜΟΘΥΜΑΔΟΝ 03 330 1505 1828 2495만 이문지지, 다양한 이문 존재. 순서 문제.

⋯⋯; ΤΩΝ 03만 이문지지, 다른 이문 존재. 관사 문제. '이러한 것들 가운데 어떤 것도 갈리오에게 문제가 되지 않습니다' 혹은 '갈리오에게 있던 이것들 가운데 어떤 것도 문제가 되지 않습니다', 실수로 보기도 함.

16 ΚΑΙ ΑΠΗΛΑΣΕΝ ΑΥΤΟΥΣ
ΑΠΟ ΤΟΥ ΒΗΜΑΤΟΣ

17 ΕΠΙΛΑΒΟΜΕΝΟΙ ΔΕ ΠΑΝΤΕΣ ΣΩΣΘΗΝΗΝ ΤΟΝ ΑΡΧΙΣΥΝΑΓΩΓΟΝ
ΕΤΥΠΤΟΝ ΕΜΠΡΟΣΘΕΝ ΤΟΥ ΒΗΜΑΤΟΣ
ΚΑΙ ΟΥΔΕΝ ΤΟΥΤΩΝ ...... ΤΩ ΓΑΛΛΙΩΝΙ ΕΜΕΛΕΝ

18 Ο ΔΕ ΠΑΥΛΟΣ
ΕΤΙ ΠΡΟΣΜΕΙΝΑΣ ΗΜΕΡΑΣ ΙΚΑΝΑΣ
ΤΟΙΣ ΑΔΕΛΦΟΙΣ ΑΠΟΤΑΞΑΜΕΝΟΣ
ΕΞΕΠΛΕΙ ΕΙΣ ΤΗΝ ΣΥΡΙΑΝ
ΚΑΙ ΣΥΝ ΑΥΤΩ -ΠΡΙΣΚΙΛΛΑ- ΚΑΙ ΑΚΥΛΑΣ
ΚΕΙΡΑΜΕΝΟΣ ΕΝ ΚΕΓΧΡΕΑΙΣ ΤΗΝ ΚΕΦΑΛΗΝ
ΕΙΧΕΝ ΓΑΡ ΕΥΧΗΝ

19 ΚΑΤΗΝΤΗΣΑΝ ΔΕ ΕΙΣ ΕΦΕΣΟΝ
ΚΑΚΕΙΝΟΥΣ ΚΑΤΕΛΙΠΕΝ ΑΥΤΟΥ
ΑΥΤΟΣ ΔΕ ΕΙΣΕΛΘΩΝ ΕΙΣ ΤΗΝ ΣΥΝΑΓΩΓΗΝ
ΔΙΕΛΕΞΑΤΟ ΤΟΙΣ ΙΟΥΔΑΙΟΙΣ

20 ΕΡΩΤΩΝΤΩΝ ΔΕ ΑΥΤΩΝ
ΕΠΙ ΠΛΕΙΟΝΑ ΧΡΟΝΟΝ ΜΕΙΝΑΙ
ΟΥΚ ΕΠΕΝΕΥΣΕΝ
21 ΑΛΛΑ ΑΠΟΤΑΞΑΜΕΝΟΣ ΚΑΙ ΕΙΠΩΝ
ΠΑΛΙΝ ΑΝΑΚΑΜΨΩ ΠΡΟΣ ΥΜΑΣ
ΤΟΥ ΘΕΟΥ ΘΕΛΟΝΤΟΣ
ΑΝΗΧΘΗ ΑΠΟ ΤΗΣ ΕΦΕΣΟΥ

22 ΚΑΙ ΚΑΤΕΛΘΩΝ ΕΙΣ ΚΑΙΣΑΡΕΙΑΝ
ΑΝΑΒΑΣ ΚΑΙ ΑΣΠΑΣΑΜΕΝΟΣ ΤΗΝ ΕΚΚΛΗΣΙΑΝ
ΚΑΤΕΒΗ ΕΙΣ ΑΝΤΙΟΧΕΙΑΝ

23 ΚΑΙ ΠΟΙΗΣΑΣ ΧΡΟΝΟΝ ΤΙΝΑ
ΕΞΗΛΘΕΝ
ΔΙΕΡΧΟΜΕΝΟΣ ΚΑΘΕΞΗΣ ΤΗΝ ΓΑΛΑΤΙΚΗΝ ΧΩΡΑΝ ΚΑΙ ΦΡΥΓΙΑΝ
–ΕΠΙΣΤΗΡΙΖΩΝ– ΠΑΝΤΑΣ ΤΟΥΣ ΜΑΘΗΤΑΣ

24 ΙΟΥΔΑΙΟΣ ΔΕ ΤΙΣ ΑΠΟΛΛΩΣ ΟΝΟΜΑΤΙ
ΑΛΕΧΑΝΔΡΕΥΣ ΤΩ ΓΕΝΕΙ
ΑΝΗΡ ΛΟΓΙΟΣ
ΚΑΤΗΝΤΗΣΕΝ ΕΙΣ ΕΦΕΣΟΝ

-ΠΡΙΣΚΙΛΛΑ-; ΠΡΕΙΣΚΙΛΛΑ 03만 이문지지, 다양한 이문 존재. 고유명사 음역 문제.
–ΕΠΙΣΤΗΡΙΖΩΝ–; ΣΤΗΡΙΖΩΝ P74 01 02 03 33만 이문지지, 다른 이문 존재, 판단 필요. 접두어 문제.

ΔΥΝΑΤΟΣ ΩΝ ΕΝ ΤΑΙΣ ΓΡΑΦΑΙΣ
25 ΟΥΤΟΣ ΗΝ ΚΑΤΗΧΗΜΕΝΟΣ ΤΗΝ ΟΔΟΝ ·ΤΟΥ· ΚΥΡΙΟΥ
ΚΑΙ ΖΕΩΝ ΤΩ ΠΝΕΥΜΑΤΙ ΕΛΑΛΕΙ
···· ΚΑΙ ΕΔΙΔΑΣΚΕΝ -ΑΚΡΙΒΩΣ- ΤΑ ΠΕΡΙ ΤΟΥ ΙΗΣΟΥ
ΕΠΙΣΤΑΜΕΝΟΣ ΜΟΝΟΝ ΤΟ ΒΑΠΤΙΣΜΑ ΙΩΑΝ·Ν·ΟΥ

26 ΟΥΤΟΣ ΤΕ ΗΡΞΑΤΟ
ΠΑΡΡΗΣΙΑΖΕΣΘΑΙ ΕΝ ΤΗ ΣΥΝΑΓΩΓΗ

ΑΚΟΥΣΑΝΤΕΣ ΔΕ ΑΥΤΟΥ
ΠΡΙΣΚΙΛΛΑ ΚΑΙ ΑΚΥΛΑΣ ΠΡΟΣΕΛΑΒΟΝΤΟ ΑΥΤΟΝ
ΚΑΙ ΑΚΡΙΒΕΣΤΕΡΟΝ ΑΥΤΩ ΕΞΕΘΕΝΤΟ ΤΗΝ ΟΔΟΝ ΤΟΥ ΘΕΟΥ

27 ΒΟΥΛΟΜΕΝΟΥ ΔΕ ΑΥΤΟΥ
ΔΙΕΛΘΕΙΝ ΕΙΣ ΤΗΝ ΑΧΑΙΑΝ
ΠΡΟΤΡΕΨΑΜΕΝΟΙ ΟΙ ΑΔΕΛΦΟΙ
ΕΓΡΑΨΑΝ ΤΟΙΣ ΜΑΘΗΤΑΙΣ
ΑΠΟΔΕΞΑΣΘΑΙ ΑΥΤΟΝ

ΟΣ ΠΑΡΑΓΕΝΟΜΕΝΟΣ
ΣΥΝΕΒΑΛΕΤΟ ΠΟΛΥ ΤΟΙΣ ΠΕΠΙΣΤΕΥΚΟΣΙΝ
ΔΙΑ ΤΗΣ ΧΑΡΙΤΟΣ

28 ΕΥΤΟΝΩΣ ΓΑΡ ΤΟΙΣ ΙΟΥΔΑΙΟΙΣ ΔΙΑΚΑΤΗΛΕΓΧΕΤΟ ΔΗΜΟΣΙΑ
ΕΠΙΔΕΙΚΝΥΣ ΔΙΑ ΤΩΝ ΓΡΑΦΩΝ
ΕΙΝΑΙ ΤΟΝ ΧΡΙΣΤΟΝ ΙΗΣΟΥΝ

ιθ

19:1 ΕΓΕΝΕΤΟ ΔΕ ΕΝ ΤΩ ΤΟΝ ΑΠΟΛΛΩ ΕΙΝΑΙ ΕΝ ΚΟΡΙΝΘΩ
ΠΑΥΛΟΝ ΔΙΕΛΘΟΝΤΑ ΤΑ ΑΝΩΤΕΡΙΚΑ ΜΕΡΗ
·ΚΑΤ·ΕΛΘΕΙΝ ΕΙΣ ΕΦΕΣΟΝ
ΚΑΙ ΕΥΡΕΙΝ ΤΙΝΑΣ ΜΑΘΗΤΑΣ

2 ΕΙΠΕΝ ΤΕ ΠΡΟΣ ΑΥΤΟΥΣ

·ΤΟΥ· P45 03 614 927 1270만 이문지지. 관사 문제.
····; ΔΕ 03만 이문지지. 접속사 문제.
-ΑΚΡΙΒΩΣ-; ΑΚΡΕΙΒΩΣ 03만 이문지지. 정서법 문제.
ΙΩΑΝ·Ν·ΟΥ 02 03 05가 이문지지. 고유명사 음역 문제.

19장
·ΚΑΤ·ΕΛΘΕΙΝ 각각 다수 사본지지, 다양한 이문 존재, 판단 필요. 접두어 문제.

ΕΙ ΠΝΕΥΜΑ ΑΓΙΟΝ ΕΛΑΒΕΤΕ
ΠΙΣΤΕΥΣΑΝΤΕΣ
ΟΙ ΔΕ ΠΡΟΣ ΑΥΤΟΝ
ΑΛΛ ΟΥΔ ΕΙ ΠΝΕΥΜΑ ΑΓΙΟΝ ΕΣΤΙΝ ΗΚΟΥΣΑΜΕΝ

3 ΕΙΠΕΝ ΤΕ
ΕΙΣ ΤΙ ΟΥΝ ΕΒΑΠΤΙΣΘΗΤΕ

ΟΙ ΔΕ ΕΙΠΑΝ
ΕΙΣ ΤΟ ΙΩΑΝ·Ν·ΟΥ ΒΑΠΤΙΣΜΑ

4 ΕΙΠΕΝ ΔΕ ΠΑΥΛΟΣ
ΙΩΑΝ·Ν·ΗΣ ΕΒΑΠΤΙΣΕΝ ΒΑΠΤΙΣΜΑ ΜΕΤΑΝΟΙΑΣ ΤΩ ΛΑΩ
ΛΕΓΩΝ
ΕΙΣ ΤΟΝ ΕΡΧΟΜΕΝΟΝ ΜΕΤ ΑΥΤΟΝ
ΙΝΑ ΠΙΣΤΕΥΣΩΣΙΝ
ΤΟΥΤ ΕΣΤΙΝ ΕΙΣ ΤΟΝ ΙΗΣΟΥΝ

5 ΑΚΟΥΣΑΝΤΕΣ ΔΕ ΕΒΑΠΤΙΣΘΗΣΑΝ
ΕΙΣ ΤΟ ΟΝΟΜΑ ΤΟΥ ΚΥΡΙΟΥ ΙΗΣΟΥ

6 ΚΑΙ ΕΠΙΘΕΝΤΟΣ ΑΥΤΟΙΣ ΤΟΥ ΠΑΥΛΟΥ ·ΤΑΣ· ΧΕΙΡΑΣ
ΗΛΘΕ ΤΟ ΠΝΕΥΜΑ ΤΟ ΑΓΙΟΝ ΕΠ ΑΥΤΟΥΣ
ΕΛΑΛΟΥΝ ΤΕ ΓΛΩΣΣΑΙΣ
ΚΑΙ ΕΠΡΟΦΗΤΕΥΟΝ

7 ΗΣΑΝ ΔΕ ΟΙ ΠΑΝΤΕΣ ΑΝΔΡΕΣ ΩΣΕΙ ΔΩΔΕΚΑ

8 ΕΙΣΕΛΘΩΝ ΔΕ ΕΙΣ ΤΗΝ ΣΥΝΑΓΩΓΗΝ
ΕΠΑΡΡΗΣΙΑΖΕΤΟ ΕΠΙ ΜΗΝΑΣ ΤΡΕΙΣ
ΔΙΑΛΕΓΟΜΕΝΟΣ ΚΑΙ ΠΕΙΘΩΝ
·ΤΑ· ΠΕΡΙ ΤΗΣ ΒΑΣΙΛΕΙΑΣ ΤΟΥ ΘΕΟΥ

9 ΩΣ ΔΕ ΤΙΝΕΣ ΕΣΚΛΗΡΥΝΟΝΤΟ ΚΑΙ ΗΠΕΙΘΟΥΝ
ΚΑΚΟΛΟΓΟΥΝΤΕΣ ΤΗΝ ΟΔΟΝ
ΕΝΩΠΙΟΝ ΤΟΥ ΠΛΗΘΟΥΣ
ΑΠΟΣΤΑΣ ΑΠ ΑΥΤΩΝ
ΑΦΩΡΙΣΕΝ ΤΟΥΣ ΜΑΘΗΤΑΣ

ΙΩΑΝ·Ν·ΟΥ 03 05만 이문지지. 고유명사 음역 문제.
ΙΩΑΝ·Ν·ΗΣ 03 05만 이문지지. 고유명사 음역 문제.
·ΤΑΣ· 각각 다수 사본지지, 다양한 이문 존재, 판단 필요. 관사 문제.
·ΤΑ· 03 05 044 1175 1891 2492만 이문지지. 관사 문제.

ΚΑΘ ΗΜΕΡΑΝ ΔΙΑΛΕΓΟΜΕΝΟΣ ΕΝ ΤΗ ΣΧΟΛΗ ΤΥΡΑΝΝΟΥ

10 ΤΟΥΤΟ ΔΕ ΕΓΕΝΕΤΟ ΕΠΙ ΕΤΗ ΔΥΟ
ΩΣΤΕ ΠΑΝΤΑΣ ΤΟΥΣ ΚΑΤΟΙΚΟΥΝΤΑΣ ΤΗΝ ΑΣΙΑΝ
ΑΚΟΥΣΑΙ ΤΟΝ ΛΟΓΟΝ ΤΟΥ ΚΥΡΙΟΥ
ΙΟΥΔΑΙΟΥΣ ΤΕ ΚΑΙ ΕΛΛΗΝΑΣ

11 ΔΥΝΑΜΕΙΣ ΤΕ ΟΥ ΤΑΣ ΤΥΧΟΥΣΑΣ
Ο ΘΕΟΣ ΕΠΟΙΕΙ ΔΙΑ ΤΩΝ ΧΕΙΡΩΝ ΠΑΥΛΟΥ
12 ΩΣΤΕ
ΚΑΙ ΕΠΙ ΤΟΥΣ ΑΣΘΕΝΟΥΝΤΑΣ ΑΠΟΦΕΡΕΣΘΑΙ
ΑΠΟ ΤΟΥ ΧΡΩΤΟΣ ΑΥΤΟΥ ΣΟΥΔΑΡΙΑ Η ΣΙΜΙΚΙΝΘΙΑ
ΚΑΙ ΑΠΑΛΛΑΣΕΣΘΑΙ ΑΠ ΑΥΤΩΝ ΤΑΣ ΝΟΣΟΥΣ
ΤΑ ΤΕ ΠΝΕΥΜΑ ΤΑ ΠΟΝΗΡΑ
ΕΚΠΟΡΕΥΕΣΘΑΙ

13 ΕΠΕΧΕΙΡΗΣΑΝ ΔΕ ΤΙΝΕΣ
ΚΑΙ ΤΩΝ ΠΕΡΙΕΡΧΟΜΕΝΩΝ ΙΟΥΔΑΙΩΝ ΕΞΟΡΚΙΣΤΩΝ
ΟΝΟΜΑΖΕΙΝ ΕΠΙ ΤΟΥΣ ΕΧΟΝΤΑΣ ΤΑ ΠΝΕΥΜΑΤΑ ΤΑ ΠΟΝΗΡΑ
ΤΟ ΟΝΟΜΑ ΤΟΥ ΚΥΡΙΟΥ ΙΗΣΟΥ
ΛΕΓΟΝΤΕΣ
ΟΡΚΙΖΩ ΥΜΑΣ ΤΟΝ ΙΗΣΟΥΝ
ΟΝ ΠΑΥΛΟΣ ΚΗΡΥΣΣΕΙ

14 ΗΣΑΝ ΔΕ
ΤΙΝΟΣ ΣΚΕΥΑ ΙΟΥΔΑΙΟΥ ΑΡΧΙΕΡΕΩΣ
ΕΠΤΑ ΥΙΟΙ
ΤΟΥΤΟ ΠΟΙΟΥΝΤΕΣ

15 ΑΠΟΚΡΙΘΕΝ ΔΕ ΤΟ ΠΝΕΥΜΑ ΤΟ ΠΟΝΗΡΟΝ ΕΙΠΕΝ ΑΥΤΟΙΣ
ΤΟΝ ΜΕΝ ΙΗΣΟΥΝ -ΓΙΝΩΣΚΩ-
ΚΑΙ ΤΟΝ ΠΑΥΛΟΝ ΕΠΙΣΤΑΜΑΙ
ΥΜΕΙΣ ΔΕ ΤΙΝΕΣ ΕΣΤΕ

16 ΚΑΙ ΕΦΑΛΟΜΕΝΟΣ Ο ΑΝΘΡΩΠΟΣ ΕΠ ΑΥΤΟΥΣ
ΕΝ Ω ΗΝ ΤΟ ΠΝΕΥΜΑ ΤΟ ΠΟΝΗΡΟΝ
ΚΑΤΑΚΥΡΙΕΥΣΑΣ ΑΜΦΟΤΕΡΩΝ
ΙΣΧΥΣΕΝ ΚΑΤ ΑΥΤΩΝ
ΩΣΤΕ ΓΥΜΝΟΥΣ ΚΑΙ ΤΕΤΡΑΥΜΑΤΙΣΜΕΝΟΥΣ
ΕΚΦΥΓΕΙΝ ΕΚ ΤΟΥ ΟΙΚΟΥ ΕΚΕΙΝΟΥ

17 ΤΟΥΤΟ ΔΕ ΕΓΕΝΕΤΟ ΓΝΩΣΤΟΝ

-ΓΙΝΩΣΚΩ-; ΓΕΙΝΩΣΚΩ P38 03 05만 이문지지. 정서법 문제.

ΠΑΣΙΝ ΙΟΥΔΑΙΟΙΣ ΤΕ ΚΑΙ ♀ΕΛΛΗΣΙ♀
ΤΟΙΣ ΚΑΤΟΙΚΟΥΣΙΝ ΤΗΝ ΕΦΕΣΟΝ
ΚΑΙ ΕΠΕΠΕΣΕΝ ΦΟΒΟΣ ΕΠΙ ΠΑΝΤΑΣ ΑΥΤΟΥΣ
ΚΑΙ ΕΜΕΓΑΛΥΝΕΤΟ ΤΟ ΟΝΟΜΑ ΤΟΥ ΚΥΡΙΟΥ ΙΗΣΟΥ

18 ΠΟΛΛΟΙ ΤΕ ΤΩΝ ΠΕΠΙΣΤΕΥΚΟΤΩΝ
ΗΡΧΟΝΤΟ
ΕΞΟΜΟΛΟΓΟΥΜΕΝΟΙ ΚΑΙ ΑΝΑΓΓΕΛΛΟΝΤΕΣ
ΤΑΣ ΠΡΑΞΕΙΣ ΑΥΤΩΝ

19 ΙΚΑΝΟΙ ΔΕ ΤΩΝ ΤΑ ΠΕΡΙΕΡΓΑ ΠΡΑΞΑΝΤΩΝ
ΣΥΝΕΝΕΓΚΑΝΤΕΣ ΤΑΣ ΒΙΒΛΟΥΣ
ΚΑΤΕΚΑΙΟΝ ΕΝΩΠΙΟΝ ΠΑΝΤΩΝ
ΚΑΙ ΣΥΝΕΨΗΦΙΣΑΝ ΤΑΣ -ΤΙΜΑΣ- ΑΥΤΩΝ
ΚΑΙ ΕΥΡΟΝ ΑΡΓΥΡΙΟΥ ΜΨΡΙΑΔΑΣ ΠΕΝΤΕ

20 ΟΥΤΩΣ ΚΑΤΑ ΚΡΑΤΟΣ
ΤΟΥ ΚΥΡΙΟΥ Ο ΛΟΓΟΣ ΗΥΞΑΝΕΝ ΚΑΙ ΙΣΧΥΕΝ

21 ΩΣ ΔΕ ΕΠΛΗΡΩΘΗ ΤΑΥΤΑ
ΕΘΕΤΟ Ο ΠΑΥΛΟΣ ΕΝ ΤΩ ΠΝΕΥΜΑΤΙ
ΔΙΕΛΘΩΝ ΤΗΝ ΜΑΚΕΔΟΝΙΑΝ ΚΑΙ ΑΧΑΙΑΝ
ΠΟΡΕΥΕΣΘΑΙ ΕΙΣ ΙΕΡΟΣΟΛΥΜΑ
ΕΙΠΩΝ ΟΤΙ
ΜΕΤΑ ΤΟ ΓΕΝΕΣΘΑΙ ΜΕ ΕΚΕΙ
ΔΕΙ ΜΕ ΚΑΙ ΡΩΜΗΝ ΙΔΕΙΝ

22 ΑΠΟΣΤΕΙΛΑΣ ΔΕ ΕΙΣ ΤΗΝ ΜΑΚΕΔΟΝΙΑΝ
ΔΥΟ ΤΩΝ ΔΙΑΚΟΝΟΥΝΤΩΝ ΑΥΤΩ
ΤΙΜΟΘΕΟΝ ΚΑΙ ΕΡΑΣΤΟΝ
ΑΥΤΟΣ ΕΠΕΣΧΕΝ ΧΡΟΝΟΝ ΕΙΣ ΤΗΝ ΑΣΙΑΝ

23 ΕΓΕΝΕΤΟ ΔΕ ΚΑΤΑ ΤΟΝ ΚΑΙΡΟΝ ΕΚΕΙΝΟΝ
ΤΑΡΑΧΟΣ ΟΥΚ ΟΛΙΓΟΣ ΠΕΡΙ ΤΗΣ ΟΔΟΥ

24 ΔΗΜΗΤΡΙΟΣ ΓΑΡ ΤΙΣ ΟΝΟΜΑΤΙ ΑΡΓΥΡΟΚΟΠΟΣ
ΠΟΙΩΝ ΝΑΟΥΣ ·ΑΡΓΥΡΟΥΣ· ΑΡΤΕΜΙΔΟΣ
ΠΑΡΕΙΧΕΤΟ ΤΟΙΣ -ΤΕΧΝΙΤΑΙΣ- ΟΥΚ ΟΛΙΓΗΝ ΕΡΓΑΣΙΑΝ
25 ΟΥΣ ΣΥΝΑΘΡΟΙΣΑΣ

♀ΕΛΛΗΣΙ♀; ΕΛΛΗΣΙΝ 각각 다수 사본지지, 판단 필요. 변칙자음 뉘 문제, LSJ의 용례에 따르면 선택된 읽기가 맞다.
-ΤΙΜΑΣ-; ΤΕΙΜΑΣ 03만 이문지지. 정서법 문제.
·ΑΡΓΥΡΟΥΣ· 03만 이문지지, 다른 이문 존재. 중자탈락 문제.
-ΤΕΧΝΙΤΑΙΣ-; ΤΕΧΝΕΙΤΑΙΣ 03 05만 이문지지, 다양한 이문 존재. 정서법 문제.

ΚΑΙ ΤΟΥΣ ΠΕΡΙ ΤΑ ΤΟΙΑΥΤΑ ΕΡΓΑΤΑΣ
ΕΙΠΕΝ
ΑΝΔΡΕΣ
ΕΠΙΣΤΑΣΘΕ ΟΤΙ
ΕΚ ΤΑΥΤΗΣ ΤΗΣ ΕΡΓΑΣΙΑΣ
Η ΕΥΠΟΡΙΑ ΗΜΙΝ ΕΣΤΙΝ
26 ΚΑΙ ΘΕΩΡΕΙΤΕ ΚΑΙ ΑΚΟΥΕΤΕ ΟΤΙ
ΟΥ ΜΟΝΟΝ ΕΦΕΣΟΥ ΑΛΛΑ ΣΧΕΔΟΝ ΠΑΣΗΣ ΤΗΣ ΑΣΙΑΣ
Ο ΠΑΥΛΟΣ ΟΥΤΟΣ ΠΕΙΣΑΣ ΜΕΤΕΣΤΗΣΕΝ ΙΚΑΝΟΝ ΟΧΛΟΝ
ΛΕΓΩΝ ΟΤΙ
ΟΥΚ ΕΙΣΙΝ ΘΕΟΙ
ΟΙ ΔΙΑ ΧΕΙΡΩΝ -ΓΙΝΟΜΕΝΟΙ-

27 ΟΥ ΜΟΝΟΝ ΔΕ ΤΟΥΤΟ ΚΙΝΔΥΝΕΥΕΙ ΗΜΙΝ ΤΟ ΜΕΡΟΣ
ΕΙΣ ΑΠΕΛΕΓΜΟΝ ΕΛΘΕΙΝ
ΑΛΛΑ ΚΑΙ ΤΟ ΤΗΣ ΜΕΓΑΛΗΣ ΘΕΑΣ ΑΡΤΕΜΙΔΟΣ ΙΕΡΟΝ
ΕΙΣ ΟΥΘΕΝ ΛΟΓΙΣΘΗΝΑΙ
ΜΕΛΛΕΙΝ ΤΕ ΚΑΙ ΚΑΘΑΙΡΕΙΣΘΑΙ ΤΗΣ ΜΕΓΑΛΕΙΟΤΗΤΟΣ ΑΥΤΗΣ
ΗΝ ΟΛΗ ·Η· ΑΣΙΑ ΚΑΙ Η ΟΙΚΟΥΜΕΝΗ ΣΕΒΕΤΑΙ

28 ΑΚΟΥΣΑΝΤΕΣ ΔΕ ΚΑΙ ΓΕΝΟΜΕΝΟΙ ΠΛΗΡΕΙΣ ΘΥΜΟΥ
ΕΚΡΑΖΟΝ ΛΕΓΟΝΤΕΣ
ΜΕΓΑΛΗ Η ΑΡΤΕΜΙΣ ΕΦΕΣΙΩΝ

29 ΚΑΙ ΕΠΛΗΣΘΗ Η ΠΟΛΙΣ ΤΗΣ ΣΥΓΧΥΣΕΩΣ
ΩΡΜΗΣΑΝ ΤΕ ΟΜΟΘΥΜΑΔΟΝ ΕΙΣ ΤΟ ΘΕΑΤΡΟΝ
ΣΥΝΑΡΠΑΣΑΝΤΕΣ
ΓΑΙΟΝ ΚΑΙ ΑΡΙΣΤΑΡΧΟΝ ΜΑΚΕΔΟΝΑΣ
ΣΥΝΕΚΔΗΜΟΥΣ ΠΑΥΛΟΥ

30 ΠΑΥΛΟΥ ΔΕ ΒΟΥΛΟΜΕΝΟΥ ΕΙΣΕΛΘΕΙΝ ΕΙΣ ΤΟΝ ΔΗΜΟΝ
ΟΥΚ ΕΙΩΝ ΑΥΤΟΝ ΟΙ ΜΑΘΗΤΑΙ

31 ΤΙΝΕΣ ΔΕ ΚΑΙ ΤΩΝ ΑΣΙΑΡΧΩΝ
ΟΝΤΕΣ ΑΥΤΩ ΦΙΛΟΙ
ΠΕΜΨΑΝΤΕΣ ΠΡΟΣ ΑΥΤΟΝ
ΠΑΡΕΚΑΛΟΥΝ
ΜΗ ΔΟΥΝΑΙ ΕΑΥΤΟΝ ΕΙΣ ΤΟ ΘΕΑΤΡΟΝ

32 ΑΛΛΟΙ ΜΕΝ ΟΥΝ
ΑΛΛΟ ΤΙ ΕΚΡΑΖΟΝ

-ΓΙΝΟΜΕΝΟΙ-; ΓΕΙΝΟΜΕΝΟΙ 03 05만 이문지지, 다양한 이문 존재. 정서법 문제.
·Η· 03 05만 이문지지. 관사 문제.

ΗΝ ΓΑΡ Η ΕΚΚΛΗΣΙΑ ΣΥΓΚΕΧΥΜΕΝΗ
ΚΑΙ ΟΙ ΠΛΕΙΟΥΣ ΟΥΚ ΗΔΕΙΣΑΝ
ΤΙΝΟΣ ΕΝΕΚΑ ΣΥΝΕΛΗΛΥΘΕΙΣΑΝ

33 ΕΚ ΔΕ ΤΟΥ ΟΧΛΟΥ
ΣΥΝΕΒΙΒΑΣΑΝ ΑΛΕΞΑΝΔΡΟΝ
ΠΡΟΒΑΛΟΝΤΩΝ ΑΥΤΟΝ ΤΩΝ ΙΟΥΔΑΙΩΝ

Ο ΔΕ ΑΛΕΞΑΝΔΡΟΣ
ΚΑΤΑΣΕΙΣΑΣ ΤΗΝ ΧΕΙΡΑ
ΗΘΕΛΕΝ ΑΠΟΛΟΓΕΙΣΘΑΙ ΤΩ ΔΗΜΩ

34 ΕΠΙΓΝΟΝΤΕΣ ΔΕ ΟΤΙ ΙΟΥΔΑΙΟΣ ΕΣΤΙΝ
ΦΩΝΗ ΕΓΕΝΕΤΟ ΜΙΑ ΕΚ ΠΑΝΤΩΝ
–ΩΣ– ΕΠΙ ΩΡΑΣ ΔΥΟ ΚΡΑΖΟΝΤΩΝ
ΜΕΓΑΛΗ Η ΑΡΤΕΜΙΣ ΕΦΕΣΙΩΝ

35 ΚΑΤΑΣΤΕΙΛΑΣ ΔΕ ˆΟ ΓΡΑΜΜΑΤΕΥΣ ΤΟΝ ΟΧΛΟΝˆ
ΦΗΣΙΝ
ΑΝΔΡΕΣ ΕΦΕΣΙΟΙ
ΤΙΣ ΓΑΡ ΕΣΤΙΝ ΑΝΘΡΩΠΩΝ
ΟΣ ΟΥ -ΓΙΝΩΣΚΕΙ-
ΤΗΝ ΕΦΕΣΙΩΝ ΠΟΛΙΝ
ΝΕΩΚΟΡΟΝ ΟΥΣΑΝ
ΤΗΣ ΜΕΓΑΛΗΣ ΑΡΤΕΜΙΔΟΣ ΚΑΙ ΤΟΥ ΔΙΟΠΕΤΟΥΣ

36 ΑΝΑΝΤΙΡ̣ΡΗΤΩΝ ΟΥΝ ΟΝΤΩΝ ΤΟΥΤΩΝ
ΔΕΟΝ ΕΣΤΙΝ
ΥΜΑΣ ΚΑΤΕΣΤΑΛΜΕΝΟΥΣ ΥΠΑΡΧΕΙΝ
ΚΑΙ ΜΗΔΕΝ ΠΡΟΠΕΤΕΣ ΠΡΑΣΣΕΙΝ

37 ΗΓΑΓΕΤΕ ΓΑΡ ΤΟΥΣ ΑΝΔΡΑΣ ΤΟΥΤΟΥΣ
ΟΥΤΕ ΙΕΡΟΣΥΛΟΥΣ
ΟΥΤΕ ΒΛΑΣΦΗΜΟΥΝΤΑΣ ΤΗΝ ΘΕΟΝ ΗΜΩΝ

38 ΕΙ ΜΕΝ ΟΥΝ ΔΗΜΗΤΡΙΟΣ ΚΑΙ ΟΙ ΣΥΝ ΑΥΤΩ -ΤΕΧΝΙΤΑΙ-
ΕΧΟΥΣΙ ΠΡΟΣ ΤΙΝΑ ΛΟΓΟΝ
ΑΓΟΡΑΙΟΙ ΑΓΟΝΤΑΙ ΚΑΙ ΑΝΘΥΠΑΤΟΙ ΕΙΣΙΝ

–ΩΣ–; ΩΣΕΙ P74 03 33 1837 2344만 이문지지. 단어 문제.

ˆΟ ΓΡΑΜΜΑΤΕΥΣ ΤΟΝ ΟΧΛΟΝˆ; ΤΟΝ ΟΧΛΟΝ Ο ΓΡΑΜΜΑΤΕΥΣ 03 69 1175만 이문지지, 다른 이문 존재. 목적어를 동사에 더 가까이 위치시킨 읽기가 이문이다.

-ΓΙΝΩΣΚΕΙ-; ΓΕΙΝΩΣΚΕΙ 03 05만 이문지지, 다양한 이문 존재. 정서법 문제.

-ΤΕΧΝΙΤΑΙ-; ΤΕΧΝΕΙΤΑΙ 03만 이문지지, 다양한 이문 존재. 정서법 문제.

ΕΓΚΑΛΕΙΤΩΣΑΝ ΑΛΛΗΛΟΙΣ

39 ΕΙ ΔΕ ΤΙ ΠΕΡΑΙΤΕΡΩ ΕΠΙΖΗΤΕΙΤΕ
ΕΝ ΤΗ ΕΝΝΟΜΩ ΕΚΚΛΗΣΙΑ ΕΠΙΛΥΘΗΣΕΤΑΙ

40 ΚΑΙ ΓΑΡ ΚΙΝΔΥΝΕΥΟΜΕΝ
ΕΓΚΑΛΕΙΣΘΑΙ ΣΤΑΣΕΩΣ ΠΕΡΙ ΤΗΣ ΣΗΜΕΡΟΝ
ΜΗΔΕΝΟΣ ΑΙΤΙΟΥ ΥΠΑΡΧΟΝΤΟΣ
ΠΕΡΙ ΟΥ ΟΥ ΔΥΝΗΣΟΜΕΘΑ ΑΠΟΔΟΥΝΑΙ ΛΟΓΟΝ
ΠΕΡΙ ΤΗΣ ΣΥΣΤΡΟΦΗΣ ΤΑΥΤΗΣ

ΚΑΙ ΤΑΥΤΑ ΕΙΠΩΝ
ΑΠΕΛΥΣΕΝ ΤΗΝ ΕΚΚΛΗΣΙΑΝ

K

20:1 ΜΕΤΑ ΔΕ ΤΟ ΠΑΥΣΑΣΘΑΙ ΤΟΝ ΘΟΡΥΒΟΝ
ΜΕΤΑΠΕΜΨΑΜΕΝΟΣ Ο ΠΑΥΛΟΣ ΤΟΥΣ ΜΑΘΗΤΑΣ
ΚΑΙ ΠΑΡΑΚΑΛΕΣΑΣ
ΑΣΠΑΣΑΜΕΝΟΣ ΕΞΗΛΘΕΝ
ΠΟΡΕΥΕΣΘΑΙ ΕΙΣ ΜΑΚΕΔΟΝΙΑΝ

2 ΔΙΕΛΘΩΝ ΔΕ ΤΑ ΜΕΡΗ ΕΚΕΙΝΑ
ΚΑΙ ΠΑΡΑΚΑΛΕΣΑΣ ΑΥΤΟΥΣ ΛΟΓΩ ΠΟΛΛΩ
ΗΛΘΕΝ ΕΙΣ ΤΗΝ ΕΛΛΑΔΑ
3 ΠΟΙΗΣΑΣ ΤΕ ΜΗΝΑΣ ΤΡΕΙΣ

ΓΕΝΟΜΕΝΗΣ ΕΠΙΒΟΥΛΗΣ ΑΥΤΩ ΥΠΟ ΤΩΝ ΙΟΥΔΑΙΩΝ
ΜΕΛΛΟΝΤΙ ΑΝΑΓΕΣΘΑΙ ΕΙΣ ΤΗΝ ΣΥΡΙΑΝ
ΕΓΕΝΕΤΟ ΓΝΩΜΗΣ
ΤΟΥ ΥΠΟΣΤΡΕΦΕΙΝ ΔΙΑ ΜΑΚΕΔΟΝΙΑΣ

4 ΣΥΝΕΙΠΕΤΟ ΔΕ ΑΥΤΩ
ΣΩΠΑΤΡΟΣ ΠΥΡΡΟΥ ΒΕΡΟΙΑΙΟΣ
-ΘΕΣΣΑΛΟΝΙΚΕΩΝ- ΔΕ ΑΡΙΣΤΑΡΧΟΣ ΚΑΙ ΣΕΚΟΥΝΔΟΣ
ΚΑΙ ΓΑΙΟΣ ΔΕΡΒΑΙΟΣ
ΚΑΙ ΤΙΜΟΘΕΟΣ
ΑΣΙΑΝΟΙ ΔΕ ΤΥΧΙΚΟΣ ΚΑΙ ΤΡΟΦΙΜΟΣ

20장
-ΘΕΣΣΑΛΟΝΙΚΕΩΝ-; ΘΕΣΣΑΛΟΝΕΙΚΕΩΝ 03만 이문지지, 다양한 이문 존재, 판단 필요. 정서법 문제.

5 ΟΥΤΟΙ ΔΕ ΠΡΟΕΛΘΟΝΤΕΣ
ΕΜΕΝΟΝ ΗΜΑΣ ΕΝ ΤΡΩΑΔΙ
6 ΗΜΕΙΣ ΔΕ ΕΧΕΠΛΕΥΣΑΜΕΝ
ΜΕΤΑ ΤΑΣ ΗΜΕΡΑΣ ΤΩΝ ΑΖΥΜΩΝ
ΑΠΟ ΦΙΛΙΠΠΩΝ
ΚΑΙ ΗΛΘΟΜΕΝ ΠΡΟΣ ΑΥΤΟΥΣ
ΕΙΣ ΤΗΝ ΤΡΩΑΔΑ ΑΧΡΙ ΗΜΕΡΩΝ ΠΕΝΤΕ
–ΟΠΟΥ– -ΔΙΕΤΡΙΨΑΜΕΝ- ΗΜΕΡΑΣ ΕΠΤΑ

7 ΕΝ ΔΕ ΤΗ ΜΙΑ ΤΩΝ ΣΑΒΒΑΤΩΝ
ΣΥΝΗΓΜΕΝΩΝ ΗΜΩΝ ΚΛΑΣΑΙ ΑΡΤΟΝ
Ο ΠΑΥΛΟΣ ΔΙΕΛΕΓΕΤΟ ΑΥΤΟΙΣ
ΜΕΛΛΩΝ ΕΞΙΕΝΑΙ ΤΗ ΕΠΑΥΡΙΟΝ
ΠΑΡΕΤΕΙΝΕΝ ΤΕ ΤΟΝ ΛΟΓΟΝ
ΜΕΧΡΙ ΜΕΣΟΝΥΚΤΙΟΥ

8 ΗΣΑΝ ΔΕ ΛΑΜΠΑΔΕΣ ΙΚΑΝΑΙ
ΕΝ ΤΩ ΥΠΕΡΩΩ
ΟΥ ΗΜΕΝ ΣΥΝΗΓΜΕΝΟΙ

9 ΚΑΘΕΖΟΜΕΝΟΣ ΔΕ ΤΙΣ ΝΕΑΝΙΑΣ ΟΝΟΜΑΤΙ ΕΥΤΥΧΟΣ
ΕΠΙ ΤΗΣ ΘΥΡΙΔΟΣ
ΚΑΤΑΦΕΡΟΜΕΝΟΣ ΥΠΝΩ ΒΑΘΕΙ
ΔΙΑΛΕΓΟΜΕΝΟΥ ΤΟΥ ΠΑΥΛΟΥ ΕΠΙ ΠΛΕΙΟΝ
ΚΑΤΕΝΕΧΘΕΙΣ ΑΠΟ ΤΟΥ ΥΠΝΟΥ
ΕΠΕΣΕΝ ΑΠΟ ΤΟΥ ΤΡΙΣΤΕΓΟΥ ΚΑΤΩ
ΚΑΙ ΗΡΘΗ ΝΕΚΡΟΣ

10 ΚΑΤΑΒΑΣ ΔΕ Ο ΠΑΥΛΟΣ
ΕΠΕΠΕΣΕΝ ΑΥΤΩ
ΚΑΙ ΣΥΜΠΕΡΙΛΑΒΩΝ ΕΙΠΕΝ
ΜΗ -ΘΟΡΥΒΕΙΣΘΕ-
Η ΓΑΡ ΨΥΧΗ ΑΥΤΟΥ ΕΝ ΑΥΤΩ ΕΣΤΙΝ

11 ΑΝΑΒΑΣ ΔΕ
ΚΛΑΣΑΣ ΤΟΝ ΑΡΤΟΝ
ΚΑΙ ΓΕΥΣΑΜΕΝΟΣ
ΕΦ ΙΚΑΝΟΝ ΤΕ -ΟΜΙΛΗΣΑΣ- ΑΧΡΙ ΑΥΓΗΣ
ΟΥΤΩΣ ΕΞΗΛΘΕΝ

–ΟΠΟΥ–; ΟΥ P74 01 02 08 33만 원문지지, 판단 필요. 접속사 문제.
-ΔΙΕΤΡΙΨΑΜΕΝ-; ΔΙΕΤΡΕΙΨΑΜΕΝ 03만 이문지지. 정서법 문제.
-ΘΟΡΥΒΕΙΣΘΕ-; ΘΟΡΥΒΕΙΣΘΑΙ 03 04 049 88 1175만 이문지지.
-ΟΜΙΛΗΣΑΣ-; ΟΜΕΙΛΗΣΑΣ P41 02 03 05만 이문지지, 다른 이문 존재. 정서법 문제.

12 ΗΓΑΓΟΝ ΔΕ ΤΟΝ ΠΑΙΔΑ ΖΩΝΤΑ
ΚΑΙ ΠΑΡΕΚΛΗΘΗΣΑΝ ΟΥ ΜΕΤΡΙΩΣ

13 ΗΜΕΙΣ ΔΕ ΠΡΟΕΛΘΟΝΤΕΣ ΕΠΙ ΤΟ ΠΛΟΙΟΝ
ΑΝΗΧΘΗΜΕΝ ΕΠΙ ΤΗΝ ΑΣΣΟΝ
ΕΚΕΙΘΕΝ ΜΕΛΛΟΝΤΕΣ ΑΝΑΛΑΜΒΑΝΕΙΝ ΤΟΝ ΠΑΥΛΟΝ

ΟΥΤΩΣ ΓΑΡ ΔΙΑΤΕΤΑΓΜΕΝΟΣ̣ ΗΝ
ΜΕΛΛΩΝ ΑΥΤΟΣ ΠΕΖΕΥΕΙΝ

14 ΩΣ ΔΕ ΣΥΝΕΒΑΛΛΕΝ ΗΜΙΝ ΕΙΣ ΤΗΝ ΑΣΣΟΝ
ΑΝΑΛΑΒΟΝΤΕΣ ΑΥΤΟΝ
ΗΛΘΟΜΕΝ ΕΙΣ ΜΙΤΥΛΗΝΗΝ

15 ΚΑΚΕΙΘΕΝ ΑΠΟΠΛΕΥΣΑΝΤΕΣ
ΤΗ ΕΠΙΟΥΣΗ ΚΑΤΗΝΤΗΣΑΜΕΝ ΑΝΤΙΚΡΥΣ ΧΙΟΥ
ΤΗ ΔΕ –ΕΤΕΡΑ– ΠΑΡΕΒΑΛΟΜΕΝ ΕΙΣ ΣΑΜΟΝ
ΤΗ ΔΕ ΕΧΟΜΕΝΗ ΗΛΘΟΜΕΝ ΕΙΣ -ΜΙΛΗΤΟΝ-

16 ΚΕΚΡΙ̣Κ̣ΕΙ ΓΑΡ Ο ΠΑΥΛΟΣ
ΠΑΡΑΠΛΕΥΣΑΙ ΤΗΝ ΕΦΕΣΟΝ
ΟΠΩΣ ΜΗ ΓΕΝΗΤΑΙ ΑΥΤΩ
ΧΡΟΝΟΤΡΙΒΗΣΑΙ ΕΝ ΤΗ ΑΣΙΑ

ΕΣΠΕΥΔΕΝ ΓΑΡ
ΕΙ ΔΥΝΑΤΟΝ ΕΙΗ ΑΥΤΩ
ΤΗΝ ΗΜΕΡΑΝ ΤΗΣ ΠΕΝΤΗΚΟΣΤΗΣ ΓΕΝΕΣΘΑΙ ΕΙΣ ΙΕΡΟΣΟΛΥΜΑ

17 ΑΠΟ ΔΕ ΤΗΣ -ΜΙΛΗΤΟΥ- ΠΕΜΨΑΣ ΕΙΣ ΕΦΕΣΟΝ
ΜΕΤΕΚΑΛΕΣΑΤΟ ΤΟΥΣ ΠΡΕΣΒΥΤΕΡΟΥΣ ΤΗΣ ΕΚΚΛΗΣΙΑΣ

18 ΩΣ ΔΕ ΠΑΡΕΓΕΝΟΝΤΟ ΠΡΟΣ ΑΥΤΟΝ
ΕΙΠΕΝ ΑΥΤΟΙΣ
ΥΜΕΙΣ ΕΠΙΣΤΑΣΘΕ
ΑΠΟ ΠΡΩΤΗΣ ΗΜΕΡΑΣ
ΑΦ ΗΣ ΕΠΕΒΗΝ ΕΙΣ ΤΗΝ ΑΣΙΑΝ
ΠΩΣ ΜΕΘ ΥΜΩΝ ΤΟΝ ΠΑΝΤΑ ΧΡΟΝΟΝ ΕΓΕΝΟΜΗΝ
19 ΔΟΥΛΕΥΩΝ ΤΩ ΚΥΡΙΩ
ΜΕΤΑ ΠΑΣΗΣ ΤΑΠΕΙΝΟΦΡΟΣΥΝΗΣ
ΚΑΙ ΔΑΚΡΥΩΝ

–ΕΤΕΡΑ–; ΕΣΠΕΡΑ 03 1175 1241 2344만 이문지지. '다음 날'인지, '저녁'인지의 문제.
-ΜΙΛΗΤΟΝ-; ΜΕΙΛΗΤΟΝ 03 05만 이문지지, 다른 이문 존재. 고유명사 음역 문제.
-ΜΙΛΗΤΟΥ-; ΜΕΙΛΗΤΟΥ 03 05만 이문지지, 다양한 이문 존재. 고유명사 음역 문제.

ΚΑΙ ΠΕΙΡΑΣΜΩΝ ΤΩΝ ΣΥΜΒΑΝΤΩΝ ΜΟΙ
ΕΝ ΤΑΙΣ ΕΠΙΒΟΥΛΑΙΣ ΤΩΝ ΙΟΥΔΑΙΩΝ
20 ΩΣ ΟΥΔΕΝ ΥΠΕΣΤΕΙΛΑΜΗΝ ΤΩΝ ΣΥΜΦΕΡΟΝΤΩΝ
ΤΟΥ ΜΗ ΑΝΑΓΓΕΙΛΑΙ ΥΜΙΝ ΚΑΙ ΔΙΔΑΞΑΙ ΥΜΑΣ
ΔΗΜΟΣΙΑ ΚΑΙ ΚΑΤ ΟΙΚΟΥΣ
21 ΔΙΑΜΑΡΤΥΡΟΜΕΝΟΣ
ΙΟΥΔΑΙΟΙΣ ΤΕ ΚΑΙ ΕΛΛΗΣΙΝ
ΤΗΝ ΕΙΣ ΘΕΟΝ ΜΕΤΑΝΟΙΑΝ ΚΑΙ ΠΙΣΤΙΝ ΕΙΣ ΤΟΝ ΚΥΡΙΟΝ ΗΜΩΝ ΙΗΣΟΥΝ

22 ΚΑΙ ΝΥΝ ΙΔΟΥ
ΔΕΔΕΜΕΝΟΣ ΕΓΩ ΤΩ ΠΝΕΥΜΑΤΙ
ΠΟΡΕΥΟΜΑΙ ΕΙΣ ΙΕΡΟΥΣΑΛΗΜ
ΤΑ ΕΝ ΑΥΤΗ ΣΥΝΑΝΤΗΣΟΝΤΑ –ΜΟΙ– ΜΗ ΕΙΔΩΣ
23 ΠΛΗΝ ΟΤΙ ΤΟ ΠΝΕΥΜΑ ΤΟ ΑΓΙΟΝ ΚΑΤΑ ΠΟΛΙΝ
ΔΙΑΜΑΡΤΥΡΕΤΑΙ ΜΟΙ ΛΕΓΟΝ
ΟΤΙ ΔΕΣΜΑ ΚΑΙ ΘΛΙΨΕΙΣ ΜΕ ΜΕΝΟΥΣΙΝ

24 ΑΛΛ ΟΥΔΕΝΟΣ ΛΟΓΟΥ
ΠΟΙΟΥΜΑΙ ΤΗΝ ΨΥΧΗΝ ΤΙΜΙΑΝ ΕΜΑΥΤΩ
ΩΣ -ΤΕΛΕΙΩΣΑΙ-
ΤΟΝ ΔΡΟΜΟΝ ΜΟΥ
ΚΑΙ ΤΗΝ ΔΙΑΚΟΝΙΑΝ ΗΝ ΕΛΑΒΟΝ ΠΑΡΑ ΤΟΥ ΚΥΡΙΟΥ ΙΗΣΟΥ
ΔΙΑΜΑΡΤΥΡΑΣΘΑΙ ΤΟ ΕΥΑΓΓΕΛΙΟΝ ΤΗΣ ΧΑΡΙΤΟΣ ΤΟΥ ΘΕΟΥ

25 ΚΑΙ ΝΥΝ ΙΔΟΥ
ΕΓΩ ΟΙΔΑ
ΟΤΙ ΟΥΚΕΤΙ ΟΨΕΣΘΕ ΤΟ ΠΡΟΣΩΠΟΝ ΜΟΥ
ΥΜΕΙΣ ΠΑΝΤΕΣ
ΕΝ ΟΙΣ ΔΙΗΛΘΟΝ ΚΗΡΥΣΣΩΝ ΤΗΝ ΒΑΣΙΛΕΙΑΝ

26 ΔΙΟΤΙ ΜΑΡΤΥΡΟΜΑΙ ΥΜΙΝ ΕΝ ΤΗ ΣΗΜΕΡΟΝ ΗΜΕΡΑ
ΟΤΙ ΚΑΘΑΡΟΣ ΕΙΜΙ ΑΠΟ ΤΟΥ ΑΙΜΑΤΟΣ ΠΑΝΤΩΝ

27 ΟΥ ΓΑΡ ΥΠΕΣΤΕΙΛΑΜΗΝ
ΤΟΥ ΜΗ ΑΝΑΓΓΕΙΛΑΙ ΠΑΣΑΝ ΤΗΝ ΒΟΥΛΗΝ ΤΟΥ ΘΕΟΥ ΥΜΙΝ

28 ΠΡΟΣΕΧΕΤΕ ΕΑΥΤΟΙΣ
ΚΑΙ ΠΑΝΤΙ ΤΩ ΠΟΙΜΝΙΩ
ΕΝ Ω ΥΜΑΣ ΤΟ ΠΝΕΥΜΑ ΤΟ ΑΓΙΟΝ ΕΘΕΤΟ ΕΠΙΣΚΟΠΟΥΣ

-ΜΟΙ–; ΕΜΟΙ 03 05만 이문지지. 이문에는 강조형이 사용됨.
-ΤΕΛΕΙΩΣΑΙ-; ΤΕΛΕΙΩΣΩ 03만 이문지지, 다른 이문 존재, 판단 필요. 부정과거 부정사인지, 직설법 미래인지의 문제.
……; ΟΤΙ 03만 이문지지, 다양한 이문 존재. 접속사 문제.

ΠΟΙΜΑΙΝΕΙΝ ΤΗΝ ΕΚΚΛΗΣΙΑΝ ΤΟΥ ΘΕΟΥ
ΗΝ ΠΕΡΙΕΠΟΙΗΣΑΤΟ ΔΙΑ ΤΟΥ ΑΙΜΑΤΟΣ ΤΟΥ ΙΔΙΟΥ

29 ······ ΕΓΩ ΟΙΔΑ
ΟΤΙ ΕΙΣΕΛΕΥΣΟΝΤΑΙ ΜΕΤΑ ΤΗΝ -ΑΦΙΞΙΝ- ΜΟΥ
ΛΥΚΟΙ ΒΑΡΕΙΣ ΕΙΣ ΥΜΑΣ
ΜΗ ΦΕΙΔΟΜΕΝΟΙ ΤΟΥ ΠΟΙΜΝΙΟΥ
30 ΚΑΙ ΕΞ ΥΜΩΝ ·ΑΥΤΩΝ· ΑΝΑΣΤΗΣΟΝΤΑΙ
ΑΝΔΡΕΣ ΛΑΛΟΥΝΤΕΣ ΔΙΕΣΤΡΑΜΜΕΝΑ
ΤΟΥ ΑΠΟΣΠΑΝ ΤΟΥΣ ΜΑΘΗΤΑΣ ΟΠΙΣΩ –ΑΥΤΩΝ–

31 ΔΙΟ ΓΡΗΓΟΡΕΙΤΕ
ΜΝΗΜΟΝΕΥΟΝΤΕΣ ΟΤΙ
ΤΡΙΕΤΙΑΝ ΝΥΚΤΑ ΚΑΙ ΗΜΕΡΑΝ
ΟΥΚ ΕΠΑΥΣΑΜΗΝ
ΜΕΤΑ ΔΑΚΡΥΩΝ ΝΟΥΘΕΤΩΝ ΕΝΑ ΕΚΑΣΤΟΝ

32 ΚΑΙ ΤΑ ΝΥΝ ΠΑΡΑΤΙΘΕΜΑΙ ΥΜΑΣ
ΤΩ –ΘΕΩ–
ΚΑΙ ΤΩ ΛΟΓΩ ΤΗΣ ΧΑΡΙΤΟΣ ΑΥΤΟΥ
ΤΩ ΔΥΝΑΜΕΝΩ ΟΙΚΟΔΟΜΗΣΑΙ
ΚΑΙ ΔΟΥΝΑΙ ΤΗΝ ΚΛΗΡΟΝΟΜΙΑΝ
ΕΝ ΤΟΙΣ ΗΓΙΑΣΜΕΝΟΙΣ ΠΑΣΙΝ

33 ΑΡΓΥΡΙΟΥ Η ΧΡΥΣΙΟΥ Η ΙΜΑΤΙΣΜΟΥ ΟΥΔΕΝΟΣ
ΕΠΕΘΥΜΗΣΑ

34 ΑΥΤΟΙ -ΓΙΝΩΣΚΕΤΕ- ΟΤΙ
ΤΑΙΣ ΧΡΕΙΑΙΣ ΜΟΥ ΚΑΙ ΤΟΙΣ ♀ΟΥΣΙ♀ ΜΕΤ ΕΜΟΥ
ΥΠΗΡΕΤΗΣΑΝ ΑΙ ΧΕΙΡΕΣ ΑΥΤΑΙ

35 ΠΑΝΤΑ ΥΠΕΔΕΙΞΑ ΥΜΙΝ ΟΤΙ
ΟΥΤΩΣ ΚΟΠΙΩΝΤΑΣ
ΔΕΙ ΑΝΤΙΛΑΜΒΑΝΕΣΘΑΙ ΤΩΝ ΑΣΘΕΝΟΥΝΤΩΝ
ΜΝΗΜΟΝΕΥΕΙΝ ΤΕ ΤΩΝ ΛΟΓΩΝ ΤΟΥ ΚΥΡΙΟΥ ΙΗΣΟΥ
ΟΤΙ ΑΥΤΟΣ ΕΙΠΕΝ
ΜΑΚΑΡΙΟΝ ΕΣΤΙΝ ΜΑΛΛΟΝ
ΔΙΔΟΝΑΙ Η ΛΑΜΒΑΝΕΙΝ

-ΑΦΙΞΙΝ-; ΑΦΕΙΞΙΝ 03만 이문지지, 다양한 이문 존재. 정서법 문제.
·ΑΥΤΩΝ· 03 049만 이문지지. 이문은 이인칭 복수 인칭대명사를 강조하는 대명사를 생략함.
–ΑΥΤΩΝ–; ΕΑΥΤΩΝ 01 02 03만 이문지지, 판단 필요. 인칭대명사와 재귀대명사 사용 문제.
–ΘΕΩ–; ΚΥΡΙΩ 03 330 1837만 이문지지. 신명 문제.
-ΓΙΝΩΣΚΕΤΕ-; ΓΕΙΝΩΣΚΕΤΕ 03만 이문지지, 다양한 이문 존재. 정서법 문제.
♀ΟΥΣΙ♀; ΟΥΣΙΝ 각각 다수 사본지지, 다른 이문 존재, 판단 필요. 변칙자음 뉘 문제.

36 ΚΑΙ ΤΑΥΤΑ ΕΙΠΩΝ
ΘΕΙΣ ΤΑ ΓΟΝΑΤΑ ΑΥΤΟΥ
ΣΥΝ ΠΑΣΙΝ ΑΥΤΟΙΣ ΠΡΟΣΗΥΞΑΤΟ

37 ΙΚΑΝΟΣ ΔΕ ΚΛΑΥΘΜΟΣ ΕΓΕΝΕΤΟ ΠΑΝΤΩΝ
ΚΑΙ ΕΠΙΠΕΣΟΝΤΕΣ ΕΠΙ ΤΟΝ ΤΡΑΧΗΛΟΝ ΤΟΥ ΠΑΥΛΟΥ
ΚΑΤΕΦΙΛΟΥΝ ΑΥΤΟΝ
38 ΟΔΥΝΩΜΕΝΟΙ ΜΑΛΙΣΤΑ
ΕΠΙ ΤΩ ΛΟΓΩ Ω ΕΙΡΗΚΕΙ
ΟΤΙ ΟΥΚΕΤΙ ΜΕΛΛΟΥΣΙΝ
ΤΟ ΠΡΟΣΩΠΟΝ ΑΥΤΟΥ ΘΕΩΡΕΙΝ

ΠΡΟΕΠΕΜΠΟΝ ΔΕ ΑΥΤΟΝ ΕΙΣ ΤΟ ΠΛΟΙΟΝ

κα

21:1 ΩΣ ΔΕ ΕΓΕΝΕΤΟ ΑΝΑΧΘΗΝΑΙ ΗΜΑΣ
-ΑΠΟΣΠΑΣΘΕΝΤΑΣ- ΑΠ ΑΥΤΩΝ
ΕΥΘΥΔΡΟΜΗΣΑΝΤΕΣ ΗΛΘΟΜΕΝ ΕΙΣ ΤΗΝ ΚΩ
ΤΗ ΔΕ ΕΞΗΣ ΕΙΣ ΤΗΝ ΡΟΔΟΝ
ΚΑΚΕΙΘΕΝ ΕΙΣ ΠΑΤΑΡΑ

2 ΚΑΙ ΕΥΡΟΝΤΕΣ ΠΛΟΙΟΝ
ΔΙΑΠΕΡΩΝ ΕΙΣ ΦΟΙΝΙΚΗΝ
ΕΠΙΒΑΝΤΕΣ ΑΝΗΧΘΗΜΕΝ

3 ΑΝΑΦΑΝΑΝΤΕΣ ΔΕ ΤΗΝ ΚΥΠΡΟΝ
ΚΑΙ ΚΑΤΑΛΙΠΟΝΤΕΣ ΑΥΤΗΝ ΕΥΩΝΥΜΟΝ
ΕΠΛΕΟΜΕΝ ΕΙΣ ΣΥΡΙΑΝ
ΚΑΙ ΚΑΤΗΛΘΟΜΕΝ ΕΙΣ ΤΥΡΟΝ

ΕΚΕΙΣΕ ΓΑΡ ΤΟ ΠΛΟΙΟΝ
ΗΝ ΑΠΟΦΟΡΤΙΖΟΜΕΝΟΝ ΤΟΝ ΓΟΜΟΝ

4 ΑΝΕΥΡΟΝΤΕΣ ΔΕ ΤΟΥΣ ΜΑΘΗΤΑΣ
ΕΠΕΜΕΙΝΑΜΕΝ ΑΥΤΟΥ ΗΜΕΡΑΣ ΕΠΤΑ
ΟΙΤΙΝΕΣ ΤΩ ΠΑΥΛΩ -ΕΛΕΓΟΝ- ΔΙΑ ΤΟΥ ΠΝΕΥΜΑΤΟΣ

21장

-ΑΠΟΣΠΑΣΘΕΝΤΑΣ-; ΑΠΟΣΠΑΣΘΕΝΤΕΣ 각각 다수 사본지지, 다양한 이문 존재, 판단 필요. 분사가 부정사와 연결되었는지, 주동사와 연결되었는지의 문제.

-ΕΛΕΓΟΝ-; ΕΛΕΓΑΝ 03만 이문지지. 제2부정과거 3인칭 복수 어미를 미완료과거에 잘못 사용한 오기로 보임.

ΜΗ ΕΠΙΒΑΙΝΕΙΝ ΕΙΣ ΙΕΡΟΣΟΛΥΜΑ

5 ΟΤΕ ΔΕ ΕΓΕΝΕΤΟ ^ΗΜΑΣ ΕΞΑΡΤΙΣΑΙ^ ΤΑΣ ΗΜΕΡΑΣ
ΕΞΕΛΘΟΝΤΕΣ ΕΠΟΡΕΥΟΜΕΘΑ
ΠΡΟΠΕΜΠΟΝΤΩΝ ΗΜΑΣ ΠΑΝΤΩΝ
ΣΥΝ ΓΥΝΑΙΞΙ ΚΑΙ ΤΕΚΝΟΙΣ
ΕΩΣ ΕΞΩ ΤΗΣ ΠΟΛΕΩΣ

ΚΑΙ ΘΕΝΤΕΣ ΤΑ ΓΟΝΑΤΑ
ΕΠΙ ΤΟΝ ΑΙΓΙΑΛΟΝ ΠΡΟΣΕΥΞΑΜΕΝΟΙ
6 ΑΠΗΣΠΑΣΑΜΕΘΑ ΑΛΛΗΛΟΥΣ
ΚΑΙ –ΑΝΕΒΗΜΕΝ– ΕΙΣ ΤΟ ΠΛΟΙΟΝ

ΕΚΕΙΝΟΙ ΔΕ ΥΠΕΣΤΡΕΨΑΝ ΕΙΣ ΤΑ ΙΔΙΑ

7 ΗΜΕΙΣ ΔΕ ΤΟΝ ΔΙΑΝΥΣΑΝΤΕΣ ΑΠΟ ΤΥΡΟΥ
ΚΑΤΗΝΤΗΣΑΜΕΝ ΕΙΣ ΠΤΟΛΕΜΑΙΔΑ
ΚΑΙ ΑΣΠΑΣΑΜΕΝΟΙ ΤΟΥΣ ΑΔΕΛΦΟΥΣ
ΕΜΕΙΝΑΜΕΝ ΗΜΕΡΑΝ ΜΙΑΝ ΠΑΡ ΑΥΤΟΙΣ

8 ΤΗ ΔΕ ΕΠΑΥΡΙΟΝ ΕΞΕΛΘΟΝΤΕΣ
-ΗΛΘΟΜΕΝ- ΕΙΣ ΚΑΙΣΑΡΕΙΑΝ
ΚΑΙ ΕΙΣΕΛΘΟΝΤΕΣ ΕΙΣ ΤΟΝ ΟΙΚΟΝ
ΦΙΛΙΠΠΟΥ ΤΟΥ ΕΥΑΓΓΕΛΙΣΤΟΥ
ΟΝΤΟΣ ΕΚ ΤΩΝ ΕΠΤΑ
ΕΜΕΙΝΑΜΕΝ ΠΑΡ ΑΥΤΩ

9 ΤΟΥΤΩ ΔΕ ΗΣΑΝ ΘΥΓΑΤΕΡΕΣ ΤΕΣΣΑΡΕΣ
ΠΑΡΘΕΝΟΙ ΠΡΟΦΗΤΕΥΟΥΣΑΙ

10 ΕΠΙΜΕΝΟΝΤΩΝ ΔΕ ΗΜΕΡΑΣ ΠΛΕΙΟΥΣ
ΚΑΤΗΛΘΕΝ ΤΙΣ ΑΠΟ ΤΗΣ ΙΟΥΔΑΙΑΣ
ΠΡΟΦΗΤΗΣ ΟΝΟΜΑΤΙ ΑΓΑΒΟΣ
11 ΚΑΙ ΕΛΘΩΝ ΠΡΟΣ ΗΜΑΣ
ΚΑΙ ΑΡΑΣ ΤΗΝ ΖΩΝΗΝ ΤΟΥ ΠΑΥΛΟΥ
ΔΗΣΑΣ ΕΑΥΤΟΥ ΤΟΥΣ ΠΟΔΑΣ ΚΑΙ ΤΑΣ ΧΕΙΡΑΣ ΕΙΠΕΝ
ΤΑΔΕ ΛΕΓΕΙ ΤΟ ΠΝΕΥΜΑ ΤΟ ΑΓΙΟΝ
ΤΟ ΑΝΔΡΑ ΟΥ ΕΣΤΙΝ Η ΖΩΝΗ ΑΥΤΗ
ΟΥΤΩΣ ΔΗΣΟΥΣΙΝ ΕΝ ΙΕΡΟΥΣΑΛΗΜ ΟΙ ΙΟΥΔΑΙΟΙ
ΚΑΙ ΠΑΡΑΔΩΣΟΥΣΙΝ ΕΙΣ ΧΕΙΡΑΣ ΕΘΝΩΝ

---

^ΗΜΑΣ ΕΞΑΡΤΙΣΑΙ^; ΕΞΑΡΤΙΣΑΙ ΗΜΑΣ 02 03 08 2344만 이문지지. 부정사와 의미상의 주어의 순서 문제.
–ΑΝΕΒΗΜΕΝ–; ΕΝΕΒΗΜΕΝ 각각 다수 사본지지, 다양한 이문 존재, 판단 필요. 접두어 문제.
-ΗΛΘΟΜΕΝ-; ΗΛΘΑΜΕΝ 03만 이문지지, 다양한 이문 존재. 제2부정과거 1인칭 복수 어미 문제.

12 ΩΣ ΔΕ ΗΚΟΥΣΑΜΕΝ ΤΑΥΤΑ
ΠΑΡΕΚΑΛΟΥΜΕΝ ΗΜΕΙΣ ΤΕ ΚΑΙ ΟΙ ΕΝΤΟΠΙΟΙ
ΤΟΥ ΜΗ ΑΝΑΒΑΙΝΕΙΝ ΑΥΤΟΝ ΕΙΣ ΙΕΡΟΥΣΑΛΗΜ

13 ΤΟΤΕ ΑΠΕΚΡΙΘΗ Ο̣ ΠΑΥΛΟΣ
ΤΙ ΠΟΙΕΙΤΕ
ΚΛΑΙΟΝΤΕΣ
ΚΑΙ ΣΥΝΘΡΥΠΤΟΝΤΕΣ ΜΟΥ ΤΗΝ ΚΑΡΔΙΑΝ

ΕΓΩ ΓΑΡ
ΟΥ ΜΟΝΟΝ ΔΕΘΗΝΑΙ
ΑΛΛΑ ΚΑΙ ΑΠΟΘΑΝΕΙΝ ΕΙΣ ΙΕΡΟΥΣΑΛΗΜ
ΕΤΟΙΜΩΣ ΕΧΩ ΥΠΕΡ ΤΟΥ ΟΝΟΜΑΤΟΣ ΤΟΥ ΚΥΡΙΟΥ ΙΗΣΟΥ

14 ΜΗ ΠΕΙΘΟΜΕΝΟΥ ΔΕ ΑΥΤΟΥ
ΗΣΥΧΑΣΑΜΕΝ ΕΙΠΟΝΤΕΣ
ΤΟΥ ΚΥΡΙΟΥ ΤΟ ΘΕΛΗΜΑ -ΓΙΝΕΣΘΩ-

15 ΜΕΤΑ ΔΕ ΤΑΣ ΗΜΕΡΑΣ ΤΑΥΤΑΣ
ΕΠΙΣΚΕΥΑΣΑΜΕΝΟΙ ΑΝΕΒΑΙΝΟΜΕΝ ΕΙΣ ΙΕΡΟΣΟΛΥΜΑ

16 ΣΥΝΗΛΘΟΝ ΔΕ ΚΑΙ ΤΩΝ ΜΑΘΗΤΩΝ ΑΠΟ ΚΑΙΣΑΡΕΙΑΣ ΣΥΝ ΗΜΙΝ
ΑΓΟΝΤΕΣ ΠΑΡ Ω ΞΕΝΙΣΘΩΜΕΝ
-ΜΝΑΣΩΝΙ- ΤΙΝΙ ΚΥΠΡΙΩ ΑΡΧΑΙΩ ΜΑΘΗΤΗ

17 ΓΕΝΟΜΕΝΩΝ ΔΕ ΗΜΩΝ ΕΙΣ ΙΕΣΟΣΟΛΥΜΑ
ΑΣΜΕΝΩΣ ΑΠΕΔΕΞΑΝΤΟ ΗΜΑΣ ΟΙ ΑΔΕΛΦΟΙ

18 ΤΗ ΔΕ ΕΠΙΟΥΣΗ
ΕΙΣΗΕΙ Ο ΠΑΥΛΟΣ ΣΥΝ ΗΜΙΝ ΠΡΟΣ ΙΑΚΩΒΟΝ
ΠΑΝΤΕΣ ΤΕ ΠΑΡΕΓΕΝΟΝΤΟ ΟΙ ΠΡΕΣΒΥΤΕΡΟΙ

19 ΚΑΙ ΑΣΠΑΣΑΜΕΝΟΣ ΑΥΤΟΥΣ
ΕΞΗΓΕΙΤΟ ΚΑΘ ΕΝ ΕΚΑΣΤΟΝ
ΩΝ ΕΠΟΙΗΣΕΝ Ο ΘΕΟΣ
ΕΝ ΤΟΙΣ ΕΘΝΕΣΙΝ
ΔΙΑ ΤΗΣ ΔΙΑΚΟΝΙΑΣ ΑΥΤΟΥ

20 ΟΙ ΔΕ ΑΚΟΥΣΑΝΤΕΣ ΕΔΟΞΑΖΟΝ ΤΟΝ ΘΕΟΝ
ΕΙΠΟΝ ΤΕ ΑΥΤΩ

-ΓΙΝΕΣΘΩ-; ΓΕΙΝΕΣΘΩ 01 02 03 05 08만 이문지지, 다른 이문 존재, 판단 필요. 현재 명령인지, 부정과거 명령인지의 문제, 정서법 문제.

-ΜΝΑΣΩΝΙ-; ΜΝΑΣΩ 03 1만 이문지지, 다양한 이문 존재. 고유명사 음역 문제.

ΘΕΩΡΕΙΣ ΑΔΕΛΦΕ
ΠΟΣΑΙ ΜΥΡΙΑΔΕΣ ΕΙΣΙΝ ΕΝ ΤΟΙΣ ΙΟΥΔΑΙΟΙΣ ΤΩΝ ΠΕΠΙΣΤΕΥΚΟΤΩΝ
ΚΑΙ ΠΑΝΤΕΣ ΖΗΛΩΤΑΙ ΤΟΥ ΝΟΜΟΥ ΥΠΑΡΧΟΥΣΙΝ

21 ΚΑΤΗΧΗΘΗΣΑΝ ΔΕ ΠΕΡΙ ΣΟΥ
ΟΤΙ ΑΠΟΣΤΑΣΙΑΝ ΔΙΔΑΣΚΕΙΣ ΑΠΟ ΜΩΥΣΕΩΣ
ΤΟΥΣ ΚΑΤΑ ΤΑ ΕΘΝΗ ΠΑΝΤΑΣ ΙΟΥΔΑΙΟΥΣ
ΛΕΓΩΝ
ΜΗ ΠΕΡΙΤΕΜΝΕΙΝ ΑΥΤΟΥΣ ΤΑ ΤΕΚΝΑ
ΜΗΔΕ ΤΟΙΣ ΕΘΕΣΙΝ ΠΕΡΙΠΑΤΕΙΝ

22 ΤΙ ΟΥΝ ΕΣΤΙΝ

ΠΑΝΤΩΣ ΑΚΟΥΣΟΝΤΑΙ ΟΤΙ -ΕΛΗΛΥΘΑΣ-

23 ΤΟΥΤΟ ΟΥΝ ΠΟΙΗΣΟΝ
Ο ΣΟΙ ΛΕΓΟΜΕΝ

ΕΙΣΙΝ ΗΜΙΝ ΑΝΔΡΕΣ ΤΕΣΣΑΡΕΣ
ΕΥΧΗΝ ΕΧΟΝΤΕΣ ΕΦ ΕΑΥΤΩΝ

24 ΤΟΥΤΟΥΣ ΠΑΡΑΛΑΒΩΝ
ΑΓΝΙΣΘΗΤΙ ΣΥΝ ΑΥΤΟΙΣ
ΚΑΙ ΔΑΠΑΝΗΣΟΝ ΕΠ ΑΥΤΟΙΣ
ΙΝΑ ΞΥΡΗΣΟΝΤΑΙ ΤΗΝ ΚΕΦΑΛΗΝ
ΚΑΙ ΓΝΩΣΟΝΤΑΙ ΠΑΝΤΕΣ
ΟΤΙ ΩΝ ΚΑΤΗΧΗΝΤΑΙ ΠΕΡΙ ΣΟΥ ΟΥΔΕΝ ΕΣΤΙΝ
ΑΛΛΑ ΣΤΟΙΧΕΙΣ ΚΑΙ ΑΥΤΟΣ ΦΥΛΑΣΣΩΝ ΤΟΝ ΝΟΜΟΝ

25 ΠΕΡΙ ΔΕ ΤΩΝ ΠΕΠΙΣΤΕΥΚΟΤΩΝ ΕΘΝΩΝ
ΗΜΕΙΣ –ΕΠΕΣΤΕΙΛΑΜΕΝ– -ΚΡΙΝΑΝΤΕΣ-
ΦΥΛΑΣΣΕΣΘΑΙ ΑΥΤΟΥΣ
ΤΟ ΤΕ ΕΙΔΩΛΟΘΥΤΟΝ ΚΑΙ ΑΙΜΑ ΚΑΙ ΠΝΙΚΤΟΝ ΚΑΙ ΠΟΡΝΕΙΑΝ

26 ΤΟΤΕ Ο ΠΑΥΛΟΣ
ΠΑΡΑΛΑΒΩΝ ΤΟΥΣ ΑΝΔΡΑΣ ΤΗ ΕΧΟΜΕΝΗ ΗΜΕΡΑ
ΣΥΝ ΑΥΤΟΙΣ ΑΓΝΙΣΘΕΙΣ
ΕΙΣΗΕΙ ΕΙΣ ΤΟ ΙΕΡΟΝ
ΔΙΑΓΓΕΛΛΩΝ ΤΗΝ ΕΚΠΛΗΡΩΣΙΝ ΤΩΝ ΗΜΕΡΩΝ ΤΟΥ ΑΓΝΙΣΜΟΥ
ΕΩΣ ΟΥ ΠΡΟΣΗΝΕΧΘΗ ΥΠΕΡ ΕΝΟΣ ΕΚΑΣΤΟΥ ΑΥΤΩΝ Η ΠΡΟΣΦΟΡΑ

-ΕΛΗΛΥΘΑΣ-; ΕΛΗΛΥΘΕΣ 03만 이문지지, 다른 이문 존재. 오기로 보임.

–ΕΠΕΣΤΕΙΛΑΜΕΝ–; ΑΕΠΕΣΤΕΙΛΑΜΕΝ 03 04 05 044 049 614 2412 2495만 이문지지, 다양한 이문 존재, 판단 필요. 접두어 문제.

27 ΩΣ ΔΕ ΕΜΕΛΛΟΝ ΑΙ ΕΠΤΑ ΗΜΕΡΑΙ ΣΥΝΤΕΛΕΙΣΘΑΙ
ΟΙ ΑΠΟ ΤΗΣ ΑΣΙΑΣ ΙΟΥΔΑΙΟΙ
ΘΕΑΣΑΜΕΝΟΙ ΑΥΤΟΝ ΕΝ ΤΩ ΙΕΡΩ
ΣΥΝΕΧΕΟΝ ΠΑΝΤΑ ΤΟΝ ΟΧΛΟΝ
ΚΑΙ ΕΠΕΒΑΛΟΝ ΕΠ ΑΥΤΟΝ ΤΑΣ ΧΕΙΡΑΣ
28 ΚΡΑΖΟΝΤΕΣ
ΑΝΔΡΕΣ -ΙΣΡΑΗΛΙΤΑΙ- ΒΟΗΘΕΙΤΕ
ΟΥΤΟΣ ΕΣΤΙΝ Ο ΑΝΘΡΩΠΟΣ
Ο ΚΑΤΑ ΤΟΥ ΛΑΟΥ ΚΑΙ ΤΟΥ ΝΟΜΟΥ ΚΑΙ ΤΟΥ ΤΟΠΟΥ ΤΟΥΤΟΥ
ΠΑΝΤΑΣ ΠΑΝΤΑΧΗ
ΔΙΔΑΣΚΩΝ
ΕΤΙ ΤΕ ΚΑΙ ΕΛΛΗΝΑΣ ΕΙΣΗΓΑΓΕΝ ΕΙΣ ΤΟ ΙΕΡΟΝ
ΚΑΙ ΚΕΚΟΙΝΩΚΕΝ ΤΟΝ ΑΓΙΟΝ ΤΟΠΟΝ ΤΟΥΤΟΝ

29 ΗΣΑΝ ΓΑΡ ΠΡΟΕΩΡΑΚΟΤΕΣ
ΤΡΟΦΙΜΟΝ ΤΟΝ ΕΦΕΣΙΟΝ ΕΝ ΤΗ ΠΟΛΕΙ ΣΥΝ ΑΥΤΩ
ΟΝ ΕΝΟΜΙΖΟΝ ΟΤΙ ΕΙΣ ΤΟ ΙΕΡΟΝ ΕΙΣΗΓΑΓΕΝ Ο ΠΑΥΛΟΣ

30 -ΕΚΙΝΗΘΗ- ΤΕ Η ΠΟΛΙΣ ΟΛΗ
ΚΑΙ ΕΓΕΝΕΤΟ ΣΥΝΔΡΟΜΗ ΤΟΥ ΛΑΟΥ
ΚΑΙ ΕΠΙΛΑΒΟΜΕΝΟΙ ΤΟΥ ΠΑΥΛΟΥ
ΕΙΛΚΟΝ ΑΥΤΟΝ ΕΞΩ ΤΟΥ ΙΕΡΟΥ
ΚΑΙ ΕΥΘΕΩΣ ΕΚΛΕΙΣΘΗΣΑΝ ΑΙ ΘΥΡΑΙ

31 ΖΗΤΟΥΝΤΩΝ ΤΕ ΑΥΤΟΝ ΑΠΟΚΤΕΙΝΑΙ
ΑΝΕΒΗ ΦΑΣΙΣ ΤΩ -ΧΙΛΙΑΡΧΩ- ΤΗΣ ΣΠΕΙΡΗΣ
ΟΤΙ ΟΛΗ ΣΥΓΧΥΝΝΕΤΑΙ ΙΕΡΟΥΣΑΛΗΜ

32 ΟΣ ΕΞΑΥΤΗΣ ·ΠΑΡΑ·ΛΑΒΩΝ ΣΤΡΑΤΙΩΤΑΣ ΚΑΙ ΕΚΑΤΟΝΤΑΡΧΑΣ
ΚΑΤΕΔΡΑΜΕΝ ΕΠ ΑΥΤΟΥΣ

ΟΙ ΔΕ ΙΔΟΝΤΕΣ ΤΟΝ -ΧΙΛΙΑΡΧΟΝ- ΚΑΙ ΤΟΥΣ ΣΤΡΑΤΙΩΤΑΣ
ΕΠΑΥΣΑΝΤΟ ΤΥΠΤΟΝΤΕΣ ΤΟΝ ΠΑΥΛΟΝ

33 ΤΟΤΕ ΕΓΓΙΣΑΣ Ο ΧΙΛΙΑΡΧΟΣ ΕΠΕΛΑΒΕΤΟ ΑΥΤΟΥ
ΚΑΙ ♀ΕΚΕΛΕΥΣΕ♀ ΔΕΘΗΝΑΙ ΑΛΥΣΕΣΙ ΔΥΣΙ

-ΚΡΙΝΑΝΤΕΣ-; ΚΡΕΙΝΑΝΤΕΣ 03만 이문지지, 다양한 이문 존재. 정서법 문제.
-ΙΣΡΑΗΛΙΤΑΙ-; ΙΣΡΑΗΛΕΙΤΑΙ 03만 이문지지, 매우 다양한 이문 존재. 고유명사 음역 문제.
-ΕΚΙΝΗΘΗ-; ΕΚΕΙΝΗΘΗ 각각 다수 사본지지, 다른 이문 존재, 판단 필요. 정서법 문제, 이문은 당시 정서법을 따른 듯함.
-ΧΙΛΙΑΡΧΩ-; ΧΕΙΛΙΑΡΧΩ 02 03만 이문지지. 정서법 문제.
·ΠΑΡΑ·ΛΑΒΩΝ 03만 이문지지, 다른 이문 존재. 접두어 문제.
-ΧΙΛΙΑΡΧΟΝ-; ΧΕΙΛΙΑΡΧΟΝ 03 05만 이문지지. 정서법 문제.
♀ΕΚΕΛΕΥΣΕ♀; ΕΚΕΛΕΥΣΕΝ 각각 다수 사본지지, 다른 이문 존재, 판단 필요. 변칙자음 뉘 문제.

ΚΑΙ ΕΠΥΝΘΑΝΕΤΟ
ΤΙΣ ΕΙΗ
ΚΑΙ ΤΙ ΕΣΤΙΝ ΠΕΠΟΙΗΚΩΣ

34 ΑΛΛΟΙ ΔΕ ΑΛΛΟ ΤΙ ΕΠΕΦΩΝΟΥΝ ΕΝ ΤΩ ΟΧΛΩ

ΜΗ ΔΥΝΑΜΕΝΟΥ ΔΕ ΑΥΤΟΥ ΓΝΩΝΑΙ ΤΟ ΑΣΦΑΛΕΣ
ΔΙΑ ΤΟΝ ΘΟΡΥΒΟΝ
ΕΚΕΛΕΥΣΕΝ ΑΓΕΣΘΑΙ ΑΥΤΟΝ ΕΙΣ ΤΗΝ ΠΑΡΕΜΒΟΛΗΝ

35 ΟΤΕ ΔΕ ΕΓΕΝΕΤΟ ΕΠΙ ΤΟΥΣ ΑΝΑΒΑΘΜΟΥΣ
ΣΥΝΕΒΗ ΒΑΣΤΑΖΕΣΘΑΙ ΑΥΤΟΝ
ΥΠΟ ΤΩΝ ΣΤΡΑΤΙΩΤΩΝ
ΔΙΑ ΤΗΝ ΒΙΑΝ ΤΟΥ ΟΧΛΟΥ

36 ΗΚΟΛΟΥΘΕΙ ΓΑΡ ΤΟ ΠΛΗΘΟΣ ΤΟΥ ΛΑΟΥ
ΚΡΑΖΟΝΤΕΣ ΑΙΡΕ ΑΥΤΟΝ

37 ΜΕΛΛΩΝ ΤΕ ΕΙΣΑΓΕΣΘΑΙ ΕΙΣ ΤΗΝ ΠΑΡΕΜΒΟΛΗΝ
Ο ΠΑΥΛΟΣ ΛΕΓΕΙ ΤΩ -ΧΙΛΙΑΡΧΩ-
ΕΙ ΕΞΕΣΤΙΝ ΜΟΙ
ΕΙΠΕΙΝ ΤΙ ΠΡΟΣ ΣΕ

Ο ΔΕ ΕΦΗ
ΕΛΛΗΝΙΣΤΙ -ΓΙΝΩΣΚΕΙΣ-

38 ΟΥΚ ΑΡΑ ΣΥ ΕΙ Ο ΑΙΓΥΠΤΙΟΣ
Ο ΠΡΟ ΤΟΥΤΩΝ ΤΩΝ ΗΜΕΡΩΝ
ΑΝΑΣΤΑΤΩΣΑΣ ΚΑΙ ΕΞΑΓΑΓΩΝ ΕΙΣ ΤΗΝ ΕΡΗΜΟΝ
ΤΟΥΣ -ΤΕΤΡΑΚΙΣΧΙΛΙΟΥΣ- ΑΝΔΡΑΣ ΤΩΝ -ΣΙΚΑΡΙΩΝ-

39 ΕΙΠΕΝ ΔΕ Ο ΠΑΥΛΟΣ
ΕΓΩ ΑΝΘΡΩΠΟΣ ΜΕΝ ΕΙΜΙ ΙΟΥΔΑΙΟΣ
ΤΑΡΣΕΥΣ ΤΗΣ ΚΙΛΙΚΙΑΣ
ΟΥΚ ΑΣΗΜΟΥ ΠΟΛΕΩΣ ΠΟΛΙΤΗΣ

ΔΕΟΜΑΙ ΔΕ ΣΟΥ
ΕΠΙΤΡΕΨΟΝ ΜΟΙ ΛΑΛΗΣΑΙ ΠΡΟΣ ΤΟΝ ΛΑΟΝ

-ΧΙΛΙΑΡΧΩ-; ΧΕΙΛΙΑΡΧΩ 03 05만 이문지지. 정서법 문제.
-ΓΙΝΩΣΚΕΙΣ-; ΓΕΙΝΩΣΚΕΙΣ 03 05만 이문지지, 다양한 이문 존재. 정서법 문제.
-ΤΕΤΡΑΚΙΣΧΙΛΙΟΥΣ-; ΤΕΤΡΑΚΙΣΧΕΙΛΙΟΥΣ 03 05만 이문지지. 정서법 문제.
-ΣΙΚΑΡΙΩΝ-; ΣΕΙΚΑΡΙΩΝ 03만 이문지지, 다양한 이문 존재. 정서법 문제.

40 ΕΠΙΤΡΕΨΑΝΤΟΣ ΔΕ ΑΥΤΟΥ
Ο ΠΑΥΛΟΣ ΕΣΤΩΣ ΕΠΙ ΤΩΝ ΑΝΑΒΑΘΜΩΝ
ΚΑΤΕΣΕΙΣΕ ΤΗ ΧΕΙΡΙ ΤΩ ΛΑΩ

ΠΟΛΛΗΣ ΔΕ ^-ΣΙΓΗΣ- ΓΕΝΟΜΕΝΗΣ^
ΠΡΟΣΕΦΩΝΗΣΕΝ ΤΗ ΕΒΡΑΙΔΙ ΔΙΑΛΕΚΤΩ ΛΕΓΩΝ

κβ

22:1 ΑΝΔΡΕΣ ΑΔΕΛΦΟΙ ΚΑΙ ΠΑΤΕΡΕΣ
ΑΚΟΥΣΑΤΕ ΜΟΥ ΤΗΣ ΠΡΟΣ ΥΜΑΣ ΝΥΝΙ ΑΠΟΛΟΓΙΑΣ

2 ΑΚΟΥΣΑΝΤΕΣ ΔΕ ΟΤΙ ΤΗ ΕΒΡΑΙΔΙ ΔΙΑΛΕΚΤΩ ΠΡΟΣΕΦΩΝΕΙ ΑΥΤΟΙΣ
ΜΑΛΛΟΝ ΠΑΡΕΣΧΟΝ ΗΣΥΧΙΑΝ
ΚΑΙ ΦΗΣΙΝ

3 ΕΓΩ ΕΙΜΙ ΑΝΗΡ ΙΟΥΔΑΙΟΣ
ΓΕΓΕΝΝΗΜΕΝΟΣ ΕΝ ΤΑΡΣΩ ΤΗΣ ΚΙΛΙΚΙΑΣ
ΑΝΑΤΕΘΡΑΜΜΕΝΟΣ ΔΕ ΕΝ ΤΗ ΠΟΛΕΙ ΤΑΥΤΗ
ΠΑΡΑ ΤΟΥΣ ΠΟΔΑΣ -ΓΑΜΑΛΙΗΛ- ΠΕΠΑΙΔΕΥΜΕΝΟΣ
ΚΑΤ·Α· -ΑΚΡΙΒΕΙΑΝ- ΤΟΥ ΠΑΤΡΩΟΥ ΝΟΜΟΥ
ΖΗΛΩΤΗΣ ΥΠΑΡΧΩΝ ΤΟΥ ΘΕΟΥ
ΚΑΘΩΣ ΠΑΝΤΕΣ ΥΜΕΙΣ ΕΣΤΕ ΣΗΜΕΡΟΝ

4 ΟΣ ΤΑΥΤΗΝ ΤΗΝ ΟΔΟΝ ΕΔΙΩΞΑ ΑΧΡΙ ΘΑΝΑΤΟΥ
ΔΕΣΜΕΥΩΝ ΚΑΙ ΠΑΡΑΔΙΔΟΥΣ ΕΙΣ ΦΥΛΑΚΑΣ
ΑΝΔΡΑΣ ΤΕ ΚΑΙ ΓΥΝΑΙΚΑΣ
5 ΩΣ ΚΑΙ Ο ΑΡΧΙΕΡΕΥΣ -ΜΑΡΤΥΡΕΙ- ΜΟΙ ΚΑΙ ΠΑΝ ΤΟ -ΠΡΕΣΒΥΤΕΡΙΟΝ-
ΠΑΡ ΩΝ
ΚΑΙ ΕΠΙΣΤΟΛΑΣ ΔΕΞΑΜΕΝΟΣ ΠΡΟΣ ΤΟΥΣ ΑΔΕΛΦΟΥΣ
ΕΙΣ ΔΑΜΑΣΚΟΝ ΕΠΟΡΕΥΟΜΗΝ
ΑΞΩΝ ΚΑΙ ΤΟΥΣ ΕΚΕΙΣΕ ΟΝΤΑΣ

---

^-ΣΙΓΗΣ- ΓΕΝΟΜΕΝΗΣ^; ΓΕΝΟΜΕΝΗΣ ΣΕΙΓΗΣ 순서는 03 945 1270 1739 1891만 이문지지, 다른 이문 존재, ΣΕΙΓΗΣ는 03만 이문지지, 다른 이문 존재. 순서 및 정서법 문제.

22장

-ΓΑΜΑΛΙΗΛ-; ΓΑΜΑΛΙΗΛΟΥ 각각 다수 사본지지, 판단 필요. 고유명사 음역 문제. 단순한 음역인지, 이름이 헬라화되어 격변화가 있는 음역인지의 문제.

ΚΑΤ·Α· 03 69만 이문지지. 전치사의 모음축약 문제.

-ΑΚΡΙΒΕΙΑΝ-; ΑΚΡΕΙΒΕΙΑΝ 03만 이문지지. 정서법 문제.

-ΜΑΡΤΥΡΕΙ-; ΕΜΑΡΤΥΡΕΙ 03만 이문지지, 다양한 이문 존재. 시제 및 접두어 문제.

-ΠΡΕΣΒΥΤΕΡΙΟΝ-; ΠΡΕΣΒΥΤΕΡΕΙΟΝ 03 014 33 330 945 1241 1245만 이문지지. 정서법 문제.

ΔΕΔΕΜΕΝΟΥΣ ΕΙΣ ΙΕΡΟΥΣΑΛΗΜ
ΙΝΑ ΤΙΜΩΡΗΘΩΣΙΝ

6 ΕΓΕΝΕΤΟ ΔΕ ΜΟΙ ΠΟΡΕΥΟΜΕΝΩ ΚΑΙ ΕΓΓΙΖΟΝΤΙ ΤΗ ΔΑΜΑΣΚΩ
ΠΕΡΙ ΜΕΣΗΜΒΡΙΑΝ ΕΞΑΙΦΝΗΣ ΕΚ ΤΟΥ ΟΥΡΑΝΟΥ
ΠΕΡΙΑΣΤΡΑΨΑΙ ΦΩΣ ΙΚΑΝΟΝ ΠΕΡΙ ΕΜΕ
7 ΕΠΕΣΑ ΤΕ ΕΙΣ ΤΟ ΕΔΑΦΟΣ
ΚΑΙ ΗΚΟΥΣΑ ΦΩΝΗΣ ΛΕΓΟΥΣΗΣ ΜΟΙ
ΣΑΟΥΛ ΣΑΟΥΛ
ΤΙ ΜΕ ΔΙΩΚΕΙΣ

8 ΕΓΩ ΔΕ ΑΠΕΚΡΙΘΗΝ
ΤΙΣ ΕΙ ΚΥΡΙΕ

ΕΙΠΕΝ ΤΕ ΠΡΟΣ -ΜΕ-
ΕΓΩ ΕΙΜΙ ΙΗΣΟΥΣ Ο ΝΑΖΩΡΑΙΟΣ
ΟΝ ΣΥ ΔΙΩΚΕΙΣ

9 ΟΙ ΔΕ ΣΥΝ ΕΜΟΙ ΟΝΤΕΣ
ΤΟ ΜΕΝ ΦΩΣ ΕΘΕΑΣΑΝΤΟ
ΤΗΝ ΔΕ ΦΩΝΗΝ ΟΥΚ ΗΚΟΥΣΑΝ
ΤΟΥ ΛΑΛΟΥΝΤΟΣ ΜΟΙ

10 ΕΙΠΟΝ ΔΕ
ΤΙ ΠΟΙΗΣΩ ΚΥΡΙΕ

Ο ΔΕ ΚΥΡΙΟΣ ΕΙΠΕΝ ΠΡΟΣ ΜΕ
ΑΝΑΣΤΑΣ ΠΟΡΕΥΟΥ ΕΙΣ ΔΑΜΑΣΚΟΝ
ΚΑΚΕΙ ΣΟΙ ΛΑΛΗΘΗΣΕΤΑΙ
ΠΕΡΙ ΠΑΝΤΩΝ ΩΝ –ΤΕΤΑΚΤΑΙ– ΣΟΙ ΠΟΙΗΣΑΙ

11 ΩΣ ΔΕ –ΟΥΚ ΕΝΕΒΛΕΠΟΝ–
ΑΠΟ ΤΗΣ ΔΟΞΗΣ ΤΟΥ ΦΩΤΟΣ ΕΚΕΙΝΟΥ
ΧΕΙΡΑΓΩΓΟΥΜΕΝΟΣ ΥΠΟ ΤΩΝ ΣΥΝΟΝΤΩΝ ΜΟΙ
ΗΛΘΟΝ ΕΙΣ ΔΑΜΑΣΚΟΝ

12 ΑΝΑΝΙΑΣ ΔΕ ΤΙΣ
ΑΝΗΡ ΕΥΛΑΒΗΣ ΚΑΤΑ ΤΟΝ ΝΟΜΟΝ
ΜΑΡΤΥΡΟΥΜΕΝΟΣ
ΥΠΟ ΠΑΝΤΩΝ ΤΩΝ ΚΑΤΟΙΚΟΥΝΤΩΝ ΙΟΥΔΑΙΩΝ

-ΜΕ-; ΕΜΕ 01 02 03 33만 이문지지. 인칭대명사 강조표현 문제.
–ΤΕΤΑΚΤΑΙ–; ΕΝΤΕΤΑΚΤΑΙ 03 1270만 이문지지, 다른 이문 존재. 접두어 및 어형변화 문제.
–ΟΥΚ ΕΝΕΒΛΕΠΟΝ–; ΟΥΔΕΝ ΕΒΛΕΠΟΝ 03 1891만 이문지지. 부정어 형태와 접두어 문제.

13 ΕΛΘΩΝ ΠΡΟΣ -ΜΕ- ΚΑΙ ΕΠΙΣΤΑΣ ΕΙΠΕΝ ΜΟΙ
ΣΑΟΥΛ ΑΔΕΛΦΕ ΑΝΑΒΛΕΨΟΝ

ΚΑΓΩ ΑΥΤΗ ΤΗ ΩΡΑ ΑΝΕΒΛΕΨΑ ΕΙΣ ΑΥΤΟΝ

14 Ο ΔΕ ΕΙΠΕΝ
Ο ΘΕΟΣ ΤΩΝ ΠΑΤΕΡΩΝ ΗΜΩΝ
ΠΡΟΕΧΕΙΡΙΣΑΤΟ ΣΕ
ΓΝΩΝΑΙ ΤΟ ΘΕΛΗΜΑ ΑΥΤΟΥ
ΚΑΙ ΙΔΕΙΝ ΤΟΝ ΔΙΚΑΙΟΝ
ΚΑΙ ΑΚΟΥΣΑΙ ΦΩΝΗΝ ΕΚ ΤΟΥ ΣΤΟΜΑΤΟΣ ΑΥΤΟΥ
15 ΟΤΙ ˆΕΣΗ ΜΑΡΤΥΣ ΑΥΤΩ
ΠΡΟΣ ΠΑΝΤΑΣ ΑΝΘΡΩΠΟΥΣˆ
ΩΝ ΕΩΡΑΚΑΣ ΚΑΙ ΗΚΟΥΣΑΣ

16 ΚΑΙ ΝΥΝ ΤΙ ΜΕΛΛΕΙΣ

ΑΝΑΣΤΑΣ ΒΑΠΤΙΣΑΙ
ΚΑΙ ΑΠΟΛΟΥΣΑΙ ΤΑΣ ΑΜΑΡΤΙΑΣ ΣΟΥ
ΕΠΙΚΑΛΕΣΑΜΕΝΟΣ ΤΟ ΟΝΑΜΑ ΑΥΤΟΥ

17 ΕΓΕΝΕΤΟ ΔΕ ΜΟΙ
ΥΠΟΣΤΡΕΨΑΝΤΙ ΕΙΣ ΙΕΡΟΥΣΑΛΗΜ
ΚΑΙ ΠΡΟΣΕΥΧΟΜΕΝΟΥ ΜΟΥ ΕΝ ΤΩ ΙΕΡΩ
ΓΕΝΕΣΘΑΙ ΜΕ ΕΝ ΕΚΣΤΑΣΕΙ
18 ΚΑΙ ΙΔΕΙΝ ΑΥΤΟΝ ΛΕΓΟΝΤΑ ΜΟΙ
ΣΠΕΥΣΟΝ ΚΑΙ ΕΞΕΛΘΕ ΕΝ ΤΑΧΕΙ ΕΞ ΙΕΡΟΥΣΑΛΗΜ
ΔΙΟΤΙ ΟΥ ΠΑΡΑΔΕΞΟΝΤΑΙ ΣΟΥ ΜΑΡΤΥΡΙΑΝ ΠΕΡΙ ΕΜΟΥ

19 ΚΑΓΩ ΕΙΠΟΝ
ΚΥΡΙΕ ΑΥΤΟΙ ΕΠΙΣΤΑΝΤΑΙ
ΟΤΙ ΕΓΩ ΗΜΗΝ ΦΥΛΑΚΙΖΩΝ ΚΑΙ ΔΕΡΩΝ
ΚΑΤΑ ΤΑΣ ΣΥΝΑΓΩΓΑΣ
ΤΟΥΣ ΠΙΣΤΕΥΟΝΤΑΣ ΕΠΙ ΣΕ
20 ΚΑΙ ΟΤΕ ΕΞΕΧΥΝΝΕΤΟ
ΤΟ ΑΙΜΑ ΣΤΕΦΑΝΟΥ ΤΟΥ ΜΑΡΤΥΡΟΣ ΣΟΥ
ΚΑΙ ΑΥΤΟΣ ΗΜΗΝ ΕΦΕΣΤΩΣ
ΚΑΙ ΣΥΝΕΥΔΟΚΩΝ
ΚΑΙ ΦΥΛΑΣΣΩΝ
ΤΑ ΙΜΑΤΙΑ ΤΩΝ ΑΝΑΙΡΟΥΝΤΩΝ ΑΥΤΟΝ

-ΜΕ-; ΕΜΕ 01 02 03만 이문지지. 인칭대명사 강조표현 문제.

ˆΕΣΗ ΜΑΡΤΥΣ ΑΥΤΩ ΠΡΟΣ ΠΑΝΤΑΣ ΑΝΘΡΩΠΟΥΣˆ; ΜΑΡΤΥΣ ΑΥΤΩ ΠΡΟΣ ΠΑΝΤΑΣ ΑΝΘΡΩΠΟΥΣ ΕΣΗ 03만 이문지지, 다양한 이문 존재. 순서 문제.

21 ΚΑΙ ΕΙΠΕΝ ΠΡΟΣ ΜΕ
ΠΟΡΕΥΟΥ
ΟΤΙ ΕΓΩ ΕΙΣ ΕΘΝΗ ΜΑΚΡΑΝ –ΕΞΑΠΟΣΤΕΛΩ– ΣΕ

22 ΗΚΟΥΟΝ ΔΕ ΑΥΤΟΥ ΑΧΡΙ ΤΟΥΤΟΥ ΤΟΥ ΛΟΓΟΥ
ΚΑΙ ΕΠΗΡΑΝ ΤΗΝ ΦΩΝΗΝ ΑΥΤΩΝ ΛΕΓΟΝΤΕΣ
ΑΙΡΕ ΑΠΟ ΤΗΣ ΓΗΣ ΤΟΝ ΤΟΙΟΥΤΟΝ
ΟΥ ΓΑΡ ΚΑΘΗΚΕΝ ΑΥΤΟΝ ΖΗΝ

23 ΚΡΑΥΓΑΖΟΝΤΩΝ ΤΕ ΑΥΤΩΝ
ΚΑΙ -ΡΙΠΤΟΥΝΤΩΝ- ΤΑ ΙΜΑΤΙΑ
ΚΑΙ ΚΟΝΙΟΡΤΟΝ ΒΑΛΛΟΝΤΩΝ ΕΙΣ ΤΟΝ ΑΕΡΑ
24 ΕΚΕΛΕΥΣΕΝ Ο -ΧΙΛΙΑΡΧΟΣ- ΕΙΣΑΓΕΣΘΑΙ ΑΥΤΟΝ ΕΙΣ ΤΗΝ ΠΑΡΕΜΒΟΛΗΝ
ΕΙΠΑΣ ΜΑΣΤΙΞΙΝ ΑΝΕΤΑΖΕΣΘΑΙ ΑΥΤΟΝ
ΙΝΑ ΕΠΙΓΝΩ
ΔΙ ΗΝ ΑΙΤΙΑΝ ΟΥΤΩΣ ΕΠΕΦΩΝΟΥΝ ΑΥΤΩ

25 ΩΣ ΔΕ ΠΡΟΕΤΕΙΝΑΝ ΑΥΤΟΝ ΤΟΙΣ ΙΜΑΣΙΝ
ΕΙΠΕΝ ΠΡΟΣ ΤΟΝ ΕΣΤΩΤΑ ΕΚΑΤΟΝΤΑΡΧΟΝ Ο ΠΑΥΛΟΣ
ΕΙ ΑΝΘΡΩΠΟΝ ΡΩΜΑΙΟΝ ΚΑΙ ΑΚΑΤΑΚΡΙΤΟΝ
ΕΞΕΣΤΙΝ ΥΜΙΝ ΜΑΣΤΙΖΕΙΝ

26 ΑΚΟΥΣΑΣ ΔΕ Ο -ΕΚΑΤΟΝΤΑΡΧΗΣ-
ΠΡΟΣΕΛΘΩΝ ΤΩ -ΧΙΛΙΑΡΧΩ-
ΑΠΗΓΓΕΙΛΕΝ ΛΕΓΩΝ
ΤΙ ΜΕΛΛΕΙΣ ΠΟΙΕΙΝ
Ο ΓΑΡ ΑΝΘΡΩΠΟΣ ΟΥΤΟΣ ΡΩΜΑΙΟΣ ΕΣΤΙΝ

27 ΠΡΟΣΕΛΘΩΝ ΔΕ Ο -ΧΙΛΙΑΡΧΟΣ- ΕΙΠΕΝ ΑΥΤΩ
ΛΕΓΕ ΜΟΙ
ΣΥ ΡΩΜΑΙΟΣ ΕΙ

Ο ΔΕ ΕΦΗ
ΝΑΙ

28 ΑΠΕΚΡΙΘΗ ΔΕ Ο -ΧΙΛΙΑΡΧΟΣ-

–ΕΞΑΠΟΣΤΕΛΩ–; ΑΠΟΣΤΕΛΩ 03 1245 2495만 이문지지, 다양한 이문 존재. 접두어와 시제 문제.
-ΡΙΠΤΟΥΝΤΩΝ-; ΡΕΙΠΤΟΥΝΤΩΝ 03만 이문지지, 다양한 이문 존재. 정서법 문제.
-ΧΙΛΙΑΡΧΟΣ-; ΧΕΙΛΙΑΡΧΟΣ 03 05만 이문지지. 정서법 문제.
-ΕΚΑΤΟΝΤΑΡΧΗΣ-; ΕΚΑΤΟΝΤΑΡΧΟΣ P74 01 02 04 05만 원문 지지. 어미변화 문제.
-ΧΙΛΙΑΡΧΩ-; ΧΕΙΛΙΑΡΧΩ 03만 이문지지, 다른 이문 존재. 정서법 문제.
-ΧΙΛΙΑΡΧΟΣ-; ΧΕΙΛΙΑΡΧΟΣ 03 05만 이문지지. 정서법 문제.
-ΧΙΛΙΑΡΧΟΣ-; ΧΕΙΛΙΑΡΧΟΣ 03 05만 이문지지. 정서법 문제.

ΕΓΩ ΠΟΛΛΟΥ ΚΕΦΑΛΑΙΟΥ
ΤΗΝ -ΠΟΛΙΤΕΙΑΝ- ΤΑΥΤΗΝ ΕΚΤΗΣΑΜΗΝ

Ο ΔΕ ΠΑΥΛΟΣ ΕΦΗ
ΕΓΩ ΔΕ ΚΑΙ ΓΕΓΕΝΝΗΜΑΙ

29 ΕΥΘΕΩΣ ΟΥΝ ΑΠΕΣΤΗΣΑΝ ΑΠ ΑΥΤΟΥ
ΟΙ ΜΕΛΛΟΝΤΕΣ ΑΥΤΟΝ ΑΝΕΤΑΖΕΙΝ
ΚΑΙ Ο -ΧΙΛΙΑΡΧΟΣ- ΔΕ ΕΦΟΒΗΘΗ
ΕΠΙΓΝΟΥΣ
ΟΤΙ ΡΩΜΑΙΟΣ ΕΣΤΙΝ
ΚΑΙ ΟΤΙ ΑΥΤΟΝ ΗΝ ΔΕΔΕΚΩΣ

30 ΤΗ ΔΕ ΕΠΑΥΡΙΟΝ ΒΟΥΛΟΜΕΝΟΣ ΓΝΩΝΑΙ ΤΟ ΑΣΦΑΛΕΣ
ΤΟ ΤΙ ΚΑΤΗΓΟΡΕΙΤΑΙ ΥΠΟ ΤΩΝ ΙΟΥΔΑΙΩΝ
ΕΛΥΣΕΝ ΑΥΤΟΝ
ΚΑΙ ΕΚΕΛΕΥΣΕΝ ΣΥΝΕΛΘΕΙΝ ΤΟΥΣ ΑΡΧΙΕΡΕΙΣ ΚΑΙ ΠΑΝ ΤΟ ΣΥΝΕΔΡΙΟΝ
ΚΑΙ ΚΑΤΑΓΑΓΩΝ ΤΟΝ ΠΑΥΛΟΝ
ΕΣΤΗΣΕΝ ΕΙΣ ΑΥΤΟΥΣ

κγ

23:1 ΑΤΕΝΙΣΑΣ ΔΕ Ο ΠΑΥΛΟΣ ΤΩ ΣΥΝΕΔΡΙΩ ΕΙΠΕΝ
ΑΝΔΡΕΣ ΑΔΕΛΦΟΙ
ΕΓΩ ΠΑΣΗ ΣΥΝΕΙΔΗΣΕΙ ΑΓΑΘΗ
ΠΕΠΟΛΙΤΕΥΜΑΙ ΤΩ ΘΕΩ ΑΧΡΙ ΤΑΥΤΗΣ ΤΗΣ ΗΜΕΡΑΣ

2 Ο ΔΕ ΑΡΧΙΕΡΕΥΣ ΑΝΑΝΙΑΣ
ΕΠΕΤΑΞΕΝ ΤΟΙΣ ΠΑΡΕΣΤΩΣΙΝ ΑΥΤΩ
ΤΥΠΤΕΙΝ ΑΥΤΟΥ ΤΟ ΣΤΟΜΑ

3 ΤΟΤΕ Ο ΠΑΥΛΟΣ ΠΡΟΣ ΑΥΤΟΝ ΕΙΠΕΝ
ΤΥΠΤΕΙΝ ΣΕ ΜΕΛΛΕΙ Ο ΘΕΟΣ
ΤΟΙΧΕ ΚΕΚΟΝΙΑΜΕΝΕ

ΚΑΙ ΣΥ ΚΑΘΗ ΚΡΙΝΩΝ ΜΕ ΚΑΤΕ ΤΟΝ ΝΟΜΟΝ
ΚΑΙ ΠΑΡΑΝΟΜΩΝ ΚΕΛΕΥΕΙΣ ΜΕ ΤΥΠΤΕΣΘΑΙ
4 ΟΙ ΔΕ ΠΑΡΕΣΤΩΤΕΣ ΕΙΠΑΝ
ΤΟΝ ΑΡΧΙΕΡΕΑ ΤΟΥ ΘΕΟΥ ΛΟΙΔΟΡΕΙΣ

-ΠΟΛΙΤΕΙΑΝ-; ΠΟΛΕΙΤΕΙΑΝ 03 05만 이문지지, 다양한 이문 존재. 정서법 문제.
-ΧΙΛΙΑΡΧΟΣ-; ΧΕΙΛΙΑΡΧΟΣ 03만 이문지지. 정서법 문제.

5 ΕΦΗ ΤΕ Ο ΠΑΥΛΟΣ
ΟΥΚ ΗΔΕΙΝ ΑΔΕΛΦΟΙ
ΟΤΙ ΕΣΤΙΝ ΑΡΧΙΕΡΕΥΣ

ΓΕΓΡΑΠΤΑΙ ΓΑΡ ΟΤΙ
ΑΡΧΟΝΤΑ ΤΟΥ ΛΑΟΥ ΣΟΥ ΟΥΚ ΕΡΕΙΣ ΚΑΚΩΣ

6 ΓΝΟΥΣ ΔΕ Ο ΠΑΥΛΟΣ
ΟΤΙ ΤΟ ΕΝ ΜΕΡΟΣ ΕΣΤΙΝ ΣΑΔΔΟΥΚΑΙΩΝ
ΤΟ ΔΕ ΕΤΕΡΟΝ -ΦΑΡΙΣΑΙΩΝ-
ΕΚΡΑΖΕΝ ΕΝ ΤΩ ΣΥΝΕΔΡΙΩ
ΑΝΔΡΕΣ ΑΔΕΛΦΟΙ
ΕΓΩ -ΦΑΡΙΣΑΙΟΣ- ΕΙΜΙ
ΥΙΟΣ -ΦΑΡΙΣΑΙΩΝ-

ΠΕΡΙ ΕΛΠΙΔΟΣ ΚΑΙ ΑΝΑΣΤΑΣΕΩΣ ΝΕΚΡΩΝ ·ΕΓΩ· -ΚΡΙΝΟΜΑΙ-

7 ΤΟΥΤΟ ΔΕ ΑΥΤΟΥ –ΕΙΠΟΝΤΟΣ–
–ΕΓΕΝΕΤΟ– ΣΤΑΣΙΣ ΤΩΝ -ΦΑΡΙΣΑΙΩΝ- ΚΑΙ ΣΑΔΔΟΥΚΑΙΩΝ
ΚΑΙ ΕΣΧΙΣΘΗ ΤΟ ΠΛΗΘΟΣ

8 ΣΑΔΔΟΥΚΑΙΟΙ ·ΜΕΝ· ΓΑΡ ΛΕΓΟΥΣΙΝ
ΜΗ ΕΙΝΑΙ ΑΝΑΣΤΑΣΙΝ ΜΗΤΕ ΑΓΓΕΛΟΝ ΜΗΤΕ ΠΝΕΥΜΑ
-ΦΑΡΙΣΑΙΟΙ- ΔΕ ΟΜΟΛΟΓΟΥΣΙΝ ΤΑ ΑΜΦΟΤΕΡΑ

9 ΕΓΕΝΕΤΟ ΔΕ ΚΡΑΥΓΗ ΜΕΓΑΛΗ
ΚΑΙ ΑΝΑΣΤΑΝΤΕΣ ΤΙΝΕΣ ΤΩΝ ΓΡΑΜΜΑΤΕΩΝ ΤΟΥ ΜΕΡΟΥΣ ΤΩΝ -ΦΑΡΙΣΑΙΩΝ-
ΔΙΕΜΑΧΟΝΤΟ ΛΕΓΟΝΤΕΣ
ΟΥΔΕΝ ΚΑΚΟΝ ΕΥΡΙΣΚΟΜΕΝ ΕΝ ΤΩ ΑΝΘΡΩΠΩ ΤΟΥΤΩ
ΕΙ ΔΕ ΠΝΕΥΜΑ ΕΛΑΛΗΣΕΝ ΑΥΤΩ Η ΑΓΓΕΛΟΣ

10 ΠΟΛΛΗΣ ΔΕ -ΓΙΝΟΜΕΝΗΣ- ΣΤΑΣΕΩΣ

23장

-ΦΑΡΙΣΑΙΩΝ-; ΦΑΡΕΙΣΑΙΩΝ 03만 이문지지, 다양한 이문 존재. 정서법 문제.
-ΦΑΡΙΣΑΙΟΣ-; ΦΑΡΕΙΣΑΙΟΣ 03만 이문지지, 다른 이문 존재. 정서법 문제.
-ΦΑΡΙΣΑΙΩΝ-; ΦΑΡΕΙΣΑΙΩΝ 03만 이문지지, 다양한 이문 존재, 판단 필요. 정서법 문제.
·ΕΓΩ· 03 04 1175만 이문지지. 인칭대명사 강조표현 문제.
-ΚΡΙΝΟΜΑΙ-; ΚΡΕΙΝΟΜΑΙ 03만 이문지지, 다른 이문 존재. 정서법 문제.
–ΕΙΠΟΝΤΟΣ–; ΛΑΛΟΥΝΤΟΣ 03 056 330 2147만 이문지지, 다양한 이문 존재, 판단 필요. 단어 및 시제 문제.
–ΕΓΕΝΕΤΟ–; ΕΠΕΠΕΣΕ 03만 이문지지. 단어 문제.
-ΦΑΡΙΣΑΙΩΝ-; ΦΑΡΕΙΣΑΙΩΝ 03만 이문지지. 정서법 문제.
·ΜΕΝ· 03 440만 이문지지. 접속사 문제.
-ΦΑΡΙΣΑΙΟΙ-; ΦΑΡΕΙΣΑΙΟΙ 03만 이문지지, 다른 이문 존재. 정서법 문제.
-ΦΑΡΙΣΑΙΩΝ-; ΦΑΡΕΙΣΑΙΩΝ 03만 이문지지, 다양한 이문 존재. 정서법 문제.
-ΓΙΝΟΜΕΝΗΣ-; ΓΕΙΝΟΜΕΝΗΣ 03만 이문지지, 다양한 이문 존재, 판단 필요. 정서법 및 시제 문제.

ΦΟΒΗΘΕΙΣ Ο -ΧΙΛΙΑΡΧΟΣ-
ΜΗ ΔΙΑΣΠΑΣΘΗ Ο ΠΑΥΛΟΣ ΥΠ ΑΥΤΩΝ
ΕΚΕΛΕΥΣΕΝ ΤΟ ΣΤΡΑΤΕΥΜΑ
ΚΑΤΑΒΑΝ ΑΡΠΑΣΑΙ ΑΥΤΟΝ ΕΚ ΜΕΣΟΥ ΑΥΤΩΝ
ΑΓΕΙΝ ·ΤΕ· ΕΙΣ ΤΗΝ ΠΑΡΕΜΒΟΛΗΝ

11 ΤΗ ΔΕ ΕΠΙΟΥΣΗ ΝΥΚΤΙ
ΕΠΙΣΤΑΣ ΑΥΤΩ Ο ΚΥΡΙΟΣ ΕΙΠΕΝ
ΘΑΡΣΕΙ
ΩΣ ΓΑΡ ΔΙΕΜΑΡΤΥΡΩ ΤΑ ΠΕΡΙ ΕΜΟΥ ΕΙΣ ΙΕΡΟΥΣΑΛΗΜ
ΟΥΤΩ ΣΕ ΔΕΙ ΚΑΙ ΕΙΣ ΡΩΜΗΝ ΜΑΡΤΥΡΗΣΑΙ

12 ΓΕΝΟΜΕΝΗΣ –ΔΕ– ΗΜΕΡΑΣ
ΠΟΙΗΣΑΝΤΕΣ ΣΥΣΤΡΟΦΗΝ
ΟΙ ΙΟΥΔΑΙΟΙ ΑΝΕΘΕΜΑΤΙΣΑΝ ΕΑΥΤΟΥΣ ΛΕΓΟΝΤΕΣ
ΜΗΤΕ ΦΑΓΕΙΝ ΜΗΤΕ ΠΙΕΙΝ
ΕΩΣ ΟΥ ΑΠΟΚΤΕΙΝΩΣΙΝ ΤΟΝ ΠΑΥΛΟΝ

13 ΗΣΑΝ ΔΕ ΠΛΕΙΟΥΣ ΤΕΣΣΕΡΑΚΟΝΤΑ
ΟΙ ΤΑΥΤΗΝ ΤΗΝ ΣΥΝΩΜΟΣΙΑΝ ΠΟΙΗΣΑΜΕΝΟΙ
14 ΟΙΤΙΝΕΣ ΠΡΟΣΕΛΘΟΝΤΕΣ ΤΟΙΣ ΑΡΧΙΕΡΕΥΣΙΝ ΚΑΙ ΤΟΙΣ ΠΡΕΣΒΥΤΕΡΟΙΣ ΕΙΠΑΝ
ΑΝΑΘΕΜΑΤΙ ΑΝΕΘΕΜΑΤΙΣΑΜΕΝ ΕΑΥΤΟΥΣ
ΜΗΔΕΝΟΣ ΓΕΥΣΑΣΘΑΙ
ΕΩΣ ΟΥ ΑΠΟΚΤΕΙΝΩΜΕΝ ΤΟΝ ΠΑΥΛΟΝ

15 ΝΥΝ ΟΥΝ ΥΜΕΙΣ ΕΜΦΑΝΙΣΑΤΕ ΤΩ -ΧΙΛΙΑΡΧΩ- ΣΥΝ ΤΩ ΣΥΝΕΔΡΙΩ
ΟΠΩΣ ΚΑΤΑΓΑΓΗ ΑΥΤΟΝ ΕΙΣ ΥΜΑΣ
ΩΣ ΜΕΛΛΟΝΤΑΣ -ΔΙΑΓΙΝΩΣΚΕΙΝ- -ΑΚΡΙΒΕΣΤΕΡΟΝ-
ΤΑ ΠΕΡΙ ΑΥΤΟΥ

ΗΜΕΙΣ ΔΕ ΠΡΟ ΤΟΥ ΕΓΓΙΣΑΙ ΑΥΤΟΝ
ΕΤΟΙΜΟΙ ΕΣΜΕΝ ΤΟΥ ΑΝΕΛΕΙΝ ΑΥΤΟΝ

16 ΑΚΟΥΣΑΣ ΔΕ Ο ΥΙΟΣ ΤΗΣ ΑΔΕΛΦΗΣ ΠΑΥΛΟΥ ΤΗΝ ΕΝΕΔΡΑΝ
ΠΑΡΑΓΕΝΟΜΕΝΟΣ ΚΑΙ ΕΙΣΕΛΘΩΝ ΕΙΣ ΤΗΝ ΠΑΡΕΜΒΟΛΗΝ
ΑΠΗΓΓΕΙΛΕΝ ΤΩ ΠΑΥΛΩ

17 ΠΡΟΣΚΑΛΕΣΑΜΕΝΟΣ ΔΕ Ο ΠΑΥΛΟΣ ΕΝΑ ΤΩΝ ΕΚΑΤΟΝΤΑΡΧΩΝ ΕΦΗ

-ΧΙΛΙΑΡΧΟΣ-; ΧΕΙΛΙΑΡΧΟΣ 03만 이문지지. 정서법 문제.
·ΤΕ· 03 69만 이문지지. 접속사 문제.
–ΔΕ–; ΤΕ 각각 다수 사본지지, 판단 필요. 접속사 문제.
-ΧΙΛΙΑΡΧΩ-; ΧΕΙΛΙΑΡΧΩ 03만 이문지지. 정서법 문제.
-ΔΙΑΓΙΝΩΣΚΕΙΝ-; ΔΙΑΓΕΙΝΩΣΚΕΙΝ 03만 이문지지, 다양한 이문 존재. 정서법 문제.
-ΑΚΡΙΒΕΣΤΕΡΟΝ-; ΑΚΡΕΙΒΕΣΤΕΡΟΝ 03만 이문지지. 정서법 문제.

ΤΟΝ ΝΕΑΝΙΑΝ ΤΟΥΤΟΝ ΑΠΑΓ·ΑΓ·Ε ΠΡΟΣ ΤΟΝ -ΧΙΛΙΑΡΧΟΝ-
ΕΧΕΙ ΓΑΡ ΑΠΑΓΓΕΙΛΑΙ ΤΙ ΑΥΤΩ

18 Ο ΜΕΝ ΟΥΝ ΠΑΡΑΛΑΒΩΝ ΑΥΤΟΝ
ΗΓΑΓΕΝ ΠΡΟΣ ΤΟΝ -ΧΙΛΙΑΡΧΟΝ- ΚΑΙ ΦΗΣΙΝ
Ο ΔΕΣΜΙΟΣ ΠΑΥΛΟΣ ΠΡΟΣΚΑΛΕΣΑΜΕΝΟΣ ΜΕ
ΗΡΩΤΗΣΕΝ
ΤΟΥΤΟΝ ΤΟΝ ΝΕΑΝΙΣΚΟΝ ΑΓΑΓΕΙΝ ΠΡΟΣ ΣΕ
ΕΧΟΝΤΑ ΤΙ ΛΑΛΗΣΑΙ ΣΟΙ

19 ΕΠΙΛΑΒΟΜΕΝΟΣ ΔΕ ΤΗΣ ΧΕΙΡΟΣ ΑΥΤΟΥ Ο -ΧΙΛΙΑΡΧΟΣ- ΚΑΙ ΑΝΑΧΩΡΗΣΑΣ
ΚΑΤ ΙΔΙΑΝ ΕΠΥΝΘΑΝΕΤΟ
ΤΙ ΕΣΤΙΝ Ο ΕΧΕΙΣ ΑΠΑΓΓΕΙΛΑΙ ΜΟΙ

20 ΕΙΠΕΝ ΔΕ ΟΤΙ
ΟΙ ΙΟΥΔΑΙΟΙ ΣΥΝΕΘΕΝΤΟ ΤΟΥ ΕΡΩΤΗΣΑΙ ΣΕ
ΟΠΩΣ ΑΥΡΙΟΝ ΤΟΝ ΠΑΥΛΟΝ ΚΑΤΑΓΑΓΗΣ ΕΙΣ ΤΟ ΣΥΝΕΔΡΙΟΝ
ΩΣ -ΜΕΛΛΟΝ- ΤΙ -ΑΚΡΙΒΕΣΤΕΡΟΝ- ΠΥΝΘΑΝΕΣΘΑΙ ΠΕΡΙ ΑΥΤΟΥ

21 ΣΥ ΟΥΝ ΜΗ ΠΕΙΣΘΗΣ ΑΥΤΟΙΣ

ΕΝΕΔΡΕΥΟΥΣΙΝ ΓΑΡ ΑΥΤΟΝ
ΕΞ ΑΥΤΩΝ ΑΝΔΡΕΣ ΠΛΕΙΟΥΣ ΤΕΣΣΕΡΑΚΟΝΤΑ
ΟΙΤΙΝΕΣ ΑΝΕΘΕΜΑΤΙΣΑΝ ΕΑΥΤΟΥΣ
ΜΗΤΕ ΦΑΓΕΙΝ ΜΗΤΕ ΠΙΕΙΝ
ΕΩΣ ΟΥ ΑΝΕΛΩΣΙΝ ΑΥΤΟΝ
ΚΑΙ ΝΥΝ ΕΙΣΙΝ ΕΤΟΙΜΟΙ
ΠΡΟΣΔΕΧΟΜΕΝΟΙ ΤΗΝ ΑΠΟ ΣΟΥ ΕΠΑΓΓΕΛΙΑΝ

22 Ο ΜΕΝ ΟΥΝ -ΧΙΛΙΑΡΧΟΣ- ΑΠΕΛΥΣΕ ΤΟΝ ΝΕΑΝΙΣΚΟΝ
ΠΑΡΑΓΓΕΙΛΑΣ ΜΗΔΕΝΙ ΕΚΛΑΛΗΣΑΙ
ΟΤΙ ΤΑΥΤΑ ΕΝΕΦΑΝΙΣΑΣ ΠΡΟΣ ΜΕ

23 ΚΑΙ ΠΡΟΣΚΑΛΕΣΑΜΕΝΟΣ ^ΔΥΟ ΤΙΝΑΣ^ ΤΩΝ ΕΚΑΤΟΝΤΑΡΧΩΝ ΕΙΠΕΝ
ΕΤΟΙΜΑΣΑΤΕ
ΣΤΡΑΤΙΩΤΑΣ ΔΙΑΚΟΣΙΟΥΣ

ΑΠΑΓ·ΑΓ·Ε 01 03 81만 이문지지, 다양한 이문 존재. 시제, 접두어, 수 문제.
-ΧΙΛΙΑΡΧΟΝ-; ΧΕΙΛΙΑΡΧΟΝ 03만 이문지지. 정서법 문제.
-ΧΙΛΙΑΡΧΟΝ-; ΧΕΙΛΙΑΡΧΟΝ 03만 이문지지. 정서법 문제.
-ΧΙΛΙΑΡΧΟΣ-; ΧΕΙΛΙΑΡΧΟΣ 03만 이문지지. 정서법 문제.
-ΜΕΛΛΟΝ-; ΜΕΛΛΩΝ 01 33 1243 1891 2147 2344만 원문 지지, 다양한 이문 존재, 판단 필요. 분사의 주어 문제.
-ΑΚΡΙΒΕΣΤΕΡΟΝ-; ΑΚΡΕΙΒΕΣΤΕΡΟΝ 03만 이문지지. 정서법 문제.
-ΧΙΛΙΑΡΧΟΣ-; ΧΕΙΛΙΑΡΧΟΣ 03만 이문지지. 정서법 문제.
^ΔΥΟ ΤΙΝΑΣ^ 01 03 33 81 2344만 이문지지, 다른 이문 존재, 판단 필요. 순서 문제.

ΟΠΩΣ ΠΟΡΕΥΘΩΣΙΝ ΕΩΣ ΚΑΙΣΑΡΕΙΑΣ
ΚΑΙ ΙΠΠΕΙΣ ΕΒΔΟΜΗΚΟΝΤΑ ΚΑΙ ΔΕΞΙΟΛΑΒΟΥΣ ΔΙΑΚΟΣΙΟΥΣ
ΑΠΟ ΤΡΙΤΗΣ ΩΡΑΣ ΤΗΣ ΝΥΚΤΟΣ
24 ΚΤΗΝΗ ΤΕ ΠΑΡΑΣΤΗΣΑΙ
ΙΝΑ ΕΠΙΒΙΒΑΣΑΝΤΕΣ ΤΟΝ ΠΑΥΛΟΝ
ΔΙΑΣΩ·ΣΩ·ΣΙ ΠΡΟΣ ΦΗΛΙΚΑ ΤΟΝ ΗΓΕΜΟΝΑ
25 ΓΡΑΨΑΣ ΕΠΙΣΤΟΛΗΝ ΕΧΟΥΣΑΝ ΤΟΝ ΤΥΠΟΝ ΤΟΥΤΟΝ

26 ΚΛΑΥΔΙΟΣ ΛΥΣΙΑΣ
ΤΩ ΚΡΑΤΙΣΤΩ ΗΓΕΜΟΝΙ ΦΗΛΙΚΙ
ΧΑΙΡΕΙΝ

27 ΤΟΝ ΑΝΔΡΑ ΤΟΥΤΟΝ
ΣΥΛΛΗΜΦΘΕΝΤΑ ΥΠΟ ΤΩΝ ΙΟΥΔΑΙΩΝ
ΚΑΙ ΜΕΛΛΟΝΤΑ ΑΝΑΙΡΕΙΣΘΑΙ ΥΠ ΑΥΤΩΝ
ΕΠΙΣΤΑΣ ΣΥΝ ΤΩ ΣΤΡΑΤΕΥΜΑΤΙ ΕΞΕΙΛΑΜΗΝ
ΜΑΘΩΝ ΟΤΙ ΡΩΜΑΙΟΣ ΕΣΤΙΝ

28 ΒΟΥΛΟΜΕΝΟΣ ΤΕ ΕΠΙΓΝΩΝΑΙ
ΤΗΝ ΑΙΤΙΑΝ ΔΙ ΗΝ ΕΝΕΚΑΛΟΥΝ ΑΥΤΩ
·ΚΑΤΗΓΑΓΟΝ ΕΙΣ ΤΟ ΣΥΝΕΔΡΙΟΝ ΑΥΤΩΝ·

29 ΟΝ ΕΥΡΟΝ
ΕΓΚΑΛΟΥΜΕΝΟΝ ΠΕΡΙ ΖΗΤΗΜΑΤΩΝ ΤΟΥ ΝΟΜΟΥ ΑΥΤΩΝ
ΜΗΔΕΝ ΔΕ ΑΞΙΟΝ ΘΑΝΑΤΟΥ Η ΔΕΣΜΩΝ ΕΧΟΝΤΑ ΕΓΚΛΗΜΑ

30 ΜΗΝΥΘΕΙΣΗΣ ΔΕ ΜΟΙ ΕΠΙΒΟΥΛΗΣ ΕΙΣ ΤΟΝ ΑΝΔΡΑ ΕΣΕΣΘΑΙ
ΕΞΑΥΤΗΣ ΕΠΕΜΨΑ ΠΡΟΣ ΣΕ
ΠΑΡΑΓΓΕΙΛΑΣ ΚΑΙ ΤΟΙΣ ΚΑΤΗΓΟΡΟΙΣ
ΛΕΓΕΙΝ ·ΤΑ· ΠΡΟΣ ΑΥΤΟΝ ΕΠΙ ΣΟΥ

31 ΟΙ ΜΕΝ ΟΥΝ ΣΤΡΑΤΙΩΤΑΙ
ΚΑΤΑ ΤΟ ΔΙΑΤΕΤΑΓΜΕΝΟΝ ΑΥΤΟΙΣ
ΑΝΑΛΑΒΟΝΤΕΣ ΤΟΝ ΠΑΥΛΟΝ
ΗΓΑΓΟΝ ΔΙΑ ΝΥΚΤΟΣ ΕΙΣ ΤΗΝ ΑΝΤΙΠΑΤΡΙΔΑ
32 ΤΗ ΔΕ ΕΠΑΥΡΙΟΝ
ΕΑΣΑΝΤΕΣ ΤΟΥΣ ΙΠΠΕΙΣ ΑΠΕΡΧΕΣΘΑΙ ΣΥΝ ΑΥΤΩ
ΥΠΕΣΤΡΕΨΑΝ ΕΙΣ ΤΗΝ ΠΑΡΕΜΒΟΛΗΝ

ΔΙΑΣΩ·ΣΩ·ΣΙ 03 014 440 2344만 이문지지, 다양한 이문 존재. 중자탈락, 법, 변칙자음 뒤 문제.

·ΚΑΤΗΓΑΓΟΝ ΕΙΣ ΤΟ ΣΥΝΕΔΡΙΟΝ ΑΥΤΩΝ· 03 81만 이문지지, 다양한 이문 존재, 판단 필요. 문장, 대명사, 정서법 문제.

·ΤΑ· 03 1175만 이문지지, 다양한 이문 존재, 판단 필요. 관사 문제.

33 ΟΙΤΙΝΕΣ
ΕΙΣΕΛΘΟΝΤΕΣ ΕΙΣ ΤΗΝ ΚΑΙΣΑΡΕΙΑΝ
ΚΑΙ ΑΝΑΔΟΝΤΕΣ ΤΗΝ ΕΠΙΣΤΟΛΗΝ ΤΩ ΗΓΕΜΟΝΙ
ΠΑΡΕΣΤΗΣΑΝ ΚΑΙ ΤΟΝ ΠΑΥΛΟΝ ΑΥΤΩ

34 ΑΝΑΓΝΟΥΣ ΔΕ
ΚΑΙ ΕΠΕΡΩΤΗΣΑΣ ΕΚ ΠΟΙΑΣ ΕΠΑΡΧΕΙΑΣ ΕΣΤΙΝ
ΚΑΙ ΠΥΘΟΜΕΝΟΣ ΟΤΙ ΑΠΟ ΚΙΛΙΚΙΑΣ
35 ΔΙΑΚΟΥΣΟΜΑΙ ΣΟΥ
ΕΦΗ
ΟΤΑΝ ΚΑΙ ΟΙ ΚΑΤΗΓΟΡΟΙ ΣΟΥ ΠΑΡΑΓΕΝΩΝΤΑΙ
ΚΕΛΕΥΣΑΣ ΕΝ ΤΩ ΠΡΑΙΤΩΡΙΩ ΤΟΥ ΗΡΩΔΟΥ ΦΥΛΑΣΣΕΣΘΑΙ ΑΥΤΟΝ

κδ

24:1 ΜΕΤΑ ΔΕ ΠΕΝΤΕ ΗΜΕΡΑΣ
ΚΑΤΕΒΗ Ο ΑΡΧΙΕΡΕΥΣ ΑΝΑΝΙΑΣ
ΜΕΤΑ ΠΡΕΣΒΥΤΕΡΩΝ ΤΙΝΩΝ ΚΑΙ ΡΗΤΟΡΟΣ ΤΕΡΤΥΛΛΟΥ ΤΙΝΟΣ

ΟΙΤΙΝΕΣ ΕΝΕΦΑΝΙΣΑΝ ΤΩ ΗΓΕΜΟΝΙ ΚΑΤΑ ΤΟΥ ΠΑΥΛΟΥ

2 ΚΛΗΘΕΝΤΟΣ ΔΕ ·ΑΥΤΟΥ·
ΗΡΞΑΤΟ ΚΑΤΗΓΟΡΕΙΝ Ο ΤΕΡΤΥΛΛΟΣ ΛΕΓΩΝ
ΠΟΛΛΗΣ ΕΙΡΗΝΗΣ ΤΥΓΧΑΝΟΝΤΕΣ
ΔΙΑ ΣΟΥ
ΚΑΙ ΔΙΟΡΘΩΜΑΤΩΝ -ΓΙΝΟΜΕΝΩΝ- ΤΩ ΕΘΝΕΙ ΤΟΥΤΩ
ΔΙΑ ΤΗΣ ΣΗΣ ΠΡΟΝΟΙΑΣ
3ΠΑΝΤΗ ΤΕ ΚΑΙ ΠΑΝΤΑΧΟΥ ΑΠΟΔΕΧΟΜΕΘΑ
ΚΡΑΤΙΣΤΕ ΦΗΛΙΞ
ΜΕΤΑ ΠΑΣΗΣ ΕΥΧΑΡΙΣΤΙΑΣ

4ΙΝΑ ΔΕ ΜΗ ΕΠΙ ΠΛΕΙΟΝ ΣΕ ΕΓΚΟΠΤΩ
ΠΑΡΑΚΑΛΩ ΑΚΟΥΣΑΙ ΣΕ ΗΜΩΝ
ΣΥΝΤΟΜΩΣ ΤΗ ΣΗ ΕΠΙΕΙΚΕΙΑ

5 ΕΥΡΟΝΤΕΣ ΓΑΡ ΤΟΝ ΑΝΔΡΑ ΤΟΥΤΟΝ
ΛΟΙΜΟΝ
ΚΑΙ -ΚΙΝΟΥΝΤΑ- ΣΤΑΣΕΙΣ ϙΠΑΣΙϙ ΤΟΙΣ ΙΟΥΔΑΙΟΙΣ ΤΟΙΣ ΚΑΤΑ ΤΗΝ

24장
·ΑΥΤΟΥ· 03만 이문지지. 독립속격분사구문의 주어의 유무 문제.
-ΓΙΝΟΜΕΝΩΝ-; ΓΕΙΝΟΜΕΝΩΝ 03만 이문지지, 다양한 이문 존재. 정서법과 시제 문제.
-ΚΙΝΟΥΝΤΑ-; ΚΕΙΝΟΥΝΤΑ 02 03 33만 이문지지, 다양한 이문 존재. 정서법 문제.
ϙΠΑΣΙϙ; ΠΑΣΙΝ 08 014 020 025 1 1175만 원문 지지, 다른 이문 존재, 판단 필요. 변칙자음 뉘 문제.

ΟΙΚΟΥΜΕΝΗΝ
ΠΡΩΤΟΣΤΑΤΗΝ ΤΕ ΤΗΣ ΤΩΝ ΝΑΖΩΡΑΙΩΝ ΑΙΡΕΣΕΩΣ

6 ΟΣ ΚΑΙ ΤΟ ΙΕΡΟΝ ΕΠΕΙΡΑΣΕΝ ΒΕΒΗΛΩΣΑΙ
ΟΝ ΚΑΙ ΕΚΡΑΤΗΣΑΜΕΝ
8 ΠΑΡ ΟΥ ΔΥΝΗΣΗ ΑΥΤΟΣ
-ΑΝΑΚΡΙΝΑΣ- ΠΕΡΙ ΠΑΝΤΩΝ ΤΟΥΤΩΝ
ΕΠΙΓΝΩΝΑΙ ΩΝ ΗΜΕΙΣ ΚΑΤΗΓΟΡΟΥΜΕΝ ΑΥΤΟΥ

9 ΣΥΝΕΠΕΘΕΝΤΟ ΔΕ ΚΑΙ ΟΙ ΙΟΥΔΑΙΟΙ
ΦΑΣΚΟΝΤΕΣ ΤΑΥΤΑ ΟΥΤΩΣ ΕΧΕΙΝ

10 ΑΠΕΚΡΙΘΗ ΤΕ Ο ΠΑΥΛΟΣ
ΝΕΥΣΑΝΤΟΣ ΑΥΤΩ ΤΟΥ ΗΓΕΜΟΝΟΣ ΛΕΓΕΙΝ
ΕΚ ΠΟΛΛΩΝ ΕΤΩΝ ΟΝΤΑ ΣΕ ΚΡΙΤΗΝ ΤΩ ΕΘΝΕΙ ΤΟΥΤΩ
ΕΠΙΣΤΑΜΕΝΟΣ
ΕΥΘΥΜΩΣ ΤΑ ΠΕΡΙ ΕΜΑΥΤΟΥ ΑΠΟΛΟΓΟΥΜΑΙ
11 ΔΥΝΑΜΕΝΟΥ ΣΟΥ ΕΠΙΓΝΩΝΑΙ
ΟΤΙ ΟΥ ΠΛΕΙΟΥΣ ΕΙΣΙΝ ΜΟΙ ΗΜΕΡΑΙ ΔΩΔΕΚΑ
ΑΦ ΗΣ ΑΝΕΒΗΝ ΠΡΟΣΚΥΝΗΣΩΝ ΕΙΣ ΙΕΡΟΥΣΑΛΗΜ

12 ΚΑΙ ΟΥΤΕ ΕΝ ΤΩ ΙΕΡΩ ΕΥΡΟΝ ΜΕ ΠΡΟΣ ΤΙΝΑ ΔΙΑΛΕΓΟΜΕΝΟΝ
Η ΕΠΙΣΤΑΣΙΝ ΠΟΙΟΥΝΤΑ ΟΧΛΟΥ
ΟΥΤΕ ΕΝ ΤΑΙΣ ΣΥΝΑΓΩΓΑΙΣ
ΟΥΤΕ ΚΑΤΑ ΤΗΝ ΠΟΛΙΝ
13 ΟΥΔΕ ΠΑΡΑΣΤΗΣΑΙ ΔΥΝΑΝΤΑΙ ΣΟΙ
ΠΕΡΙ ΩΝ -ΝΥΝΙ- ΚΑΤΗΓΟΡΟΥΣΙΝ ΜΟΥ

14 ΟΜΟΛΟΓΩ ΔΕ ΤΟΥΤΟ ΣΟΙ
ΟΤΙ ΚΑΤΑ ΤΗΝ ΟΔΟΝ ΗΝ ΛΕΓΟΥΣΙΝ ΑΙΡΕΣΙΝ
ΟΥΤΩΣ ΛΑΤΡΕΥΩ ΤΩ ΠΑΤΡΩΩ ΘΕΩ
ΠΙΣΤΕΥΩΝ ·ΠΑΣΙ· ΤΟΙΣ ΚΑΤΑ ΤΟΝ ΝΟΜΟΝ
ΚΑΙ ΤΟΙΣ ΕΝ ΤΟΙΣ ΠΡΟΦΗΤΑΙΣ ΓΕΓΡΑΜΜΕΝΟΙΣ
15 ΕΛΠΙΔΑ ΕΧΩΝ ΕΙΣ ΤΟΝ ΘΕΟΝ
ΗΝ ΚΑΙ ΑΥΤΟΙ ΟΥΤΟΙ ΠΡΟΣΔΕΧΟΝΤΑΙ
ΑΝΑΣΤΑΣΙΝ ΜΕΛΛΕΙΝ ΕΣΕΣΘΑΙ
ΔΙΚΑΙΩΝ ΤΕ ΚΑΙ ΑΔΙΚΩΝ

16 ΕΝ ΤΟΥΤΩ ΚΑΙ ΑΥΤΟΣ ΑΣΚΩ
ΑΠΡΟΣΚΟΠΟΝ ΣΥΝΕΙΔΗΣΙΝ ΕΧΕΙΝ

-ΑΝΑΚΡΙΝΑΣ-; ΑΝΑΚΡΕΙΝΑΣ 03만 이문지지. 정서법 문제.
-ΝΥΝΙ-; ΝΥΝΕΙ 03만 이문지지, 다른 이문 존재, 판단 필요. 정서법 및 단어 문제.
·ΠΑΣΙ· 03만 이문지지, 다른 이문 존재, 판단 필요. 강조표현 문제.

ΠΡΟΣ ΤΟΝ ΘΕΟΝ ΚΑΙ ΤΟΥΣ ΑΝΘΡΩΠΟΥΣ
ΔΙΑ ΠΑΝΤΟΣ

17 ΔΙ ΕΤΩΝ ΔΕ ΠΛΕΙΟΝΩΝ
ΕΛΕΗΜΟΣΥΝΑΣ ΠΟΙΗΣΩΝ ΕΙΣ ΤΟ ΕΘΝΟΣ ΜΟΥ ΠΑΡΕΓΕΝΟΜΗΝ
ΚΑΙ ΠΡΟΣΦΟΡΑΣ
18 ΕΝ ΑΙΣ ΕΥΡΟΝ ΜΕ ΗΓΝΙΣΜΕΝΟΝ ΕΝ ΤΩ ΙΕΡΩ
ΟΥ ΜΕΤΑ ΟΧΛΟΥ
ΟΥΔΕ ΜΕΤΑ ΘΟΡΥΒΟΥ
19 ΤΙΝΕΣ ΔΕ ΑΠΟ ΤΗΣ ΑΣΙΑΣ ΙΟΥΔΑΙΟΙ
ΟΥΣ ΕΔΕΙ ΕΠΙ ΣΟΥ ΠΑΡΕΙΝΑΙ ΚΑΙ ΚΑΤΗΓΟΡΕΙΝ
ΕΙ ΤΙ ΕΧΟΙΕΝ ΠΡΟΣ ΕΜΕ

20 Η ΑΥΤΟΙ ΟΥΤΟΙ ΕΙΠΑΤΩΣΑΝ
ΤΙ ΕΥΡΟΝ ΑΔΙΚΗΜΑ
ΣΤΑΝΤΟΣ ΜΟΥ ΕΠΙ ΤΟΥ ΣΥΝΕΔΡΙΟΥ
21 Η ΠΕΡΙ ΜΙΑΣ ΤΑΥΤΗΣ ΦΩΝΗΣ
ΗΣ ΕΚΕΚΡΑΞΑ ΕΝ ΑΥΤΟΙΣ ΕΣΤΩΣ ΟΤΙ
ΠΕΡΙ ΑΝΑΣΤΑΣΕΩΣ ΝΕΚΡΩΝ
ΕΓΩ -ΚΡΙΝΟΜΑΙ- ΣΗΜΕΡΟΝ ΕΦ ΥΜΩΝ

22 ΑΝΕΒΑΛΕΤΟ ΔΕ ΑΥΤΟΥΣ Ο ΦΗΛΙΞ
-ΑΚΡΙΒΕΣΤΕΡΟΝ- ΕΙΔΩΣ ΤΑ ΠΕΡΙ ΤΗΣ ΟΔΟΥ ΕΙΠΑΣ
ΟΤΑΝ ΛΥΣΙΑΣ Ο -ΧΙΛΙΑΡΧΟΣ- ΚΑΤΑΒΗ
ΔΙΑΓΝΩΣΟΜΑΙ ΤΑ ΚΑΘ ΥΜΑΣ
23 ΔΙΑΤΑΞΑΜΕΝΟΣ ΤΩ ΕΚΑΤΟΝΤΑΡΧΗ
ΤΗΡΕΙΣΘΑΙ ΑΥΤΟΝ
ΕΧΕΙΝ ΤΕ ΑΝΕΣΙΝ
ΚΑΙ ΜΗΔΕΝΑ ΚΩΛΥΕΙΝ ΤΩΝ ΙΔΙΩΝ ΑΥΤΟΥ
ΥΠΗΡΕΤΕΙΝ ΑΥΤΩ

24 ΜΕΤΑ ΔΕ ΗΜΕΡΑΣ ΤΙΝΑΣ
ΠΑΡΑΓΕΝΟΜΕΝΟΣ Ο ΦΗΛΙΞ
ΣΥΝ ΔΡΟΥΣΙΛΛΗ ΤΗ ΙΔΙΑ ΓΥΝΑΙΚΙ ΟΥΣΗ ΙΟΥΔΑΙΑ
ΜΕΤΕΠΕΜΨΑΤΟ ΤΟΝ ΠΑΥΛΟΝ
ΚΑΙ ΗΚΟΥΣΕΝ ΑΥΤΟΥ
ΠΕΡΙ ΤΗΣ ΕΙΣ ΧΡΙΣΤΟΝ ΙΗΣΟΥΝ ΠΙΣΤΕΩΣ

25 ΔΙΑΛΕΓΟΜΕΝΟΥ ΔΕ ΑΥΤΟΥ
ΠΕΡΙ ΔΙΚΑΙΟΣΥΝΗΣ ΚΑΙ ΕΓΚΡΑΤΕΙΑΣ

-ΚΡΙΝΟΜΑΙ-; ΚΡΕΙΝΟΜΑΙ 03만 이문지지, 다양한 이문 존재. 정서법 문제.
-ΑΚΡΙΒΕΣΤΕΡΟΝ-; ΑΚΡΕΙΒΕΣΤΕΡΟΝ 02 03만 이문지지. 정서법 문제.
-ΧΙΛΙΑΡΧΟΣ-; ΧΕΙΛΙΑΡΧΟΣ 03만 이문지지. 정서법 문제.

KAI TOY KPIMATOΣ TOY MEΛΛONTOΣ
EMΦOBOΣ ΓENOMENOΣ O ΦHΛIΞ AΠEKPIΘH
TO NYN EXON ΠOPEYOY
KAIPON ΔE METAΛABΩN METAKAΛEΣOMAI ΣE
26 AMA KAI EΛΠIZΩN
OTI XPHMATA ΔOΘHΣETAI ·AYTΩ· YΠO TOY ΠAYΛOY

ΔIO KAI ΠYKNOTEPON AYTON METAΠEMΠOMENOΣ
-ΩMIΛEI- AYTΩ

27 ΔIETIAΣ ΔE ΠΛHPΩΘEIΣHΣ
EΛABEN ΔIAΔOXON O ΦHΛIΞ
ΠOPKION ΦHΣTON

ΘEΛΩN TE XAPITA KATAΘEΣΘAI TOIΣ IOYΔAIOIΣ
O ΦHΛIΞ KATEΛIΠE TON ΠAYΛON ΔEΔEMENON

KE

25:1 ΦHΣTOΣ OYN EΠIBAΣ TH EΠAPXEIA
META TPEIΣ HMEPAΣ ANEBH
EIΣ IEPOΣOΛYMA AΠO KAIΣAPEIAΣ

2 ENEΦANIΣAN TE AYTΩ
OI APXIEPEIΣ KAI OI ΠPΩTOI TΩN IOYΔAIΩN
KATA TOY ΠAYΛOY
KAI ΠAPEKAΛOYN AYTON
3 AITOYMENOI XAPIN KAT AYTOY
OΠΩΣ METAΠEMΨHTAI AYTON EIΣ IEPOYΣAΛHM
ENEΔPAN ΠOIOYNTEΣ
ANEΛEIN AYTON KATA THN OΔON

4 O MEN OYN ΦHΣTOΣ AΠEKPIΘH
THPEIΣΘAI TON ΠAYΛON EIΣ KAIΣAPEIAN
EAYTON ΔE MEΛΛEIN EN TAXEI EKΠOPEYEΣΘAI

5 OI OYN EN YMIN
ΦHΣIN
ΔYNATOI ΣYΓKATABANTEΣ
EI TI EΣTIN EN TΩ ANΔPI ATOΠON

·AYTΩ· 03만 이문지지, 순서와 관계된 다른 이문 존재. 인칭대명사 문제.
-ΩMIΛEI-; ΩMEIΛEI 03만 이문지지. 정서법과 시제 및 단어 문제.

ΚΑΤΗΓΟΡΕΙΤΩΣΑΝ ΑΥΤΟΥ

6 -ΔΙΑΤΡΙΨΑΣ- ΔΕ ΕΝ ΑΥΤΟΙΣ
ΗΜΕΡΑΣ ΟΥ -ΠΛΕΙΟΥΣ- ΟΚΤΩ Η ΔΕΚΑ
ΚΑΤΑΒΑΣ ΕΙΣ ΚΑΙΣΑΡΕΙΑΝ
ΤΗ ΕΠΑΥΡΙΟΝ ΚΑΘΙΣΑΣ ΕΠΙ ΤΟΥ ΒΗΜΑΤΟΣ
ΕΚΕΛΕΥΣΕΝ ΤΟΝ ΠΑΥΛΟΝ ΑΧΘΗΝΑΙ

7 ΠΑΡΑΓΕΝΟΜΕΝΟΥ ΔΕ ΑΥΤΟΥ
ΠΕΡΙΕΣΤΗΣΑΝ ΑΥΤΟΝ
ΟΙ ΑΠΟ ΙΕΡΟΣΟΛΥΜΩΝ ΚΑΤΑΒΕΒΗΚΟΤΕΣ ΙΟΥΔΑΙΟΙ
ΠΟΛΛΑ ΚΑΙ ΒΑΡΕΑ ΑΙΤΙΩΜΑΤΑ ΚΑΤΑΦΕΡΟΝΤΕΣ
Α ΟΥΚ ΙΣΧΥΟΝ ΑΠΟΔΕΙΞΑΙ
8 ΤΟΥ ΠΑΥΛΟΥ ΑΠΟΛΟΓΟΥΜΕΝΟΥ ΟΤΙ
ΟΥΤΕ ΕΙΣ ΤΟΝ ΝΟΜΟΝ ΤΩΝ ΙΟΥΔΑΙΩΝ
ΟΥΤΕ ΕΙΣ ΤΟ ΙΕΡΟΝ
ΟΥΤΕ ΕΙΣ ΚΑΙΣΑΡΑ
ΤΙ ΗΜΑΡΤΟΝ

9 Ο ΦΗΣΤΟΣ ΔΕ
ΘΕΛΩΝ ΤΟΙΣ ΙΟΥΔΑΙΟΙΣ ΧΑΡΙΝ ΚΑΤΑΘΕΣΘΑΙ
ΑΠΟΚΡΙΘΕΙΣ ΤΩ ΠΑΥΛΩ ΕΙΠΕΝ
ΘΕΛΕΙΣ ΕΙΣ ΙΕΡΟΣΟΛΥΜΑ ΑΝΑΒΑΣ
ΕΚΕΙ ΠΕΡΙ ΤΟΥΤΩΝ ΚΡΙΘΗΝΑΙ ΕΠ ΕΜΟΥ

10 ΕΙΠΕΝ ΔΕ Ο ΠΑΥΛΟΣ
ΕΠΙ ΤΟΥ ΒΗΜΑΤΟΣ ΚΑΙΣΑΡΟΣ ΕΣΤΩΣ ΕΙΜΙ
ΟΥ ΜΕ ΔΕΙ ΚΡΙΝΕΣΘΑΙ

ΙΟΥΔΑΙΟΥΣ ΟΥΔΕΝ ΗΔΙΚΗΣΑ
ΩΣ ΚΑΙ ΣΥ ΚΑΛΛΙΟΝ ΕΠΙΓΙΝΩΣΚΕΙΣ

11 ΕΙ ΜΕΝ ΟΥΝ ΑΔΙΚΩ
ΚΑΙ ΑΞΙΟΝ ΘΑΝΑΤΟΥ ΠΕΠΡΑΧΑ ΤΙ
ΟΥ ΠΑΡΑΙΤΟΥΜΑΙ ΤΟ ΑΠΟΘΑΝΕΙΝ

ΕΙ ΔΕ ΟΥΔΕΝ ΕΣΤΙΝ ΩΝ ΟΥΤΟΙ ΚΑΤΗΓΟΡΟΥΣΙΝ ΜΟΥ
ΟΥΔΕΙΣ ΜΕ ΔΥΝΑΤΑΙ ΑΥΤΟΙΣ ΧΑΡΙΣΑΣΘΑΙ

ΚΑΙΣΑΡΑ ΕΠΙΚΑΛΟΥΜΑΙ

25장

-ΔΙΑΤΡΙΨΑΣ- 03만 이문지지. 정서법 문제.

-ΠΛΕΙΟΥΣ-; ΠΛΕΙΟΝΑΣ 03만 이문지지, 다양한 이문 존재, 판단 필요. 어미변화 및 정서법 문제. 비교. 25:14.

12 ΤΟΤΕ Ο ΦΗΣΤΟΣ
ΣΥΛ̣ΛΑΛΗΣΑΣ ΜΕΤΑ ΤΟΥ ΣΥΜΒΟΥΛΙΟΥ ΑΠΕΚΡΙΘΗ
ΚΑΙΣΑΡΑ ΕΠΙΚΕΚΛΗΣΑΙ
ΕΠΙ ΚΑΙΣΑΡΑ ΠΟΡΕΥΣΗ

13 ΗΜΕΡΩΝ ΔΕ ΔΙΑΓΕΝΟΜΕΝΩΝ ΤΙΝΩΝ
ΑΓΡΙΠΠΑΣ Ο ΒΑΣΙΛΕΥΣ ΚΑΙ ΒΕΡΝΙΚΗ
ΚΑΤΗΝΤΗΣΑΝ ΕΙΣ ΚΑΙΣΑΡΕΙΑΝ
ΑΣΠΑΣΑΜΕΝΟΙ ΤΟΝ ΦΗΣΤΟΝ

14 ΩΣ ΔΕ ΠΛΕΙΟΥΣ ΗΜΕΡΑΣ -ΔΙΕΤΡΙΒΟΝ- ΕΚΕΙ
Ο ΦΗΣΤΟΣ ΤΩ ΒΑΣΙΛΕΙ ΑΝΕΘΕΤΟ
ΤΑ ΚΑΤΑ ΤΟΝ ΠΑΥΛΟΝ ΛΕΓΩΝ

ΑΝΗΡ ΤΙΣ ΕΣΤΙΝ
ΚΑΤΑΛΕΛΕ̣ΙΜΜΕΝΟΣ ΥΠΟ ΦΗΛΙΚΟΣ ΔΕΣΜΙΟΣ
15 ΠΕΡΙ ΟΥ
ΓΕΝΟΜΕΝΟΥ ΜΟΥ ΕΙΣ ΙΕΡΟΣΟΛΥΜΑ
ΕΝΕΦΑΝΙ...ΣΑΝ ΟΙ ΑΡΧΙΕΡΕΙΣ ΚΑΙ ΟΙ ΠΡΕΣΒΥΤΕΡΟΙ ΤΩΝ ΙΟΥΔΑΙΩΝ
ΑΙΤΟΥΜΕΝΟΙ ΚΑΤ ΑΥΤΟΥ ΚΑΤΑΔΙΚΗΝ

16 ΠΡΟΣ ΟΥΣ ΑΠΕΚΡΙΘΗΝ
ΟΤΙ ΟΥΚ ΕΣΤΙΝ ΕΘΟΣ ΡΩΜΑΙΟΙΣ
ΧΑΡΙΖΕΣΘΑΙ ΤΙΝΑ ΑΝΘΡΩΠΟΝ
ΠΡΙΝ Η Ο ΚΑΤΗΓΟΡΟΥΜΕΝΟΣ
ΚΑΤΑ ΠΡΟΣΩΠΟΝ ΕΧΟΙ ΤΟΥΣ ΚΑΤΗΓΟΡΟΥΣ
ΤΟΠΟΝ ΤΕ ΑΠΟΛΟΓΙΑΣ ΛΑΒΟΙ ΠΕΡΙ ΤΟΥ ΕΓΚΛΗΜΑΤΟΣ

17 ΣΥΝΕΛΘΟΝΤΩΝ ΟΥΝ ·ΑΥΤΩΝ· ΕΝΘΑΔΕ
ΑΝΑΒΟΛΗΝ ΜΗΔΕΜΙΑΝ ΠΟΙΗΣΑΜΕΝΟΣ
ΤΗ ΕΞΗΣ ΚΑΘΙΣΑΣ ΕΠΙ ΤΟΥ ΒΗΜΑΤΟΣ
ΕΚΕΛΕΥΣΑ ΑΧΘΗΝΑΙ ΤΟΝ ΑΝΔΡΑ

18 ΠΕΡΙ ΟΥ
ΣΤΑΘΕΝΤΕΣ ΟΙ ΚΑΤΗΓΟΡΟΙ
ΟΥΔΕΜΙΑΝ ΑΙΤΙΑΝ ΕΦΕΡΟΝ
ΩΝ ΕΓΩ ΥΠΕΝΟΟΥΝ ΠΟΝΗΡΩΝ

19 ΖΗΤΗΜΑΤΑ ΔΕ ΤΙΝΑ
ΠΕΡΙ ΤΗΣ ΙΔΙΑΣ Δ·Ε̣·ΙΣΙΔΑΙΜΟΝΙΑΣ
ΕΙΧΟΝ ΠΡΟΣ ΑΥΤΟΝ

-ΔΙΕΤΡΙΒΟΝ-; ΔΙΕΤΡΕΙΒΟΝ 03만 이문지지, 다른 이문 존재. 정서법 및 수 문제.
·ΑΥΤΩΝ· 03 056만 이문지지, 다른 이문 존재. 독립속격분사구문의 주어 및 오기 문제.

ΚΑΙ ΠΕΡΙ ΤΙΝΟΣ ΙΗΣΟΥ ΤΕΘΝΗΚΟΤΟΣ
ΟΝ ΕΦΑΣΚΕΝ Ο ΠΑΥΛΟΣ ΖΗΝ

20 ΑΠΟΡΟΥΜΕΝΟΣ ΔΕ ΕΓΩ ΤΗΝ ΠΕΡΙ ΤΟΥΤΩΝ ΖΗΤΗΣΙΝ
ΕΛΕΓΟΝ
ΕΙ ΒΟΥΛΟΙΤΟ ΠΟΡΕΥΕΣΘΑΙ ΕΙΣ ΙΕΡΟΣΟΛΥΜΑ
ΚΑΚΕΙ ΚΡΙΝΕΣΘΑΙ ΠΕΡΙ ΤΟΥΤΩΝ

21 ΤΟΥ ΔΕ ΠΑΥΛΟΥ ΕΠΙΚΑΛΕΣΑΜΕΝΟΥ
ΤΗΡΗΘΗΝΑΙ ΑΥΤΟΝ ΕΙΣ ΤΗΝ ΤΟΥ ΣΕΒΑΣΤΟΥ ΔΙΑΓΝΩΣΙΝ
ΕΚΕΛΕΥΣΑ ΤΗΡΕΙΣΘΑΙ ΑΥΤΟΝ
ΕΩΣ ΟΥ ΑΝΑΠΕΜΨΩ ΑΥΤΟΝ ΠΡΟΣ ΚΑΙΣΑΡΑ

22 ΑΓΡΙΠΠΑΣ ΔΕ ΠΡΟΣ ΤΟΝ ΦΗΣΤΟΝ
ΕΒΟΥΛΟΜΗΝ ΚΑΙ ΑΥΤΟΣ ΤΟΥ ΑΝΘΡΩΠΟΥ ΑΚΟΥΣΑΙ

ΑΥΡΙΟΝ ΦΗΣΙΝ ΑΚΟΥΣΗ ΑΥΤΟΥ

23 ΤΗ ΟΥΝ ΕΠΑΥΡΙΟΝ ΕΛΘΟΝΤΟΣ ΤΟΥ ΑΓΡΙΠΠΑ ΚΑΙ ΤΗΣ ΒΕΡΝΙΚΗΣ
ΜΕΤΑ ΠΟΛΛΗΣ ΦΑΝΤΑΣΙΑΣ
ΚΑΙ ΕΙΣΕΛΘΟΝΤΩΝ ΕΙΣ ΤΟ ΑΚΡΟΑΤΗΡΙΟΝ
ΣΥΝ ΤΕ -ΧΙΛΙΑΡΧΟΙΣ- ΚΑΙ ΑΝΔΡΑΣΙΝ ΤΟΙΣ ΚΑΤ ΕΞΟΧΗΝ ΤΗΣ ΠΟΛΕΩΣ
ΚΑΙ ΚΕΛΕΥΣΑΝΤΟΣ ΤΟΥ ΦΗΣΤΟΥ
ΗΧΘΗ Ο ΠΑΥΛΟΣ

24 ΚΑΙ ΦΗΣΙΝ Ο ΦΗΣΤΟΣ
ΑΓΡΙΠΠΑ ΒΑΣΙΛΕΥ
ΚΑΙ ΠΑΝΤΕΣ ΟΙ ΣΥΜΠΑΡΟΝΤΕΣ ΜΗΙΝ ΑΝΔΡΕΣ
ΘΕΩΡΕΙΤΕ ΤΟΥΤΟΝ
ΠΕΡΙ ΟΥ ΑΠΑΝ ΤΟ ΠΛΗΘΟΣ ΤΩΝ ΙΟΥΔΑΙΩΝ
-ΕΝΕΤΥΧΟΝ- ΜΟΙ ΕΝ ΤΕ ΙΕΡΟΣΟΛΥΜΟΙΣ ΚΑΙ ΕΝΘΑΔΕ
ΒΟΩΝΤΕΣ ΜΗ ΔΕΙΝ ΑΥΤΟΝ ΖΗΝ ΜΗΚΕΤΙ

25 ΕΓΩ ΔΕ ΚΑΤΕΛΑΒΟΜΗΝ
ΜΗΔΕΝ ΑΞΙΟΝ ΑΥΤΟΝ ΘΑΝΑΤΟΥ ΠΕΠΡΑΧΕΝΑΙ

ΑΥΤΟΥ ΔΕ ΤΟΥ ΤΟΥ ΕΠΙΚΑΛΕΣΑΜΕΝΟΥ ΤΟΝ ΣΕΒΑΣΤΟΝ
-ΕΚΡΙΝΑ- ΠΕΜΠΕΙΝ

26 ΠΕΡΙ ΟΥ

-ΧΙΛΙΑΡΧΟΙΣ-; ΧΕΙΛΙΑΡΧΟΙΣ 03만 이문지지. 정서법 문제.
-ΕΝΕΤΥΧΟΝ-; ΕΝΕΤΥΧΕΝ 03 014 044만 이문지지, 다양한 이문 존재. 수, 정서법, 변칙자음 뉘 문제.
-ΕΚΡΙΝΑ-; ΕΚΡΕΙΝΑ 03만 이문지지. 정서법 문제.

ΑΣΦΑΛΕΣ ΤΙ ΓΡΑΨΑΙ ΤΩ ΚΥΡΙΩ
ΟΥΚ ΕΧΩ

ΔΙΟ ΠΡΟΗΓΑΓΟΝ ΑΥΤΟΝ ΕΦ ΥΜΩΝ
ΚΑΙ ΜΑΛΙΣΤΑ ΕΠΙ ΣΟΥ ΒΑΣΙΛΕΥ ΑΓΡΙΠΠΑ
ΟΠΩΣ ΤΗΣ ΑΝΑΚΡΙΣΕΩΣ ΓΕΝΟΜΕΝΗΣ
ΣΧΩ ΤΙ ΓΡΑΨΩ

27 ΑΛΟΓΟΝ ΓΑΡ ΜΟΙ ΔΟΚΕΙ
ΠΕΜΠΟΝΤΑ ΔΕΣΜΙΟΝ
ΜΗ ΚΑΙ ΤΑΣ ΚΑΤ ΑΥΤΟΥ ΑΙΤΙΑΣ ΣΗΜΑΝΑΙ

ΚϚ

26:1 ΑΓΡΙΠΠΑΣ ΔΕ ΠΡΟΣ ΤΟΝ ΠΑΥΛΟΝ ΕΦΗ
ΕΠΙΤΡΕΠΕΤΑΙ ΣΟΙ ΥΠΕΡ ΣΕΑΥΤΟΥ ΛΕΓΕΙΝ

ΤΟΤΕ Ο ΠΑΥΛΟΣ ΕΚΤΕΙΝΑΣ ΤΗΝ ΧΕΙΡΑ ΑΠΕΛΟΓΕΙΤΟ
2 ΠΕΡΙ ΠΑΝΤΩΝ ΩΝ ΕΓΚΑΛΟΥΜΑΙ ΥΠΟ ΙΟΥΔΑΙΩΝ
ΒΑΣΙΛΕΥ ΑΓΡΙΠΠΑ
ΗΓΗΜΑΙ ΕΜΑΥΤΟΝ ΜΑΚΑΡΙΟΝ
ΕΠΙ ΣΟΥ ΜΕΛΛΩΝ ΣΗΜΕΡΟΝ ΑΠΟΛΟΓΕΙΣΘΑΙ

3 ΜΑΛΙΣΤΑ ΓΝΩΣΤΗΝ ΟΝΤΑ ΣΕ
ΠΑΝΤΩΝ ΤΩΝ ΚΑΤΑ ΙΟΥΔΑΙΟΥΣ ΕΘΩΝ ΤΕ ΚΑΙ ΖΗΤΗΜΑΤΩΝ
ΔΙΟ ΔΕΟΜΑΙ ΜΑΚΡΟΘΥΜΩΣ ΑΚΟΥΣΑΙ ΜΟΥ

4 ΤΗΝ ΜΕΝ ΟΥΝ ΒΙΩΣΙΝ ΜΟΥ ·ΤΗΝ· ΕΚ ΝΕΟΤΗΤΟΣ
ΤΗΝ ΑΠ ΑΡΧΗΣ ΓΕΝΟΜΕΝΗΝ
ΕΝ ΤΩ ΕΘΝΕΙ ΜΟΥ
ΕΝ ΤΕ ΙΕΡΟΣΟΛΥΜΟΙΣ
ΙΣΑΣΙ ΠΑΝΤΕΣ ΟΙ ΙΟΥΔΑΙΟΙ
5 -ΠΡΟΓΙΝΩΣΚΟΝΤΕΣ- ΜΕ ΑΝΩΘΕΝ
ΕΑΝ -ΘΕΛΩΣΙ- ΜΑΡΤΥΡΕΙΝ
ΟΤΙ ΚΑΤΑ ΤΗΝ -ΑΚΡΙΒΕΣΤΑΤΗΝ- ΑΙΡΕΣΙΝ ΤΗΣ ΗΜΕΤΕΡΑΣ ΘΡΗΣΚΕΙΑΣ
ΕΖΗΣΑ ΦΑΡΙΣΑΙΟΣ

6 ΚΑΙ ΝΥΝ ΕΠ ΕΛΠΙΔΙ

26장

·ΤΗΝ· 03 04 014 049 056 69 2492만 이문지지, 다른 이문 존재, 판단 필요. 관사 문제.
-ΠΡΟΓΙΝΩΣΚΟΝΤΕΣ-; ΠΡΟΓΕΙΝΩΣΚΟΝΤΕΣ 03만 이문지지, 다른 이문 존재. 정서법 및 오기 문제.
-ΘΕΛΩΣΙ-; ΘΕΛΩΣΙΝ 각각 다수 사본지지, 판단 필요. 변칙자음 뉘 문제.
-ΑΚΡΙΒΕΣΤΑΤΗΝ-; ΑΚΡΕΙΒΕΣΤΑΤΗΝ 03만 이문지지, 다른 이문 존재. 정서법 문제.

ΤΗΣ ΕΙΣ ΤΟΥΣ ΠΑΤΕΡΑΣ ΗΜΩΝ ΕΠΑΓΓΕΛΙΑΣ
ΓΕΝΟΜΕΝΗΣ ΥΠΟ ΤΟΥ ΘΕΟΥ
ΕΣΤΗΚΑ -ΚΡΙΝΟΜΕΝΟΣ-

7 ΕΙΣ ΗΝ ΤΟ ΔΩΔΕΚΑΦΥΛΟΝ ΗΜΩΝ
ΕΝ ΕΚΤΕΝΕΙΑ ΝΥΚΤΑ ΚΑΙ ΗΜΕΡΑΝ ΛΑΤΡΕΥΟΝ
ΕΛΠΙΖΕΙ -ΚΑΤΑΝΤΗΣΑΙ-

ΠΕΡΙ ΗΣ ΕΛΠΙΔΟΣ ΕΓΚΑΛΟΥΜΑΙ ΥΠΟ ΙΟΥΔΑΙΩΝ
ΒΑΣΙΛΕΥ

8 ΤΙ ΑΠΙΣΤΟΝ -ΚΡΙΝΕΤΑΙ- ΠΑΡ ΥΜΙΝ
ΕΙ Ο ΘΕΟΣ ΝΕΚΡΟΥΣ ΕΓΕΙΡΕΙ

9 ΕΓΩ ·ΜΕΝ· ΟΥΝ ΕΔΟΞΑ ΕΜΑΥΤΩ
ΠΡΟΣ ΤΟ ΟΝΟΜΑ ΙΗΣΟΥ ΤΟΥ ΝΑΖΩΡΑΙΟΥ
ΔΕΙΝ ΠΟΛΛΑ ΕΝΑΝΤΙΑ ΠΡΑΞΑΙ

10 –Ο– ΚΑΙ ΕΠΟΙΗΣΑ ΕΝ ΙΕΡΟΣΟΛΥΜΟΙΣ

ΚΑΙ ΠΟΛΛΟΥΣ ·ΤΕ· ΤΩΝ ΑΓΙΩΝ
ΕΓΩ ΕΝ ΦΥΛΑΚΑΙΣ ΚΑΤΕΚΛΕΙΣΑ

ΤΗΝ ΠΑΡΑ ΤΩΝ ΑΡΧΙΕΡΕΩΝ ΕΞΟΥΣΙΑΝ ΛΑΒΩΝ
ΑΝΑΙΡΟΥΜΕΝΩΝ ΤΕ ΑΥΤΩΝ
ΚΑΤΗΝΕΓΚΑ ΨΗΦΟΝ

11 ΚΑΙ ΚΑΤΑ ΠΑΣΑΣ ΤΑΣ ΣΥΝΑΓΩΓΑΣ
ΠΟΛΛΑΚΙΣ -ΤΙΜΩΡΩΝ-
ΗΝΑΓΚΑΖΟΝ ΒΛΑΣΦΗΜΕΙΝ
ΠΕΡΙΣΣΩΣ ·ΤΕ· ΕΜΜΑΙΝΟΜΕΝΟΣ ΑΥΤΟΙΣ
ΕΔΙΩΚΟΝ ΕΩΣ ΚΑΙ ΕΙΣ ΤΑΣ ΕΞΩ ΠΟΛΕΙΣ

12 ΕΝ ΟΙΣ ΠΟΡΕΥΟΜΕΝΟΣ ΕΙΣ ΤΗΝ ΔΑΜΑΣΚΟΝ
ΜΕΤ ΕΞΟΥΣΙΑΣ ΚΑΙ ΕΠΙΤΡΟΠΗΣ ΤΗΣ ΤΩΝ ΑΡΧΙΕΡΕΩΝ
13 ΗΜΕΡΑΣ ΜΕΣΗΣ ΚΑΤΑ ΤΗΝ ΟΔΟΝ ΕΙΔΟΝ ΒΑΣΙΛΕΥ⁚

-ΚΡΙΝΟΜΕΝΟΣ-; ΚΡΕΙΝΟΜΕΝΟΣ 03만 이문지지, 다른 이문 존재. 정서법 및 시제 문제.
-ΚΑΤΑΝΤΗΣΑΙ-; ΚΑΤΑΝΤΗΣΕΙΝ 03만 이문지지. 시제 문제.
-ΚΡΙΝΕΤΑΙ-; ΚΡΕΙΝΕΤΑΙ 03만 이문지지, 다른 이문 존재. 정서법 문제.
·ΜΕΝ· 03만 이문지지, 다른 이문 존재. 접속사 문제.
–Ο–; ΔΙΟ 03만 이문지지. 관계대명사 혹은 접속사 문제.
·ΤΕ· 각각 다수 사본지지, 판단 필요. 접속사 문제.
-ΤΙΜΩΡΩΝ-; ΤΕΙΜΩΡΩΝ 03만 이문지지. 정서법 문제.

ΟΥΡΑΝΟΘΕΝ
ΥΠΕΡ ΤΗΝ ΛΑΜΠΡΟΤΗΤΑ ΤΟΥ ΗΛΙΟΥ
ΠΕΡΙΛΑΜΨΑΝ ΜΕ ΦΩΣ
ΚΑΙ ΤΟΥΣ ΣΥΝ ΕΜΟΙ ΠΟΡΕΥΟΜΕΝΟΥΣ

14 ΠΑΝΤΩΝ ΤΕ ΚΑΤΑΠΕΣΟΝΤΩΝ ·ΗΜΩΝ· ΕΙΣ ΤΗΝ ΓΗΝ
ΗΚΟΥΣΑ ΦΩΝΗΝ ΛΕΓΟΥΣΑΝ ΠΡΟΣ ΜΕ ΤΗ ΕΒΡΑΙΔΙ ΔΙΑΛΕΚΤΩ
ΣΑΟΥΛ ΣΑΟΥΛ ΤΙ ΜΕ ΔΙΩΚΕΙΣ

ΣΚΛΗΡΟΝ ΣΟΙ ΠΡΟΣ ΚΕΝΤΡΑ ΛΑΚΤΙΖΕΙΝ

15 ΕΓΩ ΔΕ ΕΙΠΑ
ΤΙΣ ΕΙ ΚΥΡΙΕ

Ο ΔΕ ΚΥΡΙΕΣ ΕΙΠΕΝ
ΕΓΩ ΕΙΜΙ ΙΗΣΟΥΣ ΟΝ ΣΥ ΔΙΩΚΕΙΣ

16 ΑΛΛΑ ΑΝΑΣΤΗΘΙ
·ΚΑΙ ΣΤΗΘΙ· ΕΠΙ ΤΟΥΣ ΠΟΔΑΣ ΣΟΥ

ΕΙΣ ΤΟΥΤΟ ΓΑΡ ΩΦΘΗΝ ΣΟΙ
ΠΡΟΧΕΙΡΙΣΑΣΘΑΙ ΣΕ ΥΠΗΡΕΤΗΝ ΚΑΙ ΜΑΡΤΥΡΑ
ΩΣ ΤΕ ΕΙΔΕΣ ΜΕ
ΩΣ ΤΕ ΟΦΘΗΣΟΜΑΙ ΣΟΙ
17 ΕΞΑΙΡΟΥΜΕΝΟΣ ΣΕ
ΕΚ ΤΟΥ ΛΑΟΥ ΚΑΙ ΕΚ ΤΩΝ ΕΘΝΩΝ

ΕΙΣ ΟΥΣ ΕΓΩ ΑΠΟΣΤΕΛΛΩ ΣΕ
18 ΑΝΟΙΞΑΙ ΟΦΘΑΛΜΟΥΣ ΑΥΤΩΝ
ΤΟΥ ΕΠΙΣΤΡΕΨΑΙ
ΑΠΟ ΣΚΟΤΟΥΣ ΕΙΣ ΦΩΣ
ΚΑΙ ΤΗΣ ΕΞΟΥΣΙΑΣ ΤΟΥ ΣΑΤΑΝΑ ΕΠΙ ΤΟΝ ΘΕΟΝ
ΤΟΥ ΛΑΒΕΙΝ ΑΥΤΟΥΣ
ΑΦΕΣΙΝ ΑΜΑΡΤΙΩΝ
ΚΑΙ ΚΛΗΡΟΝ ΕΝ ΤΟΙΣ ΗΓΙΑΣΜΕΝΟΙΣ ΠΙΣΤΕΙ ΤΗ ΕΙΣ ΕΜΕ

19 ΟΘΕΝ ΒΑΣΙΛΕΥ ΑΓΡΙΠΠΑ
ΟΥΚ ΕΓΕΝΟΜΗΝ ΑΠΕΙΘΗΣ ΤΗ ΟΥΡΑΝΙΩ ΟΠΤΑΣΙΣ
20 ΑΛΛΑ ΤΟΙΣ ΕΝ ΔΑΜΑΣΚΩ ΠΡΩΤΟΝ ΤΕ ΚΑΙ ΙΕΡΟΣΟΛΥΜΟΙΣ
ΠΑΣΑΝ ΤΕ ΤΗΝ ΧΩΡΑΝ ΤΗΣ ΙΟΥΔΑΙΑΣ

·ΤΕ· 03만 이문지지, 다른 이문 존재. 접속사 문제.

·ΗΜΩΝ· 03만 이문지지. 독립속격분사구문의 주어 문제.

·ΚΑΙ ΣΤΗΘΙ· 03 88 1270만 이문지지, 다양한 이문 존재. 중자탈락 혹은 유사한 단어 생략 문제.

ΚΑΙ ΤΟΙΣ ΕΘΝΕΣΙΝ
ΑΠΗΓΓΕΛΛΟΝ ΜΕΤΑΝΟΕΙΝ ΚΑΙ ΕΠΙΣΤΡΕΦΕΙΝ ΕΠΙ ΤΟΝ ΘΕΟΝ
ΑΞΙΑ ΤΗΣ ΜΕΤΑΝΟΙΑΣ ΕΡΓΑ ΠΡΑΣΣΟΝΤΑΣ

21 ΕΝΕΚΑ ΤΟΥΤΩΝ
ΜΕ ΙΟΥΔΑΙΟΙ ΣΥΛΛΑΒΟΜΕΝΟΙ ♀ ♀ ΕΝ ΤΩ ΙΕΡΩ
ΕΠΕΙΡΩΝΤΟ ΔΙΑΧΕΙΡΙΣΑΣΘΑΙ

22 ΕΠΙΚΟΥΡΙΑΣ ΟΥΝ ΤΥΧΩΝ ΤΗΣ ΑΠΟ ΤΟΥ ΘΕΟΥ
ΑΧΡΙ ΤΗΣ ΗΜΕΡΑΣ ΤΑΥΤΗΣ ΕΣΤΗΚΑ
ΜΑΡΤΥΡΟΜΕΝΟΣ ΜΙΚΡΩ ΤΕ ΚΑΙ ΜΕΓΑΛΩ
ΟΥΔΕΝ ΕΚΤΟΣ ΛΕΓΩΝ
ΩΝ ΤΕ ΟΙ ΠΡΟΦΗΤΑΙ ΕΛΑΛΗΣΑΝ
ΜΕΛΛΟΝΤΩΝ ΓΙΝΕΣΘΑΙ
ΚΑΙ ΜΩ·Υ·ΣΗΣ

23 ΕΙ ΠΑΘΗΤΟΣ Ο ΧΡΙΣΤΟΣ
ΕΙ ΠΡΩΤΟΣ ΕΞ ΑΝΑΣΤΑΣΕΩΣ ΝΕΚΡΩΝ
ΦΩΣ ΜΕΛΛΕΙ ΚΑΤΑΓΓΕΛΛΕΙΝ ΤΩ ΤΕ ΛΑΩ ΚΑΙ ΤΟΙΣ ΕΘΝΕΣΙΝ

24 ΤΑΥΤΑ ΔΕ ΑΥΤΟΥ ΑΠΟΛΟΓΟΥΜΕΝΟΥ
Ο ΦΗΣΤΟΣ ΜΕΓΑΛΗ ΤΗ ΦΩΝΗ ΦΗΣΙΝ
ΜΑΙΝΗ ΠΑΥΛΕ
ΤΑ ΠΟΛΛΑ ΣΕ ΓΡΑΜΜΑΤΑ
ΕΙΣ ΜΑΝΙΑΝ ΠΕΡΙΤΡΕΠΕΙ

25 Ο ΔΕ ΠΑΥΛΟΣ
ΟΥ ΜΑΙΝΟΜΑΙ
♀ΦΗΣΙ♀
ΚΡΑΤΙΣΤΕ ΦΗΣΤΕ
ΑΛΛΑ ΑΛΗΘΕΙΑΣ ΚΑΙ ΣΩΦΡΟΣΥΝΗΣ ΡΗΜΑΤΑ ΑΠΟΦΘΕΓΓΟΜΑΙ

26 ΕΠΙΣΤΑΤΑΙ ΓΑΡ ΠΕΡΙ ΤΟΥΤΩΝ Ο ΒΑΣΙΛΕΥΣ
ΠΡΟΣ ΟΝ ·ΚΑΙ· ΠΑΡΡΗΣΙΑΖΟΜΕΝΟΣ ΛΑΛΩ

ΛΑΝΘΑΝΕΙΝ ΓΑΡ ΑΥΤΟΝ ·ΤΙ· ΤΟΥΤΩΝ
ΟΥ ΠΕΙΘΟΜΑΙ
ΟΥΘΕΝ

ΟΥ ΓΑΡ ΕΣΤΙΝ ΕΝ ΓΩΝΙΑ ΠΕΠΡΑΓΜΕΝΟΝ

♀ ♀; ΟΝΤΑ 각각 다수 사본지지, 판단 필요. 계사 역할을 하는 분사의 유무 문제.
ΜΩ·Υ·ΣΗΣ; ΜΩΣΗΣ 각각 다수 사본지지, 판단 필요. 고유명사 음역 문제.
♀ΦΗΣΙ♀; ΦΗΣΙΝ 각각 다수 사본지지, 판단 필요. 변칙자음 뉘 문제.
·ΚΑΙ· 03 88 104 547 1175 1243만 이문지지. 강조표현 문제.

ΤΟΥΤΟ

27 ΠΙΣΤΕΥΕΙΣ -ΒΑΣΙΛΕΥ- ΑΓΡΙΠΠΑ ΤΟΙΣ ΠΡΟΦΗΤΑΙΣ

ΟΙΔΑ ΟΤΙ ΠΙΣΤΕΥΕΙΣ

28 Ο ΔΕ ΑΓΡΙΠΠΑΣ ΠΡΟΣ ΤΟΝ ΠΑΥΛΟΝ
ΕΝ ΟΛΙΓΩ ΜΕ ΠΕΙΘΕΙΣ -ΧΡΙΣΤΙΑΝΟΝ- ΠΟΙΗΣΑΙ

29 Ο ΔΕ ΠΑΥΛΟΣ
ΕΥΞΑΙΜΗΝ ΑΝ ΤΩ ΘΕΩ
ΚΑΙ ΕΝ ΟΛΙΓΩ ΚΑΙ ΕΝ ΜΕΓΑΛΩ
ΟΥ ΜΟΝΟΝ ΣΕ
ΑΛΛΑ ΚΑΙ ΠΑΝΤΑΣ ΤΟΥΣ ΑΚΟΥΟΝΤΑΣ ΜΟΥ ΣΗΜΕΡΟΝ
ΓΕΝΕΣΘΑΙ ΤΟΙΟΥΤΟΥΣ
ΟΠΟΙΟΣ ΚΑΙ ΕΓΩ ΕΙΜΙ
ΠΑΡΕΚΤΟΣ ΤΩΝ ΔΕΣΜΩΝ ΤΟΥΤΩΝ

30 ΑΝΕΣΤΗ ΤΕ Ο ΒΑΣΙΛΕΥΣ ΚΑΙ Ο ΗΓΕΜΩΝ
Η ΤΕ ΒΕΡΝΙΚΗ ΚΑΙ ΟΙ ΣΥΓΚΑΘΗΜΕΝΟΙ ΑΥΤΟΙΣ

31 ΚΑΙ ΑΝΑΧΩΡΗΣΑΝΤΕΣ
ΕΛΑΛΟΥΝ ΠΡΟΣ ΑΛΛΗΛΟΥΣ ΛΕΓΟΝΤΕΣ ΟΤΙ
ΟΥΔΕΝ ΘΑΝΑΤΟΥ Η ΔΕΣΜΩΝ ΑΞΙΟΝ ΤΙ ΠΡΑΣΣΕΙ
Ο ΑΝΘΡΩΠΟΣ ΟΥΤΟΣ

32 ΑΓΡΙΠΠΑΣ ΔΕ ΤΩ ΦΗΣΤΩ ΕΦΗ
ΑΠΟΛΕΛΥΣΘΑΙ ΕΔΥΝΑΤΟ
Ο ΑΝΘΡΩΠΟΣ ΟΥΤΟΣ
ΕΙ ΜΗ ΕΠΕΚΕΚΛΗΤΟ ΚΑΙΣΑΡΑ

κζ

27:1 ΩΣ ΔΕ ΕΚΡΙΘΗ
ΤΟΥ ΑΠΟΠΛΕΙΝ ΗΜΑΣ ΕΙΣ ΤΗΝ ΙΤΑΛΙΑΝ
ΠΑΡΕΔΙΔΟΥΝ ΤΟΝ ΤΕ ΠΑΥΛΟΝ ΚΑΙ ΤΙΝΑΣ ΕΤΕΡΟΥΣ ΔΕΣΜΩΤΑΣ
ΕΚΑΤΟΝΤΑΡΧΗ ΟΝΟΜΑΤΙ ΙΟΥΛΙΩ
ΣΠΕΙΡΗΣ ΣΕΒΑΣΤΗΣ

·ΤΙ· 03 044 88 1243만 이문지지. 부정대명사 유무 문제.
-ΒΑΣΙΛΕΥ-; ΒΑΣΙΛΕΥΣ 03 1837만 이문지지. 호격인가, 주격인가의 문제.
-ΧΡΙΣΤΙΑΝΟΝ-; ΧΡΕΙΣΤΙΑΝΟΝ 03만 이문지지, 다른 이문 존재. 정서법 문제.

2 ΕΠΙΒΑΝΤΕΣ ΔΕ ΠΛΟΙΩ -ΑΔΡΑΜΥΤΤΗΝΩ-
ΜΕΛΛΟΝΤΙ ΠΛΕΙΝ
ΕΙΣ ΤΟΥΣ ΚΑΤΑ ΤΗΝ ΑΣΙΑΝ ΤΟΠΟΥΣ
ΑΝΗΧΘΗΜΕΝ
ΟΝΤΟΣ ΣΥΝ ΗΜΙΝ
ΑΡΙΣΤΑΡΧΟΥ ΜΑΚΕΔΟΝΟΣ ΘΕΣΣΑΛΟΝΙΚΕΩΣ

3 ΤΗ ΤΕ ΕΤΕΡΑ
ΚΑΤΗΧΘΗΜΕΝ ΕΙΣ -ΣΙΔΩΝΑ-
ΦΙΛΑΝΘΡΩΠΩΣ ΤΕ Ο ΙΟΥΛΙΟΣ ΤΩ ΠΑΥΛΩ ΧΡΗΣΑΜΕΝΟΣ
ΕΠΕΤΡΕΨΕΝ ΠΡΟΣ ΤΟΥΣ ΦΙΛΟΥΣ ΠΟΡΕΥΘΕΝΤΙ
ΕΠΙΜΕΛΕΙΑΣ ΤΥΧΕΙΝ

4 ΚΑΚΕΙΘΕΝ ΑΝΑΧΘΕΝΤΕΣ
ΥΠΕΠΛΕΥΣΑΜΕΝ ΤΗΝ ΚΥΠΡΟΝ
ΔΙΑ ΤΟ ΤΟΥΣ ΑΝΕΜΟΥΣ ΕΙΝΑΙ ΕΝΑΝΤΙΟΥΣ

5 ΤΟ ΤΕ ΠΕΛΑΓΟΣ ΤΟ ΚΑΤΑ ΤΗΝ ΚΙΛΙΚΙΑΝ ΚΑΙ ΠΑΜΦΥΛΙΑΝ ΔΙΑΠΛΕΥΣΑΝΤΕΣ
ΚΑΤΗΛΘΟΜΕΝ ΕΙΣ -ΜΥΡΑ- ΤΗΣ ΛΥΚΙΑΣ

6 ΚΑΚΕΙ ΕΥΡΩΝ Ο ΕΚΑΤΟΝΤΑΡΧΗΣ
ΠΛΟΙΟΝ -ΑΛΕΧΑΝΔΡΙΝΟΝ-
ΠΛΕΟΝ ΕΙΣ ΤΗΝ ΙΤΑΛΙΑΝ
ΕΝΕΒΙΒΑΣΕΝ ΗΜΑΣ ΕΙΣ ΑΥΤΟ

7 ΕΝ ΙΚΑΝΑΙΣ ΔΕ ΗΜΕΡΑΙΣ ΒΡΑΔΥΠΛΟΟΥΝΤΕΣ
ΚΑΙ ΜΟΛΙΣ ΓΕΝΟΜΕΝΟΙ ΚΑΤΑ ΤΗΝ ΚΝΙΔΟΝ
ΜΗ ΠΡΟΣΕΩΝΤΟΣ ΗΜΑΣ ΤΟΥ ΑΝΕΜΟΥ
ΥΠΕΠΛΕΥΣΑΜΕΝ ΤΗΝ ΚΡΗΤΗΝ ΚΑΤΑ ΣΑΛΜΩΝΗΝ

8 ΜΟΛΙΣ ΤΕ ΠΑΡΑΛΕΓΟΜΕΝΟΙ ΑΥΤΗΝ
ΗΛΘΟΜΕΝ ΕΙΣ ΤΟΠΟΝ ΤΙΝΑ ΚΑΛΟΥΜΕΝΟΝ ΚΑΛΟΥΣ ΛΙΜΕΝΑΣ
Ω ΕΓΓΥΣ ^ΠΟΛΙΣ ΗΝ^ -ΛΑΣΑΙΑ-

9 ΙΚΑΝΟΥ ΔΕ ΧΡΟΝΟΥ ΔΙΑΓΕΝΟΜΕΝΟΥ
ΚΑΙ ΟΝΤΟΣ ΗΔΗ ΕΠΙΣΦΑΛΟΥΣ ΤΟΥ ΠΛΟΟΣ

27장

-ΑΔΡΑΜΥΤΤΗΝΩ-; ΑΔΡΑΜΥΝΤΗΝΩ 02 03만 이문지지, 매우 다양한 이문 존재. 고유명사 음역 문제.
-ΣΙΔΩΝΑ-; ΣΕΙΔΩΝΑ 03만 이문지지, 다양한 이문 존재. 정서법 문제.
-ΜΥΡΑ-; ΜΥΡΡΑ 03 1175만 이문지지, 다양한 이문 존재, 판단 필요. 고유명사 음역, 정서법, 단어 문제.
-ΑΛΕΧΑΝΔΡΙΝΟΝ-; ΑΛΕΧΑΝΔΡΕΙΝΟΝ 03만 이문지지, 다른 이문 존재, 판단 필요. 정서법 문제.
^ΠΟΛΙΣ ΗΝ^ 01 02 33 330만 원문지지, 다른 이문 존재, 판단 필요. 순서 문제.
-ΛΑΣΑΙΑ-; ΛΑΣΕΑ 각각 다수 사본지지, 다양한 이문 존재, 판단 필요. 고유명사 음역 문제.

ΔΙΑ ΤΟ ΚΑΙ ΤΗΝ ΝΗΣΤΕΙΑΝ ΗΔΗ ΠΑΡΕΛΗΛΥΘΕΝΑΙ
ΠΑΡΗΝΕΙ Ο ΠΑΥΛΟΣ 10 ΛΕΓΩΝ ΑΥΤΟΙΣ
ΑΝΔΡΕΣ ΘΕΩΡΩ
ΟΤΙ ΜΕΤΑ ΥΒΡΕΩΣ ΚΑΙ ΠΟΛΛΗΣ ΖΗΜΙΑΣ
ΟΥ ΜΟΝΟΝ ΤΟΥ ΦΟΡΤΙΟΥ ΚΑΙ ΤΟΥ ΠΛΟΙΟΥ
ΑΛΛΑ ΚΑΙ ΤΩΝ ΨΥΧΩΝ ΗΜΩΝ
ΜΕΛΛΕΙΝ ΕΣΕΣΘΑΙ ΤΟΝ ΠΛΟΥΝ

11 Ο ΔΕ ΕΚΑΤΟΝΤΑΡΧΗΣ
ΤΩ ΚΥΒΕΡΝΗΤΗ ΚΑΙ ΤΩ ΝΑΥΚΛΗΡΩ
ΜΑΛΛΟΝ ΕΠΕΙΘΕΤΟ
Η ΤΟΙΣ ΥΠΟ ΠΑΥΛΟΥ ΛΕΓΟΜΕΝΟΙΣ

12 ΑΝΕΥΘΕΤΟΥ ΔΕ ΤΟΥ ΛΙΜΕΝΟΣ ΥΠΑΡΧΟΝΤΟΣ ΠΡΟΣ ΠΑΡΑΧΕΙΜΑΣΙΑΝ
ΟΙ ΠΛΕΙΟΝΕΣ ΕΘΕΝΤΟ ΒΟΥΛΗΝ ΑΝΑΧΘΗΝΑΙ ΕΚΕΙΘΕΝ
ΕΙ ΠΩΣ ΔΥΝΑΙΝΤΟ ΚΑΤΑΝΤΗΣΑΝΤΕΣ ΕΙΣ -ΦΟΙΝΙΚΑ- ΠΑΡΑΧΕΙΜΑΣΑΙ
ΛΙΜΕΝΑ ΤΗΣ ΚΡΗΤΗΣ ΒΛΕΠΟΝΤΑ ΚΑΤΑ ΛΙΒΑ ΚΑΙ ΚΑΤΑ ΧΩΡΟΝ

13 ΥΠΟΠΝΕΥΣΑΝΤΟΣ ΔΕ ΝΟΤΟΥ
ΔΑΞΑΝΤΕΣ ΤΗΣ ΠΡΟΘΕΣΕΩΣ ΚΕΚΡΑΤΗΚΕΝΑΙ
ΑΡΑΝΤΕΣ ΑΣΣΟΝ ΠΑΡΕΛΕΓΟΝΤΟ ΤΗΝ ΚΡΗΤΗΝ

14 ΜΕΤ ΟΥ ΠΟΛΥ ΔΕ
ΕΒΑΛΕΝ ΚΑΤ ΑΥΤΗΣ ΑΝΕΜΟΣ ΤΥΦΩΝΙΚΟΣ
Ο ΚΑΛΟΥΜΕΝΟΣ ΕΥΡΑΚΥΛΩΝ

15 ΣΥΝΑΡΠΑΣΘΕΝΤΟΣ ΔΕ ΤΟΥ ΠΛΟΙΟΥ
ΚΑΙ ΜΗ ΔΥΝΑΜΕΝΟΥ ΑΝΤΟΦΘΑΛΜΕΙΝ
ΤΩ ΑΝΕΜΩ ΕΠΙΔΟΝΤΕΣ ΕΦΕΡΟΜΕΘΑ

16 ΝΗΣΙΟΝ ΔΕ ΤΙ ΥΠΟΔΡΑΜΟΝΤΕΣ ΚΑΛΟΥΜΕΝΟΝ ΚΑΥΔΑ
ΙΣΧΥΣΑΜΕΝ ΜΟΛΙΣ
ΠΕΡΙΚΡΑΤΕΙΣ ΓΕΝΕΣΘΑΙ ΤΗΣ ΣΚΑΦΗΣ

17 ΗΝ ΑΡΑΝΤΕΣ
ΒΟΗΘΕΙΑΙΣ ΕΧΡΩΝΤΟ ΥΠΟΖΩΝΝΥΝΤΕΣ ΤΟ ΠΛΟΙΟΝ
ΦΟΒΟΥΜΕΝΟΙ ΤΕ ΜΗ ΕΙΣ ΤΗΝ ΣΥΡΤΙΝ ΕΚΠΕΣΩΣΙΝ

ΧΑΛΑΣΑΝΤΕΣ ΤΟ ΣΚΕΥΟΣ
ΟΥΤΩΣ ΕΦΕΡΟΝΤΟ

18 ΣΦΟΔΡΩΣ ΔΕ ΧΕΙΜΑΖΟΜΕΝΩΝ ΗΜΩΝ

-ΦΟΙΝΙΚΑ-; ΦΟΙΝΕΙΚΑ 03만 이문지지, 다른 이문 존재. 정서법 문제.

ΤΗ ΕΞΗΣ ΕΚΒΟΛΗΝ ΕΠΟΙΟΥΝΤΟ
19 ΚΑΙ ΤΗ ΤΡΙΤΗ ΑΥΤΟΧΕΙΡΕΣ ΤΗΝ ΣΚΕΥΗΝ ΤΟΥ ΠΛΟΙΟΥ -ΕΡΡΙΨΑΝ-

20 ΜΗΤΕ ΔΕ ΗΛΙΟΥ ΜΗΤΕ ΑΣΤΡΩΝ
ΕΠΙΦΑΙΝΟΝΤΩΝ ΕΠΙ ΠΛΕΙΟΝΑΣ ΗΜΕΡΑΣ
ΧΕΙΜΩΝΟΣ ΤΕ ΟΥΚ ΟΛΙΓΟΥ ΕΠΙΚΕΙΜΕΝΟΥ
·ΛΟΙΠΟΝ· ΠΕΡΙΗΡΕΙΤΟ ΕΛΠΙΣ ΠΑΣΑ
ΤΟΥ ΣΩΖΕΣΘΑΙ ΗΜΑΣ

21 ΠΟΛΛΗΣ ΤΕ -ΑΣΙΤΙΑΣ- ΥΠΑΡΧΟΥΣΗΣ
ΤΟΤΕ ΣΤΑΘΕΙΣ Ο ΠΑΥΛΟΣ ΕΝ ΜΕΣΩ ΑΥΤΩΝ ΕΙΠΕΝ
ΕΔΕΙ ΜΕΝ Ω ΑΝΔΡΕΣ ΠΕΙΘΑΡΧΗΣΑΝΤΑΣ ΜΟΙ
ΜΗ ΑΝΑΓΕΣΘΑΙ ΑΠΟ ΤΗΣ ΚΡΗΤΗΣ
ΚΕΡΔΗΣΑΙ ΤΕ ΤΗΝ ΥΒΡΙΝ ΤΑΥΤΗΝ ΚΑΙ ΤΗΝ ΖΗΜΙΑΝ

22 ΚΑΙ ΤΑ ΝΥΝ ΠΑΡΑΙΝΩ ΥΜΑΣ ΕΥΘΥΜΕΙΝ

ΑΠΟΒΟΛΗ ΓΑΡ ΨΥΧΗΣ ΟΥΔΕΜΙΑ ΕΣΤΑΙ ΕΞ ΥΜΩΝ
ΠΛΗΝ ΤΟΥ ΠΛΟΙΟΥ

23 ΠΑΡΕΣΤΗ ΓΑΡ ΜΟΙ ΤΑΥΤΗ ΤΗ ΝΥΚΤΙ ΤΟΥ ΘΕΟΥ
ΟΥ ΕΙΜΙ ·ΕΓΩ· Ω ΚΑΙ ΛΑΤΡΕΥΩ
ΑΓΓΕΛΟΣ 24 ΛΕΓΩΝ
ΜΗ ΦΟΒΟΥ ΠΑΥΛΕ
ΚΑΙΣΑΡΙ ΣΕ ΔΕΙ ΠΑΡΑΣΤΗΝΑΙ
ΚΑΙ ΙΔΟΥ ΚΕΧΑΡΙΣΤΑΙ ΣΟΙ Ο ΘΕΟΣ
ΠΑΝΤΑΣ ΤΟΥΣ ΠΛΕΟΝΤΑΣ ΜΕΤΑ ΣΟΥ

25 ΔΙΟ ΕΥΘΥΜΕΙΤΕ ΑΝΔΡΕΣ

ΠΙΣΤΕΥΩ ΓΑΡ ΤΩ ΘΕΩ
ΟΤΙ ΟΥΤΩΣ ΕΣΤΑΙ
ΚΑΘ ΟΝ ΤΡΟΠΟΝ ΛΕΛΑΛΗΤΑΙ ΜΟΙ

26 ΕΙΣ ΝΗΣΟΝ ΔΕ ΤΙΝΑ ΔΕΙ ΗΜΑΣ ΕΚΠΕΣΕΙΝ

27 ΩΣ ΔΕ ΤΕΣΣΑΡΕΣΚΑΙΔΕΚΑΤΗ ΝΥΞ ΕΓΕΝΕΤΟ
ΔΙΑΦΕΡΟΜΕΝΩΝ ΗΜΩΝ ΕΝ ΤΩ ΑΔΡΙΑ
ΚΑΤΑ ΜΕΣΟΝ ΤΗΣ ΝΥΚΤΟΣ ΥΠΕΝΟΟΥΝ ΟΙ ΝΑΥΤΑΙ

-ΕΡΡΙΨΑΝ-; ΕΡΡ̣ΕΙΨΑΝ 03만 이문지지, 다양한 이문 존재, 판단 필요. 정서법과 주어 문제.

·ΛΟΙΠΟΝ· 03만 이문지지, 다른 이문 존재. 강조를 표현하는 부사 문제.

-ΑΣΙΤΙΑΣ-; ΑΣΙΤΕΙΑΣ 03 014 020 88 2147만 이문지지. 정서법 문제.

·ΕΓΩ· P74 01 02 04 88 330 2344 2492만 원문지지, 판단 필요. 강조표현 문제.

-ΠΡΟΣΑΓΕΙΝ- ΤΙΝΑ ΑΥΤΟΙΣ ΧΩΡΑΝ

28 ΚΑΙ ΒΟΛΙΣΑΝΤΕΣ ΕΥΡΟΝ ΟΡΓΥΙΑΣ ΕΙΚΟΣΙ
ΒΡΑΧΥ ΔΕ ΔΙΑΣΤΗΣΑΝΤΕΣ
ΚΑΙ ΠΑΛΙΝ ΒΟΛΙΣΑΝΤΕΣ ΕΥΡΟΝ ΟΡΓΥΙΑΣ ΔΕΚΑΠΕΝΤΕ

29 ΦΟΒΟΥΜΕΝΟΙ ΤΕ
ΜΗ ΠΟΥ ΚΑΤΑ ΤΡΑΧΕΙΣ ΤΟΠΟΥΣ ΕΚΠΕΣΩΜΕΝ
ΕΚ ΠΡΥΜΝΗΣ -ΡΙΨΑΝΤΕΣ- ΑΓΚΥΡΑΣ ΤΕΣΣΑΡΑΣ
ΗΥΧΟΝΤΟ ΗΜΕΡΑΝ ΓΕΝΕΣΘΑΙ

30 ΤΩΝ ΔΕ ΝΑΥΤΩΝ ΖΗΤΟΥΝΤΩΝ ΦΥΓΕΙΝ ΕΚ ΤΟΥ ΠΛΟΙΟΥ
ΚΑΙ ΧΑΛΑΣΑΝΤΩΝ ΤΗΝ ΣΚΑΦΗΝ ΕΙΣ ΤΗΝ ΘΑΛΑΣΣΑΝ
ΠΡΟΦΑΣΕΙ ΩΣ ΕΚ -ΠΡΩΡΗΣ- ΑΓΚΥΡΑΣ ΜΕΛΛΟΝΤΩΝ ΕΚΤΕΙΝΕΙΝ
31 ΕΙΠΕΝ Ο ΠΑΥΛΟΣ ΤΩ ΕΚΑΤΟΝΤΑΡΧΗ ΚΑΙ ΤΟΙΣ ΣΤΡΑΤΙΩΤΑΙΣ
ΕΑΝ ΜΗ ΟΥΤΟΙ ΜΕΙΝΩΣΙΝ ΕΝ ΤΩ ΠΛΟΙΩ
ΥΜΕΙΣ ΣΩΘΗΝΑΙ ΟΥ ΔΥΝΑΣΘΕ

32 ΤΟΤΕ ΑΠΕΚΟΨΑΝ ΟΙ ΣΤΡΑΤΙΩΤΑΙ ΤΑ ΣΧΟΙΝΙΑ ΤΗΣ ΣΚΑΦΗΣ
ΚΑΙ ΕΙΑΣΑΝ ΑΥΤΗΝ ΕΚΠΕΣΕΙΝ

33 ΑΧΡΙ ΔΕ ΟΥ ΗΜΕΡΑ ΗΜΕΛΛΕΝ -ΓΙΝΕΣΘΑΙ-
ΠΑΡΕΚΑΛΕΙ Ο ΠΑΥΛΟΣ ΑΠΑΝΤΑΣ ΜΕΤΑΛΑΒΕΙΝ ΤΡΟΦΗΣ ΛΕΓΩΝ
ΤΕΣΣΑΡΕΣΚΑΙΔΕΚΑΤΗΝ ΣΗΜΕΡΟΝ ΗΜΕΡΑΝ ΠΡΟΣΔΟΚΩΝΤΕΣ
-ΑΣΙΤΟΙ- ΔΙΑΤΕΛΕΙΤΕ ΜΗΘΕΝ ΠΡΟΣΛΑΒΟΜΕΝΟΙ

34 ΔΙΟ ...... ΠΑΡΑΚΑΛΩ ΥΜΑΣ ΜΕΤΑΛΑΒΕΙΝ ΤΡΟΦΗΣ

ΤΟΥΤΟ ΓΑΡ –ΠΡΟΣ– ΤΗΣ ΥΜΕΤΕΡΑΣ ΣΩΤΗΡΙΑΣ ΥΠΑΡΧΕΙ
ΟΥΔΕΝΟΣ ΓΑΡ ΥΜΩΝ ΘΡΙΞ ΑΠΟ ΤΗΣ ΚΕΦΑΛΗΣ ΑΠΟΛΕΙΤΑΙ

35 ΕΙΠΑΣ ΔΕ ΤΑΥΤΑ
ΚΑΙ ΛΑΒΩΝ ΑΡΤΟΝ
ΕΥΧΑΡΙΣΤΗΣΕΝ ΤΩ ΘΕΩ ΕΝΩΠΙΟΝ ΠΑΝΤΩΝ
ΚΑΙ ΚΛΑΣΑΣ ΗΡΞΑΤΟ ΕΣΘΙ⁚ΙΕΝ

36 ΕΥΘΥΜΟΙ ΔΕ ΓΕΝΟΜΕΝΟΙ ΠΑΝΤΕΣ
ΚΑΙ ΑΥΤΟΙ ΠΡΟΣΕΛΑΒΟΝΤΟ ΤΡΟΦΗΣ

-ΠΡΟΣΑΓΕΙΝ-; ΠΡΟΣΑΧΕΙΝ 03만 이문지지, 다양한 이문 존재. 오기로 보임.
-ΡΙΨΑΝΤΕΣ-; ΡΕΙΨΑΝΤΕΣ P74 03만 이문지지. 정서법 문제.
-ΠΡΩΡΗΣ-; ΠΡΩΡΑΣ 01 02 33만 원문지지, 다양한 이문 존재, 판단 필요. 어미변화 문제.
-ΓΙΝΕΣΘΑΙ-; ΓΕΙΝΕΣΘΑΙ 01 02 03만 이문지지, 다양한 이문 존재. 정서법과 시제 문제.
-ΑΣΙΤΟΙ-; ΑΣΕΙΤΟΙ 03 330만 이문지지. 정서법 문제.
...... 03만 이문지지. 강조표현 문제.
–ΠΡΟΣ–; ΠΡΟ 03 044 945만 이문지지. 전치사 문제.

37 ΗΜΕΘΑ ΔΕ ΑΙ ΠΑΣΑΙ ΨΥΧΑΙ ΕΝ ΤΩ ΠΛΟΙΩ
–ΔΙΑΚΟΣΙΑΙ– ΕΒΔΟΜΗΚΟΝΤΑ ΕΞ

38 ΚΟΡΕΣΘΕΝΤΕΣ ΔΕ ΤΡΟΦΗΣ
ΕΚΟΥΦΙΖΟΝ ΤΟ ΠΛΟΙΟΝ
ΕΚΒΑΛΛΟΜΕΝΟΙ ΤΟΝ -ΣΙΤΟΝ- ΕΙΣ ΤΗΝ ΘΑΛΑΣΣΑΝ

39 ΟΤΕ ΔΕ ΗΜΕΡΑ ΕΓΕΝΕΤΟ
ΤΗΝ ΓΗΝ ΟΥΚ –ΕΠΕΓΙΝΩΣΚΟΝ–
ΚΟΛΠΟΝ ΔΕ ΤΙΝΑ ΚΑΤΕΝΟΟΥΝ
ΕΧΟΝΤΑ ΑΙΓΙΑΛΟΝ
ΕΙΣ ΟΝ ΕΒΟΥΛΕΥΟΝΤΟ ΕΙ ΔΥΝΑΙΝΤΟ
ΕΞ̣ΩΣΑΙ ΤΟ ΠΛΟΙΟΝ

40 ΚΑΙ ΤΑΣ ΑΓΚΥΡΑΣ ΠΕΡΙΕΛΟΝΤΕΣ
ΕΙΩΝ ΕΙΣ ΤΗΝ ΘΑΛΑΣΣΑΝ
ΑΜΑ ΑΝΕΝΤΕΣ ΤΑΣ ΖΕΥΚΤΗΡΙΑΣ ΤΩΝ ΠΗΔΑΛΙΩΝ

ΚΑΙ ΕΠΑΡΑΝΤΕΣ ΤΟΝ -ΑΡΤΕΜΩΝΑ- ΤΗ ΠΝΕΟΥΣΗ
ΚΑΤΕΙΧΟΝ ΕΙΣ ΤΟΝ ΑΙΓΙΑΛΟΝ

41 ΠΕΡΙΠΕΣΟΝΤΕΣ ΔΕ ΕΙΣ ΤΟΠΟΝ ΔΙΘΑΛΑΣΣΟΝ
ΕΠΕΚΕΙΛΑΝ ΤΗΝ ΝΑΥΝ
ΚΑΙ Η ΜΕΝ ΠΡΩΡΑ ΕΡΕΙΣΑΣΑ ΕΜΕΙΝΕΝ ΑΣΑΛΕΥΤΟΣ
Η ΔΕ ΠΡΥ̣ΜΝΑ ΕΛΥΕΤΟ ΥΠΟ ΤΗΣ ΒΙΑΣ ·ΤΩΝ ΚΥΜΑΤΩΝ·

42 ΤΩΝ ΔΕ ΣΤΡΑΤΙΩΤΩΝ ΒΟΥΛΗ ΕΓΕΝΕΤΟ
ΙΝΑ ΤΟΥΣ ΔΕΣΜΩΤΑΣ ΑΠΟΚΤΕΙΝΩΣΙΝ
ΜΗ ΤΙΣ ΕΚΚΟΛΥΜΒΗΣΑΣ ΔΙΑΦΥΓΗ

43 Ο ΔΕ ΕΚΑΤΟΝΤΑΡΧΗΣ ΒΟΥΛΟΜΕΝΟΣ ΔΙΑΣΩΣΑΙ ΤΟΝ ΠΑΥΛΟΝ
ΕΚΩΛΥΣΕΝ ΑΥΤΟΥΣ ΤΟΥ ΒΟΥΛΗΜΑΤΟΣ
ΕΚΕΛΕΥΣΕΝ ΤΕ
ΤΟΥΣ ΔΥΝΑΜΕΝΟΥΣ -ΚΟΛΥΜΒΑΝ-
-ΑΠΟΡΙΨΑΝΤΑΣ- ΠΡΩΤΟΥΣ ΕΠΙ ΤΗΝ ΓΗΝ -ΕΞΙΕΝΑΙ-

–ΔΙΑΚΟΣΙΑΙ–; ΩΣ 03만 이문지지, 다양한 이문 존재. 단어 문제. 합리적인 숫자를 취한 듯함.
-ΣΙΤΟΝ-; ΣΕΙΤΟΝ 03만 이문지지. 정서법 문제.
–ΕΠΕΓΙΝΩΣΚΟΝ–; ΕΓΕΙΝΩΣΚΟΝ 03만 이문지지. 정서법과 접두어 문제.
-ΑΡΤΕΜΩΝΑ-; ΑΡΤΟΜΩΝΑ 03 69만 이문지지, 다른 이문 존재, 판단 필요. 정서법과 어미변화 문제.
·ΤΩΝ ΚΥΜΑΤΩΝ· 01 02 03 1243만 이문지지, 다른 이문 존재, 판단 필요. 단어 문제.
-ΚΟΛΥΜΒΑΝ-; ΕΚΚΟΛΥΜΒΑΝ 03만 이문지지. 접두어 문제.
-ΑΠΟΡΙΨΑΝΤΑΣ-; ΑΠΟΡΡΕΙΨΑΝΤΑΣ 03만 이문지지, 다양한 이문 존재, 판단 필요. 정서법 및 철자 문제.
-ΕΞΙΕΝΑΙ-; ΕΞΕΙΕΝΑΙ 03만 이문지지, 다양한 이문 존재. 정서법 문제.

44 ΚΑΙ ΤΟΥΣ ΛΟΙΠΟΥΣ
ΟΥΣ ΜΕΝ ΕΠΙ ΣΑΝΙΣΙΝ
ΟΥΣ ΔΕ ΕΠΙ ΤΙΝΩΝ ΤΩΝ ΑΠΟ ΤΟΥ ΠΛΟΙΟΥ

ΚΑΙ ΟΥΤΩΣ ΕΓΕΝΕΤΟ ΠΑΝΤΑΣ ΔΙΑΣΩΘΗΝΑΙ ΕΠΙ ΤΗΝ ΓΗΝ

κη

28:1 ΚΑΙ ΔΙΑΣΩΘΕΝΤΕΣ ΤΟΤΕ ΕΠΕΓΝΩΜΕΝ
ΟΤΙ ΜΕΛΙΤΗ ⁙ Η ΝΗΣΟΣ ΚΑΛΕΙΤΑΙ

2 ΟΙ ΤΕ ΒΑΡΒΑΡΟΙ -ΠΑΡΕΙΧΟΝ-
ΟΥ ΤΗΝ ΤΥΧΟΥΣΑΝ ΦΙΛΑΝΘΡΩΠΙΑΝ ΗΜΙΝ

ΑΨΑΝΤΕΣ ΓΑΡ ΠΥΡΑΝ ΠΡΟΣΕΛΑΒΟΝΤΟ ΠΑΝΤΑΣ ΗΜΑΣ
ΔΙΑ ΤΟΝ ΥΕΤΟΝ ΤΟΝ ΕΦΕΣΤΩΤΑ
ΚΑΙ ΔΙΑ ΤΟ ΨΥΧΟΣ

3 ΣΥΣΤΡΕΨΑΝΤΟΣ ΔΕ ΤΟΥ ΠΑΥΛΟΥ ΦΡΥΓΑΝΩΝ ΤΙ ΠΛΗΘΟΣ
ΚΑΙ ΕΠΙΘΕΝΤΟΣ ΕΠΙ ΤΗΝ ΠΥΡΑΝ
ΕΧΙΔΝΑ ΑΠΟ ΤΗΣ ΘΕΡΜΗΣ ΕΞΕΛΘΟΥΣΑ
ϙΚΑΘΗΨΕϙ ΤΗΣ ΧΕΙΡΟΣ ΑΥΤΟΥ

4 ΩΣ ΔΕ -ΕΙΔΟΝ- ΟΙ ΒΑΡΒΑΡΟΙ
ΚΡΕΜΑΜΕΝΟΝ ΤΟ ΘΗΡΙΟΝ ΕΚ ΤΗΣ ΧΕΙΡΟΣ ΑΥΤΟΥ
ΠΡΟΣ ΑΛΛΗΛΟΥΣ ΕΛΕΓΟΝ
ΠΑΝΤΩΣ ΦΟΝΕΥΣ ΕΣΤΙΝ Ο ΑΝΘΡΩΠΟΣ ΟΥΤΟΣ
ΟΝ ΔΙΑΣΩΘΕΝΤΑ ΕΚ ΤΗΣ ΘΑΛΑΣΣΗΣ
Η ΔΙΚΗ ΖΗΝ ΟΥΚ ΕΙΑΣΕΝ

5 Ο ΜΕΝ ΟΥΝ ΑΠΟΤΙΝΑΞΑΣ ΤΟ ΘΗΡΙΟΝ ΕΙΣ ΤΟ ΠΥΡ
ΕΠΑΘΕΝ ΟΥΔΕΝ ΚΑΚΟΝ

6 ΟΙ ΔΕ ΠΡΟΣΕΔΟΚΩΝ ΑΥΤΟΝ ΜΕΛΛΕΙΝ
ΠΙΜΠΡΑΣΘΑΙ Η -ΚΑΤΑΠΙΠΤΕΙΝ- ΑΦΝΩ ΝΕΚΡΟΝ

ΕΠΙ ΠΟΛΥ ΔΕ ΑΥΤΩΝ ΠΡΟΣΔΟΚΩΝΤΩΝ
ΚΑΙ ΘΕΩΡΟΥΝΤΩΝ -ΜΗΔΕΝ- ΑΤΟΠΟΝ ΕΙΣ ΑΥΤΟΝ -ΓΙΝΟΜΕΝΟΝ-

28장

-ΠΑΡΕΙΧΟΝ-; ΠΑΡΕΙΧΑΝ P74 01 02 03만 이문지지. 제2부정과거 3인칭 복수 어미 문제

ϙΚΑΘΗΨΕϙ; ΚΑΘΗΨΕΝ 각각 다수 사본지지, 다양한 이문 존재, 판단 필요. 변칙자음 뉘 및 태 문제.

-ΕΙΔΟΝ-; ΕΙΔΑΝ 03만 이문지지, 다른 이문 존재. 제2부정과거 3인칭 복수 어미 문제.

-ΚΑΤΑΠΙΠΤΕΙΝ-; ΚΑΤΑΠΕΙΠΤΕΙΝ 03만 이문지지, 다른 이문 존재. 정서법 문제.

ΜΕΤΑΒΑΛΟΜΕΝΟΙ -ΕΛΕΓΟΝ-
ΑΥΤΟΝ ΕΙΝΑΙ ΘΕΟΝ

7 ΕΝ ΔΕ ΤΟΙΣ ΠΕΡΙ ΤΟΝ ΤΟΠΟΝ ΕΚΕΙΝΟΝ
ΥΠΗΡΧΕΝ ΧΩΡΙΑ
ΤΩ ΠΡΩΤΩ ΤΗΣ ΝΗΣΟΥ ΟΝΟΜΑΤΙ ΠΟΠΛΙΩ
ΟΣ ΑΝΑΔΕΞΑΜΕΝΟΣ ΗΜΑΣ
^ΤΡΕΙΣ ΗΜΕΡΑΣ^ ΦΙΛΟΦΡΟΝΩΣ ΕΞΕΝΙΣΕΝ

8 ΕΓΕΝΕΤΟ ΔΕ ΤΟΝ ΠΑΤΕΡΑ ΤΟΥ ΠΟΠΛΙΟΥ
ΠΥΡΕΤΟΙΣ ΚΑΙ ΔΥΣΕΝΤΕΡΙΩ ΣΥΝΕΧΟΜΕΝΟΝ ΚΑΤΑΚΕΙΣΘΑΙ
ΠΡΟΣ ΟΝ Ο ΠΑΥΛΟΣ ΕΙΣΕΛΘΩΝ ΚΑΙ ΠΡΟΣΕΥΞΑΜΕΝΟΣ
ΕΠΙΘΕΙΣ ΤΑΣ ΧΕΙΡΑΣ ΑΥΤΩ
:ΙΑΣΑΤΟ ΑΥΤΟΝ

9 ΤΟΥΤΟΥ ΔΕ ΓΕΝΟΜΕΝΟΥ
·ΚΑΙ· ΟΙ ΛΟΙΠΟΙ ΟΙ ΕΝ ΤΗ ΝΗΣΩ ΕΧΟΝΤΕΣ ΑΣΘΕΝΕΙΑΣ
–ΠΡΟΣΗΡΧΟΝΤΟ– ΚΑΙ ΕΘΕΡΑΠΕΥΟΝΤΟ

10 ΟΙ ΚΑΙ ΠΟΛΛΑΙΣ -ΤΙΜΑΙΣ- -ΕΤΙΜΗΣΑΝ- ΗΜΑΣ
ΚΑΙ ΑΝΑΓΟΜΕΝΟΙΣ ΕΠΕΘΕΝΤΟ ΤΑ ΠΡΟΣ ΤΑΣ ΧΡΕΙΑΣ

11 ΜΕΤΑ ΔΕ ΤΡΕΙΣ ΜΗΝΑΣ
ΑΝΗΧΘΗΜΕΝ
ΕΝ ΠΛΟΙΩ ΠΑΡΑΚΕΧΕΙΜΑΚΟΤΙ ΕΝ ΤΗ ΝΗΣΩ
ΑΛΕΞΑΝΔΡΙΝΩ
ΠΑΡΑΣΗΜΩ ΔΙΟΣΚΟΥΡΟΙΣ

12 ΚΑΙ ΚΑΤΑΧΘΕΝΤΕΣ ΕΙΣ -ΣΥΡΑΚΟΥΣΑΣ-
ΕΠΕΜΕΙΝΑΜΕΝ -ΗΜΕΡΑΣ ΤΡΕΙΣ-

13 ΟΘΕΝ ΠΕΡΙΕΛΟΝΤΕΣ
ΚΑΤΗΝΤΗΣΑΜΕΝ ΕΙΣ -ΡΗΓΙΟΝ-

-ΜΗΔΕΝ-; ΜΕΘΕΝ 03만 이문지지, 다른 이문 존재. 철자 문제.
-ΓΙΝΟΜΕΝΟΝ-; ΓΕΙΝΟΜΕΝΟΝ 01 02 03만 이문지지, 다양한 이문 존재. 정서법과 시제 문제.
-ΕΛΕΓΟΝ-; ΕΛΕΓΑΝ 03만 이문지지, 다른 이문 존재. 제2부정과거 3인칭 복수 어미 문제.
^ΤΡΕΙΣ ΗΜΕΡΑΣ^ 각각 다수 사본지지, 다양한 이문 존재, 판단 필요. 순서 문제.
·ΚΑΙ· 03만 이문지지. 강조표현 문제.
–ΠΡΟΣΗΡΧΟΝΤΟ–; ΠΡΟΗΡΧΟΝ 03만 이문지지. 제2부정과거 3인칭 복수 어미 문제. 오기 혹은 접두어 문제.
-ΤΙΜΑΙΣ-; ΤΕΙΜΑΙΣ 03만 이문지지. 정서법 문제.
-ΕΤΙΜΗΣΑΝ-; ΕΤΕΙΜΗΣΑΝ 03만 이문지지, 다른 이문 존재. 정서법 및 태 문제.
-ΣΥΡΑΚΟΥΣΑΣ-; ΣΥΡΑΚΟΥΣΣΑΣ 03만 이문지지, 다양한 이문 존재. 고유명사 음역 문제.
-ΗΜΕΡΑΣ ΤΡΕΙΣ-; ΗΕΜΡΑΙΣ ΤΡΙΣΙΝ 03만 이문지지, 다양한 이문 존재. 격 문제.
-ΡΗΓΙΟΝ-; ΡΗΓΕΙΟΝ 03 020만 이문지지, 다른 이문 존재. 고유명사 음역 문제.

ΚΑΙ ΜΕΤΑ ΜΙΑΝ ΗΜΕΡΑΝ ΕΠΙΓΕΝΟΜΕΝΟΥ ΝΟΤΟΥ
ΔΕΥΤΕΡΑΙΟΙ ΗΛΘΟΜΕΝ ΕΙΣ ΠΟΤΙΟΛΟΥΣ
14 ΟΥ ΕΥΡΟΝΤΕΣ ΑΔΕΛΦΟΥΣ
ΠΑΡΕΚΛΗΘΗΜΕΝ ΠΑΡ ΑΥΤΟΙΣ
ΕΠΙΜΕΙΝΑΙ ΗΜΕΡΑΣ ΕΠΤΑ

ΚΑΙ ΟΥΤΩΣ ΕΙΣ ΤΗΝ ΡΩΜΗΝ ΗΛΘΑΜΕΝ

15 ΚΑΚΕΙΘΕΝ ΟΙ ΑΔΕΛΦΟΙ ΑΚΟΥΣΑΝΤΕΣ ΤΑ ΠΕΡΙ ΗΜΩΝ
ΗΛΘΑΝ ΕΙΣ ΑΠΑΝΤΗΣΙΝ ΗΜΙΝ
ΑΧΡΙ ΑΠΠΙΟΥ ΦΟΡΟΥ ΚΑΙ ΤΡΙΩΝ ΤΑΒΕΡΝΩΝ

ΟΥΣ ΙΔΩΝ Ο ΠΑΥΛΟΣ ΕΥΧΑΡΙΣΤΗΣΑΣ ΤΩ ΘΕΩ
ΕΛΑΒΕ ΘΑΡΣΟΣ

16 ΟΤΕ ΔΕ ΕΙΣΗΛΘΟΜΕΝ ΕΙΣ ΡΩΜΗΝ
ΕΠΕΤΡΑΠΗ ΤΩ ΠΑΥΛΩ
ΜΕΝΕΙΝ ΚΑΘ ΕΑΥΤΟΝ
ΣΥΝ ΤΩ ΦΥΛΑΣΣΟΝΤΙ ΑΥΤΟΝ ΣΤΡΑΤΙΩΤΗ

17 ΕΓΕΝΕΤΟ ΔΕ ΜΕΤΑ ΗΜΕΡΑΣ ΤΡΕΙΣ
ΣΥΓΚΑΛΕΣΑΣΘΑΙ ΑΥΤΟΝ ΤΟΥΣ ΟΝΤΑΣ ΤΩΝ ΙΟΥΔΑΙΩΝ ΠΡΩΤΟΥΣ

ΣΥΝΕΛΘΟΝΤΩΝ ΔΕ ΑΥΤΩΝ
ΕΛΕΓΕΝ ΠΡΟΣ ΑΥΤΟΥΣ
ΕΓΩ ΑΝΔΡΕΣ ΑΔΕΛΦΟΙ
ΟΥΔΕΝ ΕΝΑΝΤΙΟΝ ΠΟΙΗΣΑΣ ΤΩ ΛΑΩ Η ΤΟΙΣ ΕΘΕΣΙ ΤΟΙΣ ΠΑΤΡΩΟΙΣ
ΔΕΣΜΙΟΣ ΕΞ ΙΕΡΟΛΟΛΥΜΩΝ ΠΑΡΕΔΟΘΗΝ ΕΙΣ ΤΑΣ ΧΕΙΡΑΣ ΤΩΝ ΡΩΜΑΙΩΝ
18 ΟΙΤΙΝΕΣ -ΑΝΑΚΡΙΝΑΝΤΕΣ- ΜΕ
ΕΒΟΥΛΟΝΤΟ ΑΠΟΛΥΣΑΙ
ΔΙΑ ΤΟ ΜΗΔΕΜΙΑΝ ΑΙΤΙΑΝ ΘΑΝΑΤΟΥ ΥΠΑΡΧΕΙΝ ΕΝ ΕΜΟΙ

19 ΑΝΤΙΛΕΓΟΝΤΩΝ ΔΕ ΤΩΝ ΙΟΥΔΑΙΩΝ
ΗΝΑΓΚΑΣΘΗΝ ΕΠΙΚΑΛΕΣΑΣΘΑΙ ΚΑΙΣΑΡΑ
ΟΥΧ ΩΣ ΤΟΥ ΕΘΝΟΥΣ ΜΟΥ ΕΧΩΝ ΤΙ ΚΑΤΗΓΟΡΕΙΝ

20ΔΙΑ ΤΑΥΤΗΝ ΟΥΝ ΤΗΝ ΑΙΤΙΑΝ ΠΑΡΕΚΑΛΕΣΑ ΥΜΑΣ
ΙΔΕΙΝ ΚΑΙ ΠΡΟΣΛΑΛΗΣΑΙ

ΕΝΕΚΕΝ ΓΑΡ ΤΗΣ ΕΛΠΙΔΟΣ ΤΟΥ ΙΣΡΑΗΛ

-ΑΝΑΚΡΙΝΑΝΤΕΣ-; ΑΝΑΚΡΕΙΝΑΝΤΕΣ 03만 이문지지, 다른 이문 존재. 정서법 및 시제 문제.

ΤΗΝ ΑΛΥΣΙΝ ΤΑΥΤΗΝ ΠΕΡΙΚΕΙΜΑΙ
21 ΟΙ ΔΕ ΠΡΟΣ ΑΥΤΟΝ ΕΙΠΑΝ
ΗΜΕΙΣ ΟΥΤΕ ΓΡΑΜΜΑΤΑ ΠΕΡΙ ΣΟΥ ΕΔΕΞΑΜΕΘΑ ΑΠΟ ΤΗΣ ΙΟΥΔΑΙΑΣ
ΟΥΤΕ ΠΑΡΑΓΕΝΟΜΕΝΟΣ ΤΙΣ ΤΩΝ ΑΔΕΛΦΩΝ
ΑΠΗΓΓΕΙΛΕΝ Η ΕΛΑΛΗΣΕΝ ΤΙ ΠΕΡΙ ΣΟΥ ΠΟΝΗΡΟΝ

22 ΑΞΙΟΥΜΕΝ ΔΕ ΠΑΡΑ ΣΟΥ ΑΚΟΥΣΑΙ Α ΦΡΟΝΕΙΣ
ΠΕΡΙ ΜΕΝ ΓΑΡ ΤΗΣ ΑΙΡΕΣΕΩΣ ΤΑΥΤΗΣ ΓΝΩΣΤΟΝ ΗΜΙΝ ΕΣΤΙΝ
ΟΤΙ ΠΑΝΤΑΧΟΥ ΑΝΤΙΛΕΓΕΤΑΙ

23 ΤΑΞΑΜΕΝΟΙ ΔΕ ΑΥΤΩ ΗΜΕΡΑΝ
ΗΛΘΟΝ ΠΡΟΣ ΑΥΤΟΝ ΕΙΣ ΤΗΝ ΞΕΝΙΑΝ ΠΛΕΙΟΝΕΣ
ΟΙΣ ΕΞΕΤΙΘΕΤΟ ΔΙΑΜΑΡΤΥΡΟΜΕΝΟΣ ΤΗΝ ΒΑΣΙΛΕΙΑΝ ΤΟΥ ΘΕΟΥ
ΠΕΙΘΩΝ ΤΕ ΑΥΤΟΥΣ ΠΕΡΙ ΤΟΥ ΙΗΣΟΥ
ΑΠΟ ΤΕ ΤΟΥ ΝΟΜΟΥ ΜΩΥΣΕΩΣ ΚΑΙ ΤΩΝ ΠΡΟΦΗΤΩΝ
ΑΠΟ ΠΡΩΙ ΕΩΣ ΕΣΠΕΡΑΣ

24 ΚΑΙ ΟΙ ΜΕΝ ΕΠΕΙΘΟΝΤΟ ΤΟΙΣ ΛΕΓΟΜΕΝΟΙΣ
ΟΙ ΔΕ ΗΠΙΣΤΟΥΝ

25 ΑΣΥΜΦΩΝΟΙ ΔΕ ΟΝΤΕΣ ΠΡΟΣ ΑΛΛΗΛΟΥΣ
ΑΠΕΛΥΟΝΤΟ ΕΙΠΟΝΤΟΣ ΤΟΥ ΠΑΥΛΟΥ ΡΗΜΑ ΕΝ ΟΤΙ
ΚΑΛΩΣ ΤΟ ΠΝΕΥΜΑ ΤΟ ΑΓΙΟΝ ΕΛΑΛΗΣΕΝ
ΔΙΑ ΗΣΑΙΟΥ ΤΟΥ ΠΡΟΦΗΤΟΥ
ΠΡΟΣ ΤΟΥΣ ΠΑΤΕΡΑΣ ΥΜΩΝ
26 ΛΕΓΩΝ
ΠΟΡΕΥΘΗΤΙ ΠΡΟΣ ΤΟΝ ΛΑΟΝ ΤΟΥΤΟΝ
ΚΑΙ ΕΙΠΟΝ

ΑΚΟΗ ΑΚΟΥΣΕΤΕ ΚΑΙ ΟΥ ΜΗ ΣΥΝΗΤΕ
ΚΑΙ ΒΛΕΠΟΝΤΕΣ ΒΛΕΨΕΤΕ ΚΑΙ ΟΥ ΜΗ ΙΔΗΤΕ

27 ΕΠΑΧΥΝΘΗ ΓΑΡ Η ΚΑΡΔΙΑ ΤΟΥ ΛΑΟΥ ΤΟΥΤΟΥ
ΚΑΙ ΤΟΙΣ ΩΣΙΝ ΒΑΡΕΩΣ ΗΚΟΥΣΑΝ
ΚΑΙ ΤΟΥΣ ΟΦΘΑΛΜΟΥΣ ΑΥΤΩΝ ΕΚΑΜΜΥΣΑΝ

ΜΗΠΟΤΕ ΙΔΩΣΙΝ ΤΟΙΣ ΟΦΘΑΛΜΟΙΣ
ΚΑΙ ΤΟΙΣ ΩΣΙΝ ΑΚΟΥΣΩΣΙΝ
ΚΑΙ ΤΗ ΚΑΡΔΙΑ ΣΥΝΩΣΙΝ
ΚΑΙ ΕΠΙΣΤΡΕΨΩΣΙΝ
ΚΑΙ ΙΑΣΟΜΑΙ ΑΥΤΟΥΣ

28 ΓΝΩΣΤΟΝ ΟΥΝ ˆΕΣΤΩ ΥΜΙΝˆ
ΟΤΙ ΤΟΙΣ ΕΘΝΕΣΙΝ ΑΠΕΣΤΑΛΗ ΤΟΥΤΟ ΤΟ ΣΩΤΗΡΙΟΝ ΤΟΥ ΘΕΟΥ

ΑΥΤΟΙ ΚΑΙ ΑΚΟΥΣΟΝΤΑΙ

30 ΕΝΕΜΕΙΝΕΝ ΔΕ ΔΙΕΤΙΑΝ ΟΛΗΝ ΕΝ ΙΔΙΩ ΜΙΣΘΩΜΑΤΙ
ΚΑΙ ΑΠΕΔΕΧΕΤΟ ΠΑΝΤΑΣ ΤΟΥΣ ΕΙΣΠΟΡΕΥΟΜΕΝΟΥΣ ΠΡΟΣ ΑΥΤΟΝ
31 ΚΗΡΥΣΣΩΝ ΤΗΝ ΒΑΣΙΛΕΙΑΝ ΤΟΥ ΘΕΟΥ
ΚΑΙ ΔΙΔΑΣΚΩΝ ΤΑ ΠΕΡΙ ΤΟΥ ΚΥΡΙΟΥ ΙΗΣΟΥ ΧΡΙΣΤΟΥ
ΜΕΤΑ ΠΑΣΗΣ ΠΑΡΡΗΣΙΑΣ
ΑΚΩΛΥΤΩΣ

ˆΕΣΤΩ ΥΜΙΝˆ 03 69 81 88 1175만 이문지지, 다른 이문 존재. 순서 문제.

총신대학교 신학대학원 교수가 양지 선지 동산에서 행한

설교학 이론의 틀을 깨는 **아가서 설교**

박형대 지음

145*210mm · 반양장 · 128면

아가서를 통해 '나는 네 것이다.' 하시는 하나님의 사랑 고백을 들었고, '저는 당신 것입니다.' 하는 저의 사랑 고백을 나직이라도 하게 되었습니다. 그러다보니, 이제는 '너는 내 것이다.' 하시는 말씀 뒤에 있는 '내가 네 것이다.'를 들을 수 있습니다.

아가서!

이 말씀은 필자에겐 '공동체를 위한 노래' 입니다. 공동체의 하나됨을 위한 회복의 노래입니다. 공동체가 따뜻하기를 바라는 마음으로 부르는 노래입니다. 이 따뜻함을 갈구하지만 만나기 어려워 누군가와 함께 부르고 싶은 노래입니다. 그러나 한번 부르고 나면 그걸로 족하다 여겨 다시 부르지 않는 노래입니다. 그런데 오늘 아침 그 노래를 한 번 더 부르고 싶어졌습니다.

특별히 지난 주 금요일의 설교는,
아예 지금까지 우리가 배워온 설교학 이론의 틀을 깨는 설교에 대한 '새로운 정의' 를 요구하는 그런 형식이었습니다.
설교원고는 강대상 위가 아니라,
아예 설교자의 손에 쥐어져 읽혀지고
터져 나오는 울음을 주체하지 못하고
연신 강대상의 수건을 움켜쥐고 터뜨리는
설교자의 '대책없는' 울음 앞에는
당황한 청중도 어떻게 반응해야 할지 고민케 하는 설교.

그러나 끝내는, 어떤 정형화된 설교이론으로는 설명되지 않는 요인. 바로 설교자의 진.심.어.린.마.음.과 그.순.박.함.이 금요일 오후, 우리의 마음 밑바닥에 두텁게 먼지 쌓인 무딘 종을 울리고 그 '대책없는' 설교자의 울음을 따라 함께 울음을 터뜨리게 합니다.

성경66권 원문강독 시리즈
사도행전 원문강독
Reading ACTS
[원문, 번역]
박 형 대

박 형 대

사도행전 원문을 배열하고 번역하고 단어장과 어근 사전을 만든 박형대는 서울대(BE), 총신대 신대원(M.Div), 트리니티신학교(Th.M, 시카고), 런던신학교(London School of Theology, Ph.D)에서 공부하고 에스라성경대학원대학교에서 가르치다가(2006-2008년) 총신대 신대원에서 가르치고있다(2008년부터 현재까지). 그는 성경원문교육이 제대로 이뤄지기를 바라는 마음으로, 한국신학정보연구원의 원문마을 프로젝트 가운데 하나인 '한국연구재단 토대연구지원사업: 고전 히브리어 및 아람어와 코이네 헬라어 문법용어사전' 편찬에 심혈을 기울이고 있고, 성경원문강독 동아리인 '어깨동무'를 지도하고 있으며, 매일 성경원문연구에 시간을 투자하고 있다.

저자는 사도행전과 관련된 글을 많이 썼다.

학위논문

"Lordship Claim for Jesus in Acts"(ThM, 2002)와

"Finding Herem?: A Study of Luke-Acts in the Light of Herem"(PhD, 2005; 2007년에 T&T Clark International에서 LNTS 357번으로 출판)를 썼다.

소논문

- "누가행전의 회개와 돌이킴에 대하여"(헤르메네이아 투데이, 2007)
- "헤렘의 관점에서 본 아나니아와 삽비라 사건(행 5:1-11): 여호수아 7:1-26과 사도행전 5:1-11의 본문 간 상관"(Canon&Culture, 2007)
- "고넬료 사건(행 10:1-11:18) 기술 과정에서 쓰인 반복기법의 역할"(성경과 교회, 2007)
- "사도행전에 소개된 예루살렘 교회의 변화에 대한 소고"(신학지남, 2010),
- "Drawing Ethical Principles from the Process of the Jerusalem Council: A New Approach to Acts 15:4-29"(Tyndale Bulletin,
- 2010), "Combined Approach to the Repetitions in the Stories of the Conversions of Cornelius and Paul in Acts"(Scripture and Interpretation, 2011), "사도행전의 직분자 연구"(신학지남, 2013)
- "제2성전기 유대교 문헌과 사도행전에 소개된 성령의 담화 비교연구"(성경과 신학, 2013) 등이 있다.

성경번역 및 주석

대한성서공회 '새한글성경전서(가칭)'의 사도행전 기초번역자였고, 현재는 그레이시스 성경 주석(Graces Biblical Commentary)의 '사도행전'과 New Covenant Commentary Series의 사도행전 주석(Acts; Cascade Books; 2016년 출간 예정)의 후반부(13-28장)을 집필하고 있다.

Finding *Herem*?:
A Study of Luke-Acts in the Light of *Herem*
헤렘을 찾아서?
헤렘의 빛으로 본
누가행전 연구
Hyung Dae Park
박 형 대 譯

구약성경의 헤렘

구약성경의 헤렘 즉, 네 가지로 분류될 수 있고 다섯 가지의 주제를 담고 있는 헤렘이라는 개념의 시각에서 누가행전을 살펴보기 전에, 필자는 제2성전기 유대교 문헌 전체를 헤렘의 관점에서 점검하였다. 이와 관련된, 논문의 가장 많은 부분을 차지하는 3장에는, 일반적으로 (구약)외경, 사해사본, (구약)위경, 요세푸스, 필로로 분류되는 문헌들을 통해, 헤렘개념이 구약성경 이후로부터 누가시대에 이르기까지 어떻게 이해되고 다루어졌는지에 대한 논의가 포함되어있다. 주목할 만한 사실은 제2성전기 유대인들에게 있어서 헤렘은 매우 중요한 개념이었지만, 구약성경의 헤렘개념과 비교할 때 그들의 헤렘개념에는 '변질' 이라고 부를 수 있는 변화가 있나는 점이다.

예를 들어, 외경의 경우 구약성경에서는 아주 드물게 나오는 이방 헤렘이 상대적으로 아주 많이 등장한다. 사해사본의 경우 당위적 헤렘을 이방인들에게는 확대 적용하는 한편, 자신들의 조상이나 자신들에게는 여러 면에서 축소 적용하거나 적용을 배제하는 것을 발견할 수 있다. 위경에는 헤렘이 족장시대에 기원을 두고 있는 것으로 그려지며, 요세푸스나 필로는 헤렘 소개를 피하면서도 첫 열매와 같은 것으로 바꾸어 소개하기도 한다. 헤렘과 관계하여 제2성전기 유대교 문헌에서 나타나는 '변질' 은 세속화나 편애의 차원에서 이해될 수 있다.